哈佛大学危机管理课

YOU'RE IT

CRISIS, CHANGE, AND HOW TO LEAD WHEN IT MATTERS MOST

[美] 伦纳德 · 马库斯（Leonard J.Marcus） 埃里克 · 麦克纳尔蒂（Eric J.McNulty） 约瑟夫 · 亨德森（Joseph M.Henderson） 巴里 · 多恩（Barry C.Dorn） 著

武越 刘洁 译

中信出版集团 | 北京

图书在版编目（CIP）数据

哈佛大学危机管理课 /（美）埃里克 · 麦克纳尔蒂等著；武越，刘洁译 . -- 北京：中信出版社，2020.7

书名原文：YOU'RE IT,Crisis, Change, and How to Lead When It Matters Most

ISBN 978-7-5217-1789-1

Ⅰ . ①哈… Ⅱ . ①埃… ②武… ③刘… Ⅲ . ①企业危机—企业经营管理—通俗读物 Ⅳ . ① F272.35-49

中国版本图书馆 CIP 数据核字（2020）第 064619 号

哈佛大学危机管理课

著　　者：[美] 伦纳德 · 马库斯 [美] 埃里克 · 麦克纳尔蒂 [美] 约瑟夫 · 亨德森 [美] 巴里 · 多恩
译　　者：武　越　刘　洁
出版发行：中信出版集团股份有限公司
（北京市朝阳区惠新东街甲 4 号富盛大厦 2 座　邮编　100029）
承 印 者：北京盛通印刷股份有限公司

开　　本：787mm × 1092mm　1/16　　印　　张：23.5　　字　　数：263 千字
版　　次：2020 年 7 月第 1 版　　印　　次：2020 年 7 月第 1 次印刷
京权图字：01-2020-0248　　广告经营许可证：京朝工商广字第 8087 号
书　　号：ISBN 978-7-5217-1789-1
定　　价：69.00 元

各方赞誉

YOU'RE IT

不管你面临什么样的境况，或寻常或不寻常,《哈佛大学危机管理课》都可帮助你带领人们渡过变革与动荡时期。

——道格拉斯·科南特

科南特领导力（ConantLeadership）公司创始人兼首席执行官，曾任金宝汤公司首席执行官

《哈佛大学危机管理课》是一本关于如何在危急关头发挥领导力的实用操作手册。对于需要在人们最需要领导的时候发挥领导力的人来说，这是一本可读性很强的入门书。

——珍妮特·纳波利塔诺

美国国土安全部前部长，加州大学校长,《9·11 事件以来的国土安全：我们有多安全 ?》（*How Safe Are We?: Homeland Security Since 9/11*）作者

每个领导者都会梦想着（并苦恼着）属于自己的“领导时刻”——不同寻常的危机或挑战，这种时刻会考验我们的品质，同时也诠释我们的职业生涯。《哈佛大学危机管理课》让我们了解到如何才能充分准备好应对那样的时刻。它富有洞察力，条理清晰，故事案例扣人心弦，有助于各行各业的领导者做好抓住机会或避免灾难的准备。好好研读这本书，把里面的经验教训牢记于心，做好领导的准备吧。

——威廉·泰勒

《快公司》联合创始人，《极简主义》（*Simply Brilliant*）作者

这本极具可读性的书的美妙之处在于，无论身处职场、家庭生活还是社区环境，我们都可能面临这样或那样的危机，因此该书很有实际指导意义。书中不乏关于领导力的新理念，它们充满智慧、切实可用且富有价值。对于极端危机的来袭，作者们提出的如何思考、如何行动、如何团结众人的模型是卓有成效的，这已经在他们出色的研究工作和源于现实生活的精彩故事中得到印证。

——安妮·麦基

畅销书作家，宾夕法尼亚大学资深研究员

既有细致入微的理论阐释，又有当代顶级危机领导者惊心动魄的奇闻逸事，《哈佛大学危机管理课》有理有据地告诉我们所有人，面对危机该做些什么，不该做些什么。这本书丝毫没有传统领导力书籍的陈词滥调，有的只是各种会帮助我们在面临考验时变得更睿智、更能觉察自我、更有防备的工具。

——朱丽叶·凯耶姆

美国国土安全部前部长助理，哈佛大学肯尼迪政府学院教授

不管是对于个体还是组织机构，《哈佛大学危机管理课》都是一本全面的应急领导指南。当州长时，我先后面临过几场灾难，有自然灾难，也有人为灾难。从中我逐渐认识到，做好充分的应对准备不仅仅要有周详的计划和充足的资源，还要建立信任，团结一致，如此才能做出有组织性且灵活高效的响应。这本书为我们指明了方向，可以给后代带来所需要的工具和知识，使他们能够超然应对危机。

——厄尼·弗莱彻

美国众议院前议员，肯塔基州前州长

在一个挑战与机遇并存，并且日益错综复杂的世界里，领导者每走到一个转角，都要面临要走哪一条路的困惑。在《哈佛大学危机管理课》一书中，读者将会看到切实有用的深刻见解和富有启发性的故事案例，从而了解到在面对混沌的未来时该如何做出艰难的抉择。读者也将获得灵感和领悟，认识到如何才能从危机中走出来，不管是地方性的危机还是国际性的危机。这本书称得上是21世纪的危机应对指南。

——法拉·潘迪斯

《如何制胜：前沿创业家、政治空想家、开明商业领袖和社会媒体专家如何挫败极端主义威胁》（*How We Win: How Cutting-Edge Entrepreneurs, Political Visionaries, Enlightened Business Leaders, and Social Media Mavens Can Defeat the Extremist Threat*）作者

《哈佛大学危机管理课》一书借鉴了数十位领导者珍贵的危机领导经验，为我们带来了观察理解危机领导力成效的全新视角。透过书中引人入胜的故事，可以看到领导者能够针对灾难事先做好哪些切实可行的应急准备。如果想了解如何通过提升领导力技能来取得更好的结果，这本书便非常值得一读。

——爱丽丝·希尔

奥巴马总统前特别助理，美国国家安全委员会复原力策略高级顾问，《建设可复原的明天：为即将到来的气候破坏做准备》（*Building a Resilient Tomorrow: How to Prepare for the Coming Climate Disruption*）作者

《哈佛大学危机管理课》是一门重要的预备课程，非常适合可能会身处危机前线的领导者和未来领导者学习。无论是作为个人与职业发展的指南，还是作为风险管理团队规划的综合课程，这本书都是不二之选。

——朱莉·路易丝·格贝尔丁

医学博士，公共卫生学硕士，美国疾病控制与预防中心前主任，默克公司执行副总裁兼首席患者策略官，负责策略沟通、全球公共政策和人群健康工作

推荐序

YOU'RE IT

应对危机的能力，决定组织和个人能走多远

吴军

一个人，一个企业，乃至一个国家最终能走多远取决于两个能力，把握机会的能力和应对危机的能力。相比之下，第二种能力更为重要，因为机会总是有的，错过了一次，过后总结经验教训，或许还能赶上新的机会，但是在危机中一旦失利，就可能失去一切，从此被踢出游戏。即便勉强渡过危机，从一个很低的起点回到原来的状态也是很难，更不要说发展了。要知道，如果一个人的投资损失了50%，他下次需要增长100%，而不是50%，才能回到原来的水平。因此，学会应对危机是每个人必须具有的能力。

危机随处可见，不仅仅存在于9·11事件、2008年全球金融危机，以及2020年新型冠状病毒肺炎这种全球公共卫生事件的危机，也存在于和平、稳定的发展时期，比如20世纪90年代互联网兴起时期，21世纪第二个十年移动通信蓬勃发展时期。后一种情况常常被人们所忽视，因为很多人觉得无论何时躲到一个安全的地方就能远离危机，事实上，当他们从那个安全的

地方走出来时，就会发现周围已经发生了巨变，以至完全不认路了。

应对危机有没有经验可以借鉴，甚至进一步讲，有没有系统方法可供学习，以便在危机到来之际能够从容不迫地，按部就班地应对？这是一个没有明确答案的问题，因为一方面每一次危机都会有差异，但是另一方面今天确实有一些系统的方法能够让我们预测危机、防范危机、应对危机，最终达到将危机发生的可能性降到最低，或者在危机发生之后将损失降到最低。《哈佛大学危机管理课》一书，就是告诉大家如何实现这一目标，渡过动荡时期。

这本书将重点放在了危机到来后的应对措施上，它核心的观点是通过建立不同于平时的领导力，快速反应，合理调配资源，快速渡过危机，并且将危机造成的损失控制在最小。对于一个大型组织，从企业到国家乃至全世界，领导的能力会对危机的应对起到重要作用，当然这里所说的能力不是指通常的领导力，而是处置危机的能力，它包括以下三个维度。

首先是认清自我，即在危机发生后，领导者作为一个个体，如何了解当前自己和机构所处的位置，评估危机的真实情况。只有了解自己当前所处的位置，才可能找到解决问题的方向。

其次是协作，即让大家朝着同一个目标共同努力。当危机发生后，解决问题走出危机绝不是靠一个领导能够做到的，需要协作共融，而组织内的每个人，不同的组织，需要各司其职。作者将危机应对中的这个维度称之为情境，因为我们不是在一个点来处理危机，而是在一个影响面很大的环境中。如何让一群人和多个组织朝着一个共同的目标努力，对于渡过危机至关重要。

最后是资源的调配。资源永远是有限的，特别是在危机时刻，危机应对的结果，在很大程度上取决于如何调配资源，让它们发挥最大的效益。任何一种应对措施，都会影响到各方面的利益，有些时候，需要牺牲一些局部的利益，换得对危机的解决。对于那些利益会受损的局部，如何进行沟通，保证应对措施得到贯彻实施，是领导力的一部分，作者也称之为联通力。在危机时，通常的资源调配思路可能不再适用。比如，如果在灾难面前，领导者采用左右逢源的做法，会错过解决危机的最好时机。在这个时刻，领导者需要在有限选择中拓展思路，找到别人没有发现的替换项。在危机中，所谓好的领导，是有非凡见解，能够及时做出变革；而平庸的领导，则是跌跌撞撞，令人失望。

作者将这三种能力，定义为应对危机时的“元领导力”，顾名思义就是最基本的领导力。全书是围绕着如何培养元领导力而展开的。当然，作者并非简单地说教，而是采用案例教学。在书中，他举了大量的实例，包括 9·11 事件，卡特里娜飓风，波士顿马拉松爆炸案，H1N1 流感等等。通过讲述相关组织在处理这些危机时的得与失，帮助读者学会应对危机的方法。

虽然作者在书中用了大部分篇幅讲述领导力的训练，但是这些能力对不担任领导的个人也是有用的，这主要体现在两方面。首先，在任何群体危机中，个人的作用不能忽视，无论是协作，还是资源的调配，都需要个人的协助，因为应对危机不是领导者一个人的事情。其次，每个人在人生中也会遇到危机，比如失去工作，失去家庭成员，任务失败，社会变革导致生存环境的丧失，等等。在这些情况下，每个人自己就是一位领导者，虽然他领导的人可能只有他自己。任何针对领导者的能力，对个人都是有用的。

今天还有一些人天真地以为，随着社会的进步，技术手段的提升，法律法规的健全，出现危机的可能性越来越小，我们不必杞人忧天。但事实却是，今天的危机并不比100年前更少，它们造成的危害也不会更小。当人们将关注点放在防范曾经发生过的危机时，就会有注意不到的地方出现危机的隐患。2008年全球金融危机后，英国女王曾经问那些经济学家，怎么这么多学者没有一个人能预见这场危机。这个发问让学者和教授们无地自容。但真实的情况是，但凡经济学家能预见到的风险，政府监管机构和商业机构就会做出防范，以至它们不会酿成危机，这样大家并不会意识到我们曾经避免过多少场危机。当然风险的防范总会出现漏洞，当某个漏洞没有及时被发现时，它就成为了危机。在2008年全球金融危机后，全世界对金融的风险进行了有效的防范，但是没有人能够预料到，这一次出现的新危机不在金融领域，不在经济领域，而在全球卫生领域。

本书在讲述危机的同时，也看到了任何一场危机都可能会变成一个机会的转折点，因为成功应对危机之后，它有可能坏事变好事，比如在9·11恐怖袭击之后，美国成立了国土安全部以及下属的交通安全管理局，它保证了美国在随后近20年免遭严重的恐怖袭击。正如温斯顿·丘吉尔所说："永远不要浪费一场危机。”丘吉尔还讲：“所谓成功，就是不停地经历失败，并且始终保持热情。”当一个人从危机和失败中汲取教训，重新振作起来，把失败转化为激发韧性的动力时，他将获得最后的成功。

进入 21 世纪，全世界已经经历了 9·11 事件所带来的全球性宗教与文化的冲突，2008 年的全球金融危机，以及大家当前正在经历的公共卫生事件，这还不包括各种地区性危机。在工业革命开始之后，全世界范围内的危机，大约每 7 ~ 10 年就会发生一次，也就是说在人的生命周期内大约要经历 10 次。在这样的大前提下，防范风险，应对危机，是每个人都应该具备的基本能力。

作者为硅谷风险投资人，国家文津图书奖得主

目 录

YOU'RE IT

03

找出复杂环境中的秩序

04

融合不同的视角，树立全局意识

05

运用社会杠杆，使自己影响更多的人

06

维度 1：
认识自我

07

维度 2：
掌握情况

08

维度 3-1：
建立联通力

09

维度 3-2:
运用联通力

10

维度 3-3:
重塑联通网络

前　言

YOU'RE IT

2010 年 5 月 2 日，美国科德角半岛，一个惬意的春日。伦纳德·马库斯凝视着大海，对妻子不无遗憾地说："墨西哥湾沿岸的人本来也能看到如此心旷神怡的景象，可眼下他们却要担心原油污染的问题。"12 天前，深水地平线（Deepwater Horizon）上的油井钻机发生爆炸，导致 11 名工人丧生；爆炸威胁到了墨西哥湾的生态系统，导致有史以来最严重的一次原油泄漏事件。

对处理此次危机的领导者而言，这是一个繁忙的周末。就在前一天，波士顿城区西侧的主水管断裂，200 万人的用水服务被迫中断。马萨诸塞州官员与当地官员紧急沟通，确保为波士顿这个超级大城市提供安全的饮用水。在波士顿城区水管炸裂前的一天晚上，纽约时代广场街头一名机警的小贩发现了一辆可疑汽车并立即报警。他的这通电话成功地阻止了一场原本可能要夺去数百人生命的恐怖爆炸案。伦纳德知道，有他参与指导的哈佛大学国家应急领导力项目培养的校友，此刻正在为这些案件奔波忙碌。

突然，他的手机响了，是彼得·奈芬格的来电。他悄悄地说："抱歉，我得接这个电话。"

彼得在担任海岸警卫队队长职位时，被派往哈佛大学参加国家应急领导力项目。在那之后，彼得和伦纳德一直保持联系，后来，彼得晋升为海军上将并负责湖区（the Great Lakes）海岸警卫队的工作。“你好伦纳德，萨德·艾伦（海岸警卫队指挥官）要求我去新奥尔良报到，他要我担任此次原油泄漏事故的应急处置副指挥官。我希望你也能跟我一起去，了解一下当地的情况。”

伦纳德坐了起来。他以前接到过这样的电话。2009 年甲型流感病毒（H1N1）暴发时，美国疾病控制与预防中心的约瑟夫·亨德森打来电话，当时伦纳德很快决定乘坐前往亚特兰大的飞机。2005 年应对卡特里娜飓风时，联邦应急管理局（FEMA）局长迈克尔·布朗从新奥尔良给他发来电子邮件：“这里有一个危机应对的现实案例供参考，快点到南部来。”

2010 年 5 月 7 日是一个星期五，埃里克·麦克纳尔蒂和伦纳德·马库斯（本书四位作者中的两位）都已到达新奥尔良，他们将一同观摩彼得作为此次事故的副指挥官如何处理危机。第二天，彼得及其团队成员，以及伦纳德和埃里克一起搭乘飞机，在空中巡视了墨西哥湾原油泄漏事故现场。巴里·多恩随后也来到了新奥尔良，辅助国家事故指挥官萨德·艾伦上将的工作。在此次原油泄漏应急处置工作中，从墨西哥湾事故现场到首都华盛顿，人们都在质疑现场处置的领导力问题，政府部门之间合作不畅，矛盾和争执不断。我们作为观察者也不停地接听各种电话，为危机处置决策者出谋划策。

从一场危机到下一场危机，在每个关键时刻，在每个瓶颈期，我们都会接到“请你们赶过来”的电话。

◎◎◎

作为领导者，你随时都要准备做决策。帷幕升起，所有人都会盯着你。他们指望着你，依靠着你。你必须找到解决方案。你是现场的掌舵者。你是那个最重要的人。

你预测到了危机状况的发生。其他人对你的担忧感到非常惊讶。无论你是处置危机的管理者、部门负责人，还是吃瓜群众，危机到来时，你被裹挟其中，或者成为领导团队中的一员。你身挑重担，肩负处置危机的责任，这时你会怎么做？

本书的前半部分列出了在危机到来时需要考量的几个关键因素——思路、方法和实用工具，这些关键信息将引导你成为领导者。如果在处置危机时需要理论结合实践，那么你不妨参照一下在现实生活中出现的例子：恐怖袭击、传染病、原油泄漏、疯狂的枪击案和飓风。现实世界中从来不乏危机的“身影”（无论大小），譬如，金融危机、性骚扰指控、产品质量问题等等。作为领导者，你必须为即将发生的一切做好准备。

在写作本书时，我们相信，如果书中提及的案例能呼应到读者的日常决策和社会关系，读者才可能接受并实践书中所教授的处置危机的能力。作为领导者的你看到此书，如果能将书中提到的各种处置危机的领导能力烂熟于胸，你就能从容应对各类紧张局面，精准地处理突发危机，并将掌握的专业技能运用在危机场景中。

任何人在面对危机和处理复杂的未知时，都需要具备及时果断地处理危机的能力。职场领导者要应对变革，在家庭生活中，当不好的结果出现时，也要具备处置家庭危机和个人危机的能力。当影响人一生的某个重大事件从天而降，比如身边有疯狂扫射的枪手、恐怖袭击或者无从预料的天灾，再如你正在扮演领头羊的角色，你会发现身边其他人都在等待你的指示和引导，他们对你寄予厚望，希望你能有充足的信心高效应对眼前的乱局。

你是自己的想法、习惯和行为的主人。当你作为事件的决策者要发挥关键作用时，本书能帮助你完善这些想法、习惯和行为。你的个人生活和职业生涯需要克服各种各样的困境和危机，对所有的探索者而言，本书是你行动的起点。与此同时，这也是你提升自身领导力的一个着力点。你需要不断反思，立足自身，规划好目标，并理清自己的实现路径。而我们则会将自己在这个领域的研究梳理好，希望能给你更多的助力。要充分挖掘自身的领导者潜力，敏锐的认知和思考不可或缺：你需要清楚地知道，正是你过往的经历（曾经的决定、错误和成就）缔造了现在的你，每一段经历都为你能脱颖而出埋下了伏笔。

元领导力

本书以元领导力为论述的核心。书中设计的理论框架和实践方法是读者探索的关键。你将学习从“元”角度看问题，寻找机遇和解决方案。

前缀“元”鼓励读者寻求更为开阔的视野。读者也能以“元”视野拨开迷雾，理解相互联系的多种因素如何能发挥自身价值，实现彼此间的互动。如此，读者们便可掌握眼下事物的复杂性，并能采取积极的行动。世事纷杂，专注力不可或缺。

元领导力包含三个维度，这三个维度共同塑造了对元领导力的整体认知：

1. 个人——领导者其人；

2. 情境——领导者身处之境；

3. 联通力——利益相关者之间的协同。

你将学习使用这三个维度解决复杂的人际关系和事物之间相互依存的关系，这是决定你和团队成败的关键。本书所倡导的实践方法综合了战略概念和实操工具。掌握了书中的技巧，领导者就能在不断扩大的影响力网络中有效发挥领导力的作用。元领导力是一种能量倍增器，能为领导者的追求和探索助一臂之力。

本书英文书名“You’re It”（就是你了）中的人称代词具有双重含义。一方面，“You”（你）是单数名词，代指一个人，例如“你是领头羊”。单打独斗的“你”要着重培养责任感、可信度和把握机遇的能力，这些都与你的发展历程、个人经验和受教育背景有关。从个人角度而言，元领导本人愿意承担广义上的思考和行动所带来的挑战。你计划凭借深刻的见地和开阔的视野践行自己的领导者角色。

另一方面，“You”也是复数名词，指代你领导的其他人，你们都面临共同的问题、机会或挑战。所有的人聚集在一起，你们就是共同的领导者。此时，元领导能力体现为召集众人为共同的目标并肩作战。复数“你们”还表示成为共同的追随者、参与者或同僚的协助者；而为“元目标”（meta-purpose）召集人力则依赖于你的人际关系、使命感、过往成就，以及长久以来积累的公信力。通过这种聚合方式，在面对危机时，人与人之间互相协作、共同努力，所缔造的成就要远远高于形单影只的“你”或一个孤立的个体［后者多被称为“组织孤岛”（organizational silos）］。所谓践行元领导力则是要促成你们实现共同的目标。但是，此种情形并不意味着每个人都能从集体中受益。元领导者了解如何才能调动团队成员的积极性，并协调整合诸多动机，以此塑造“共同”的你们。

这个前提决定了我们对于“领导力”一词的定义——“人们追随你”（people follow you）。而当面对具体情况需要做出反向选择时，我们也可以将这一表述反向转化——“你追随人们”（You follow people）。

聪明的元领导者掌握了双重含义的要领，这一概念界定了作为个体的“我”，以及集体中的“我们”，赋予两者生命力。你的元思维模式是个人责任之一，而后者则综合调动了更为广泛的群体力量和优势。

◎◎◎

我们曾在多个危急时刻或变革关头密切地观察并研究多位领导者的言谈举止，加之在日常情况下的领导经验，我们总结得出了元领导力的框架和方法。作为一名医生，巴里·多恩在生死关头挺身而出，成为医院负责人，领导了医院的应急处置工作，并做了诸多重要决定。在“9·11”恐怖袭击事件发生后，约瑟夫·亨德森成为美国疾病控制与预防中心生化恐怖活动防范工作的主要负责人，后来在重组美国疾病控制与预防中心行动方面发挥了重要作用。埃里克·麦克纳尔蒂和伦纳德·马库斯则对多次危机事件以及变革案例做过扎实的研究。我们四人作为本书的编写团队，整合现实实践与学术观点，将其共同置于元领导力工具箱之中，以期能够帮助读者提升元领导力。

在灾难面前，在现场处置危机的领导者一般会“左右逢源”，采取各类应对措施，在研究过程中，我们抓住了宝贵的机会在他们身边实地观察（或者尽可能快速地与他们攀谈几句），有些危机处置领导者不畏艰难，我们从他们身上学到了许多经验，读者在书中能读到他们的非凡见解。也有一些领导者跌跌撞撞，但我们依然在他们身上有所收获。开展研究至今，我们从未将采访者片面地界定为“好的”领导或“坏的”领导。策略与措施的有效性通常需要视情况而定。我们没有过多地关注有效性，而是专注于指出在面临危机以及重大变革时，领导人和其他人可能会面对的机遇与陷阱。

我们的工作基于国家应急领导力项目，该项目同时也是哈佛大学陈曾熙公共卫生学院与哈佛大学肯尼迪政府学院公共领导力中心共同开展的一个联合项目。国家应急领导力项目在“9·11”事件发生不久后创立。联邦政府指定哈佛大学提供相应的人力资源和学术研究资源，研究危机处置方式并培养危机处置人才。肯尼迪政府学院的莱尼·马库斯和大卫·格根是这个项目的联合创始人。他们的使命是“与国民一起，共同学习危机应对与危机处置领导力”。因此，本书的案例与分析均源自我们在危机中联合研究的经验。

我们的领导力研究工作始于对“9·11”事件的事后研究和分析。早期的研究还包括对 2005 年卡特里娜飓风的应急处置做现场观察。后来，我们看到我们的学生将所学的元领导课程付诸实践。来自国家应急领导力项目的校友接受了针对元领导力的专门培训后，有效应对了 2009 年美国的 H1N1 流感大流行、2010 年的墨西哥湾深水地平线原油泄漏事件、2012 年的超级飓风桑迪、2013 年的波士顿马拉松爆炸案、2014 年美国国内应对埃博拉病毒的疫情处置、2016 年美国联邦运输安全管理局（TSA）的转型，以及 2017 年的一系列毁灭性飓风。我们还跟踪采访了政府部门、私营企业和非营利组织的学生，考量他们在应对当地危机或困境时的元领导力应用状况。对于遭受影响的组织和团体来说，这是紧要关头；而对于这些领导人的职业生涯来说，这当然也是关键时刻。

这项研究使我们从实践转向理论，而不是从理论转到实践。我们研究了领导者在高风险、高压力情况下应对灾难所做的准备，以及应对危机所采取的措施；与此同时，我们还将情境研究的范畴扩大至机构和人与人之间为解决问题才做的正常利益交换。他们当时所处的情境以及对研究持有的开放态度，使我们能够观察和评估他们的思维和行动。从这些调查中，我们归纳总结了元领导力的三个维度，主张正是这三个方面可以提升领导者的工作表现。这些维度不是简单地通过清单革命或个人魅力的释放来达成的，它们是了解自己、认清现实环境的路径，同时也是了解成功所需的资产、资源和关系网络等全部因素的必经之途。

从日常领导力到变革与危机中的领导力

尽管元领导力是通过危机领导力发展起来的，但它的价值也延伸到了日常工作和特殊变革时期。正如罗马不是一天建成的，卓越的领导者也不是在比赛当天才开始训练的。对读者来说，本书是将读者缔造为“平凡人”与“非凡人”的指南。元领导力不同于其他形式的领导策略。我们首先相信不存在一模一样的两个元领导者。有些人沉默内向，有些人奔放活泼。有些人习惯用左脑，有些人习惯用右脑。无论你是在一家创业公司，还是在一家成熟的机构中工作，这三个维度都可以帮助你充分培养自己，把自己缔造成名副其实的“能力拥有者”。我们不相信有“天生的领导者”；相反，我们发现可以培养或利用你的个人特征来增强你的能力。这其中最重要的（或许也是最明显的）元素是，你是否愿意担当一个领导者。将个人意愿与发散性的元领导力相结合，你将逐渐明白自己（不是某些神话般的完美领导者）如何能快速地、充满自信地以最优效率践行职责。

系统理论的开创者 R. 巴克敏斯特 · 富勒曾说：“如果地球与人类的成败取决于个人的身份与行为，那么我会怎么样？应该怎么做？”尽管你可能不会以如此宏大的视角审视自己的身份，但是也请问自己一个类似的问题：“当一切都准备就绪时，我会怎么样？我要做什么？” 元领导力的三个维度则能为你量身定制你自己的行为方式，为身为领导者的你量身设计你的问题，并帮助你回答这些问题。

可以肯定的是，一些戴着权威面具、冷漠孤傲、与众人格格不入的人也认为自己是“领导者”。这些人认为高贵的头衔所赋予的权威为领导力提供了深厚的庇佑。他们下达命令，提出要求，以交易性和自利性的视角审视团队的工作。他们希望整个世界都能满足他们的期望。他们用吹嘘、幻想和自我推销来塑造自己的地位。他们谎话连篇，缺乏诚信。这些人不是领导者，而是独裁者。我们都见过这样的人，或者与之合作过，身为读者的你们肯定也有过这种经历。

还有一些人真诚地思考、奉献、合作，并且产生了远超于自身权限的影响力。他们从追随者那里获得了“领导者” 的头衔。他们真挚诚恳，了解并理解自己，也愿意帮助他人达到此种境界。他们认为自己只是一个分子，存在于一个更为开阔的系统。他们思想深刻，广泛地践行自己的领导力。他们直面难题、制定策略并勇敢地引导他人探索未知的道路。

正是这些极具魅力的人才是我们的元领导者，你将在书中遇到他们。你也可以选择成为他们那样的人。

成为一名元领导者

我们（本书的作者们）将各自的经验已经融入本书的观点、工具和故事中，但是，你的领导经验的真正作者是你自己。请仔细揣摩书中的观点，而不只是简单地阅读它。如果你被动地阅读本书，而没有将所学知识主动地整合到思维模式和日常实践中，那么虽然你投注了大量的时间和精力，但依然将一无所获。

领导力是主动的，不是被动的。我们建议你设置一个读书笔记，用它来记录你的思想、经历、成就和挑战。探索元领导力意义的过程也将是对自己进行反思和启示的高效练习的过程。当我们这个项目的学生用读书笔记的方式尝试这个练习时，纷纷赞不绝口。因为在记录心得体会时，你能有机会重新反观自己。你承担起学习的责任。这就是“就是你了”这句话的内涵之一。

你的学习笔记不需要用花哨的皮革来装订，开头也不需要长篇大论。或许每一次你只能记下几个要点。而此举的目的则是花点时间记录自己作为一个人或一个元领导者的经历，使你可以更好地了解自己。

为了帮助读者阅读，我们将在每章末尾提供开放性问题，以激发你的思维。理想情况下，你应该在阅读过程中自我发问：“我从中学到了什么？我漏掉了什么？是什么在阻碍我不能准确地评估周围事态？我如何从犯过的错误中学到最好的东西？”这些问题很棘手，许多领导者会回避这些问题，因为这些问题令人尴尬，有时甚至让人感到痛苦。

这个学习笔记是为自己而做的，这是你送给自己的礼物。如果我们的问题不能启发你，那你可以用其他问题代替。问题本身也不存在对错之分。请让本书成为你自己的书，成为你在关键时刻拓展自我知识面、塑造元领导力的指南。

1

102 小时危机管理与考验：对波士顿马拉松爆炸案的应急响应

YOU'RE IT

马萨诸塞州的波士顿，2013 年 4 月 15 日，星期一下午 2 点 49 分，这一天阳光和煦，是举办马拉松的绝佳天气。优秀的马拉松选手早在几个小时前就完成了比赛，现在剩余的选手们仍奔跑在波伊斯顿街上，朝着设立在波士顿公共图书馆前的终点前进。所经之处，围观者高声欢呼致意，街道上空飘扬着代表每个参赛选手国家的国旗。

忽然，一道光划过天空，紧接着爆发巨响——一颗炸弹在图书馆对面的一家体育用品商店前引爆。爆炸声回荡在有着悠久历史的波士顿后湾区，浓烟升入空中，有的人厉声尖叫，有的人则惊恐困惑、目瞪口呆。14 秒后，在爆炸地西侧的临近街区，第二枚炸弹被引爆，窗户震裂，碎片横飞，受伤者纷纷倒地。人们这时才意识到，可怕的事情发生了。随后人们陷入了极度惊恐。与此同时，第一批应急者全副武装，迅速出动。

4 月 19 日，星期五的晚上 8 点 42 分。在爆炸发生 102 个小时后，引爆第二枚炸弹的嫌犯在距离波伊斯顿街 14 公里外的水城郊区被逮捕。随着地毯式搜捕宣告结束，这场可怕的爆炸案终于来到了尾声。

在 102 个小时里，人们体会到了悲痛、坚强、英雄主义与韧性。这 102 个小时，也考验了领导者们及其团队的领导能力。

◎◎◎

发生在星期一的马拉松比赛爆炸案直接导致 3 人丧生，264 人受伤，其中许多人生命垂危。事故幸存者被分派到各个创伤中心紧急救治。星期二、星期三，各医院开始为伤者提供医学治疗，针对此起爆炸案的调查也全面启动。这时的波士顿还处在惊恐当中。星期四，也就是 4 月 18 日，执法人员公开了嫌疑人的一些模糊照片，他们的面部被棒球帽的帽檐挡住了，看不清楚。几个小时后，两名嫌疑人又制造了一起恐怖枪击案，残忍地枪杀了麻省理工学院的一名驻校警察。

肇事者是一对兄弟——塔梅尔兰·察尔纳耶夫和焦哈尔·察尔纳耶夫。星期五早上，肇事者之一塔梅尔兰在水城与警方展开了激烈枪战，随后被击毙，亦有一名警察因他而身负重伤。焦哈尔畏罪潜逃。

第二天，相关部门宣布“就地避难”（shelter-in-place）的指令，整个城市开始自动戒严。波士顿如同一座废弃的空城，在街头只能看见执法人员的身影。唯一没有陷入沉寂的是波士顿的周边城镇水城，全副武装的警察在挨家挨户搜捕焦哈尔·察尔纳耶夫。经过一整天的地毯式搜索，嫌犯最终在一座房屋后院的一艘汽艇内被捕。

2013 年初春的那一周充满了悲剧色彩，有的人失去了至亲，有的人遍体鳞伤，没有人知道痛苦何时才会消退。

给领导者的启示

我们为波士顿马拉松爆炸案应急处置团队的负责人组织了一场调研。其中有些人参与过哈佛大学国家应急领导力项目，或参加过我们在当地举办的元领导力培训。这些人都非常乐意分享案情经过，介绍他们在其中所扮演的角色，以及他们是如何运用元领导力课程内容的，并且总结从这些经历中学到了什么。我们从调研中挖掘到一些极具价值的经验，能普遍适用于常规情况和紧急事件。参与调研的被访者包括执法人员、应急处置官员、政治领导人、商界人士和市民。换句话说，被访者来自这场惊心动魄的 102 小时危机处置中涉及的所有相关群体。我们想要知道这起案件的应急响应与处置的整个过程、起因及影响，对事件进行不断探索和挖掘是我们的工作。但刚开始时，我们并不清楚自己要探索些什么。

后来，我们听到许多有关卓越领导力和勇气的故事。我们也在这起悲剧中发现了一些高光时刻。虽然爆炸波及的受伤人数令人惊愕，但经历了最初几次爆炸的伤者都顽强地活了下来，这得益于危机领导者们精细的计划、医护人员的积极响应和协助，以及团队领导者们的卓见，实属不易。嫌犯在 102 个小时内被逮捕，整座城市终于停止了煎熬。波士顿市民在此期间表现出了异常的坚忍。“波士顿当自强”的口号在波士顿和城市外广为流传，这一口号的确有深刻的含义。这座城市敏锐的领导者也在一言一行中践行着这种顽强的精神，有条不紊地与各方合作，用“元领导”的原则和实践做出榜样。他们的决策力和行动力把震惊不已的波士顿市民召集在一起，每个人都渴望能参与到自我救援之中。

我们所有的采访与调研都以爆炸案发生前为起点：“4 月 15 日，星期一下午 2 点 45 分，你在哪里？在做什么？”然后，我们会继续问道：“爆炸之后，你经历了什么？”

人们的回答是一个又一个令人震惊的成功故事。事实上，他们此前早已为自己成为危机领导者做了充分的准备，因此在这场应急案件中他们能取得成功不是幸运或者偶然。多年来，波士顿举办的独立日庆祝活动、新年活动、夺冠庆典活动和马拉松比赛这类大型公众活动如同一次又一次演习，考验着这座城市的应急体系。人们也不断思考：危难发生时要如何处理？纷杂的机构和庞大的市民群体可以在多大程度上一起合作？这些演习给了城市的领导者们建立联系的机会，也让他们思考可能会共同面临的糟糕情况，从而未雨绸缪，主动做好危机前的准备。

曾经在一起共同演练的经历使得在危机到来时，指挥者们可以镇定自若。在采访中，我们不断听到同样的表述：“爆炸的消息刚传来时，我们都震惊了。但很快，此前的训练和准备就在脑海中浮现，我们冷静下来，想着‘我们可以’。”在行动的过程中，他们信任彼此，也信任整个体系，大家都认为“我们可以”“我们必须行动起来”。

“元领导力”的实战型示范作用在波士顿的这起事件中异常

醒目，而此次爆炸案也为我们提供了很多真实的案例和经验。也许你不需要应对一起恐怖袭击，但这些经验仍然实用。在事态和结果仍未可知的情况下，“他们”可以帮助你协调不同群体和机构，完成高风险的工作。我们在波士顿马拉松爆炸案这种极端案例下所观察到的应急反应策略也可以启发日常的领导力。有些一贯的原则和做法使大家能够在自己负责的工作中凝聚集体的力量。下文中，我们将分享并探讨这些发现。

领导需要亲身经验

波士顿紧急救护局局长吉姆·胡利当时在马拉松终点附近的阿尔法医疗救护帐篷内。他说：“我听见了第一声爆炸声，还以为是哪个街边摊贩的煤气罐炸了，或者是哪辆车回火了。紧接着听到了第二声爆炸声，我顿时意识到这是一起袭击事件。”

爆炸案发生前，伦纳德·马库斯刚和吉姆·胡利就后者的领导能力做了一次谈话。胡利是一位沉默寡言、尽职尽责的人，从波士顿紧急救护局的医护人员一路晋升到波士顿紧急救护局局长的位置。在组织日常工作时，他更多靠的是以身作则的自律性，而不是所谓个人魅力。谈话时胡利讲道，做好团队的领导是他的职责所在。他说：“有时遇到大规模伤亡事件，我的理性时刻提醒自己承担起团队领头羊的职责。但我的感性却希望我能奔向现场去救治伤员，那才是我作为医生的工作，那才是我擅长做的。身为一个团队的领导，我还需要努力学习更多的事情。”

统领紧急救护局的工作绝非易事。一些救护车属于市政厅车队，其他的归属于各类私营公司，所有车都由 911 调度中心统一调度。胡利曾学习过其他国家应对爆炸案的经验，知道要将伤员分派到不同的创伤中心，因为如果全部送往一家医院，那么这家医院将会面临巨大的周转压力。他也知道那些轻伤患者最好可以自行前往医院，这样救护车可以救助更多的重伤患者。警察和消防员此时也需要加入他们的合作团队。他还知道，普通民众的惊慌失措会不断地影响救援进度。

幸运的是，胡利和其他领导者都对此有过细致的思考，明白自己要做什么。应急预案已就位，之前也演练过，每个人都清楚自己的职责是什么，知道能从彼此身上获得什么帮助。他们彼此之间早已建立起充分信任的关系。所以，在 4 月的那天，所有的计划、演练和坚持都有了收获。

爆炸后的第十一天，胡利和伦纳德再次碰面。之前那次谈话仍记忆犹新。互相问候之后，伦纳德问道：“你怎么没有像医生一样奔去救治伤员呢？”胡利回答：“我是一个团队的领导者。有个人快不行了，我有种冲动想去救她，但我没有。我好不容易才遏制住这种冲动，因为我不能走错一步，必须要有人从大局看问题，这个人就是领头羊，就是我。我们必须有序地疏散人群，而我清楚地知道如何去做。我也想过如果还有炸弹该怎么办，我必须想到下一步该做什么。所以，我留在了领导者应该坐的位子上。”那一刻，吉姆·胡利悟出了“元力在于自己”的道理。他承担起了领导人的职责，做到了思虑周全。

波士顿当自强

在爆炸案的应急响应过程中有很多细节都彰显了领导者的英雄主义、善意、纪律性、谦逊和信任。我们回顾了案件过程，想要寻求应急响应成功背后的原因。在这个过程中，我们发现每个人都怀有强烈的合作意识、大局观和坚忍的精神。我们的调研初心就是想了解这些领导者和他们的元领导力，然后总结出在其他情境下也可以普遍适用的理论。

我们发现，应急处置机构和政客就共同目标凝聚起来，也正是这一共同目标构筑起“波士顿当自强”的精神，并且在领导者和民众之间不断传递。的确，这其中存在一些竞争关系，本有可能造成一些干扰，引发一些失误，但波士顿这座城市非常崇尚竞争，鼓励执法机构与联邦政府、州政府及地方政府，乃至医院和大学医学院研究中心之间展开良性的竞争。他们没有否认竞争的存在，而是想强调，在那 102 个小时里，竞争无足轻重。领导者们跨越了彼此之间的障碍，深谙携手合作才会变得更高效、更强大，各自为营、各怀目的反而会使自己和这座城市每况愈下。所以他们早早定好了合作的基调，在合作的氛围中度过了一个星期。从这个案例可以看出一个简单而深刻的道理：在危机面前，恐怖分子是坏人，是“他们”；其余人不论彼此之间是否曾经存在竞争，都是“我们”自己人。因此，在应急响应的过程中，每个人也可以不断地从这种互相帮助、彼此宽慰的氛围中获得力量。

◎◎◎

爆炸发生后的几分钟内，案发地点附近的威斯汀酒店就成立了临时紧急行动中心。上百名应急响应人员聚集到一起，马萨诸塞州州长德瓦尔·帕特里克和几名高级政要也来到一个小型会议室里。有个重要的事情在等待他们决断：谁来领导调查这起爆炸案？州长后来向我们解释道："我担任过检察官，知道必须有人来主导这次调查。所有人都得听从他的调遣。"

这个决定可能会引起联邦、各州与城市之间的司法纠纷，所以帕特里克州长让所有领导人聚集到一起，他先简单询问了一下在座众人的意见。大家都同意此次事件由联邦调查局特工里克·德斯劳力尔斯统筹。随后，州长就像航空飞行中的空乘对坐在逃生通道旁的乘客宣读安全须知一样，他盯着每个人的眼睛问道："你同意让里克·德斯劳力尔斯领导调查工作吗？"得到口头肯定后，他才向下一个人继续提问。每个人都表示同意，众人表决通过后，德斯劳力尔斯开始主导此次案件的调查。

后来我们采访了德斯劳力尔斯，询问他那一周的经历。我们照例顺着案件时间线提问，提到了爆炸案事发当天的一个重大决策——在爆炸发生后，波士顿公共交通系统依旧在正常运转。我们问道："当时做这个决定的时候，您在哪里？"

"我不在现场。"他答道。

"但州长说当时您已经开始负责案件调查了。"

"我负责案件调查，但不负责整体的运行。"

“那当时谁负责整体运行呢?”

他思考了一会儿，自己也有些困惑地回答道：“可能没有人负责吧。”

这个回答令我们不解。我们研究过许多领导者应对国家级重大危机的案例，那些案例中总会有一个明确的执行负责人。飓风卡特里娜发生后，是联邦应急管理局局长迈克尔·布朗挑起重担；H1N1 流感暴发时，美国疾病控制与预防中心前代理主任理查德·贝瑟临危受命；墨西哥湾原油泄漏事故发生时，责任落在美国海岸警卫队指挥官萨德·艾伦上将的肩上。我们都在这些事件的应急处置期间研究并采访过这些领导人。

但重新查看波士顿爆炸案的应急处置记录后，我们发现德斯劳力尔斯说的是对的，整个案件并没有明确的执行负责人。帕特里克州长是一位性格刚毅、值得尊敬的政治领导人，尽管许多事情不在其权力范围内，但他在一些机构内仍有很大的权威。从一开始，他就为团队奠定好了合作的基调，后来这种基调便成为领导团队工作的标准。相关机构的领导者都承担起了各自的职责，但没有一个明确的负责人掌管所有事务。没有统领全局的事故指挥官，响应工作是如何成功的呢?

群体领导力

正当我们抱着疑问翻阅采访记录想要找到答案时，埃里克走进了伦纳德的办公室，简简单单地抛出一个词——群体领导力。

什么是“群体领导力”？本章只做简单介绍，第 8 章介绍联通力时，我们会更深入地探讨群体领导力。群体领导就是在没有具体的总负责人的情况下，不同个体都自觉地履行自己的职责，并出色地完成任务。在一个特定的结构内，比如一个殖民地或一个社群，人们都遵循着一种惯例、一些体系内部的规则和社会规范，依此决策并行动。可以想象一下飞鸟成对飞过的画面，没有一只鸟扮演带头人的角色，但所有的鸟还是可以规整地列队飞翔。鱼群也是类似的道理。蚂蚁和白蚁会一起筑造结构极其复杂的巢穴，每只蚂蚁都严遵恪守一系列蚁群内部的行为规范。哈佛大学社会生物学家爱德华·威尔逊曾写道："了解过地球上现在或曾经存在的生物就会发现，蚂蚁、白蚁、蜜蜂和人类是最成功的物种。为什么呢？因为它们最懂得合作。"

虽然有关增进积极协作的组织设计和其他结构性策略的研究不在少数，但关于危机领导的行为学研究还是乏善可陈。因此我们重温了从波士顿爆炸案中汲取的经验，试图从他们的思维和行动中找寻一些规律。根据德斯劳力尔斯的分享，我们在这起复杂案件中发现了一些与秩序和管控有关的问题，比如：是什么在驱使人们英勇地拯救他人生命？彼此互相竞争的机构如何实现亲密的合作？在经历了数不清的风险和困难的一周里，人们是怎么做到彼此信任的？这些领导者和他们的属下是否遵循着某些默认的原则或规则？这是不是人类的本能，能否在一些简单生物的行为交往中找到类似案例？

后来，我们发现每个受访者的经历都遵循特殊的顺序，主要可以概括为五个特点。第一，人们首先关注的是拯救生命。接受采访的领导者都提到过"共同使命"的重要性，这个"共同使命”就是拯救生命。救援人员、市民、调查人员都愿意牺牲自己的生命拯救他人。第二，他们在行动中展现出了慷慨的态度和行为，都明白“助人者自助”的道理。第三，各个组织机构各司其职。每个领域的响应人员都清楚自己和他人的职责是什么，彼此互不干涉且互相尊重，这才得以成功处理此次危机。第四，领导者之间的关系和做法令人尊敬，人们后来纷纷称赞这种“不自大，不斥责”的做法。第五，早在爆炸案发生之前，人们就建立起了长期稳固的、以信任为基础的联系。

我们将波士顿马拉松爆炸案的应急处置总结成“群体领导力”的五个原则，然后将观察到的结果同受访者做了分享。联邦调查局的里克·德斯劳力尔斯就是践行这五个原则的代表，他听完分享后回应道：“是的，这就是我们所做的工作，只不过当时我并没有意识到这些。”

元领导力的三个维度

只要有一个领导者想要控制或干涉他人的工作职责，那么整个过程和产生的结果就会截然不同。每个领导者都领导着自己机构的工作，负责自己的指挥链。相互之间的合作可以强化彼此的力量，进而达成任何一个领导者都无法独自达成的成就。这种合作带来的是井然有序，而不是互相争斗。

领导者齐心协力，就可以在复杂的关系中实现平衡，这种平衡辐射多重群体，比如官方应急响应体系下的执法人员、医护工作者、政府官员，进而影响到志愿者、企业家和市民，敦促大家自愿配合并遵守合作计划。面对可怕的紧急事件，他们都表现出了共同的责任感和善意。有了群体性的鞭策，应急响应的领导者就可以设定好基调并向前推进。

那么，波士顿马拉松爆炸案的响应过程和成果是如何体现“元领导力”的理念和实践的呢？

“元”意味着“改变”“超越”“升级”，意味着“更高维度”。这些领导者都有宏观上的“元意识”，知道自己的责任是什么。虽然每个人都只在自己机构的权限范围内行事，但更宏大的目标是维护大家的共同使命，通过集体协作达成目标。爆炸案中这些参与应急处置的领导者共同彰显的素质就是“元领导力”。

前文也提到，“元领导力”有三个维度。第一个维度是“个人”。在波士顿的例子中，领导者的情商和号召能力让人们因共同的目标而聚在一起。虽然“不自大，不斥责”是在后来采访时才提到的，但许多人都认为，没有这种精神就无法实现必要的合作。领导者都非常务实，对手头的任务都承担起了首要责任。总而言之，面对挑战，他们深知自己应当承担起怎样的责任。

“元领导力”的第二个维度是“情境”。爆炸案中领导者遇到的情境总的来说就是“四不”——“不稳定”“不确定”“不简单”“不明晰”。爆炸随时可能继续，肇事者也一度无法锁定。那个未知的肇事者究竟是独自作案的恐怖分子，还是大型犯罪团伙的成员？他（们）是否还在谋划更大的袭击？波士顿现场的领导者并不清楚事情会如何发展，但是他们必须做好防范。爆炸的性质已经足够恶劣了，万一响应措施没有达到预期怎么办？毕竟这涉及许多机构组织，协调工作已经难如登天了，而且很多重大决策并没有现成的正确答案。领导者必须前瞻性、最大限度地预测事态走向，做出决策，展开行动，同时根据事态演变调整策略。敌人在暗处，他们必须做好万全的准备。

领导者需要应对的危机有两个，这两种情况都非常凶险，需要考虑无数个不确定因素。案发第一天，真正的危机状况是波伊斯顿街的恐怖袭击，针对这种情境他们做过演习。案发第五天，危机变成了在水城内对嫌犯的地毯式搜捕，这是人们未曾预料到的。人们在第一天描述城市整体情况时还没有用到“混乱”这个词，但描述第五天的枪战和搜捕时，几乎每个人都用了这个词。

“元领导力”的第三个维度是“联通力”。案发第一天，参与应急响应的领导者在会合时还有过短暂的迟疑，当时他们的首要关切点还是如何与同事们办理入住这种杂事。但到了第五天，他们意识到不管发生什么，只要彼此之间的联通效率越高，外部的执行力量行动起来就会越高效、越迅速、越精准。所以第五天开始搜寻犯人时，各个应急处置团队的负责人便第一时间聚集到一起。有了这种协同的力量，他们就可以高效地“向下”处理同事的报告，“向上”对接各自的领导，“对内”联络组织内部的同事，“对外”衔接指挥系统外的人员。在整个执行过程中，大家同舟共济，处处体现着联通的特点。

在爆炸案这种性质恶劣且非同寻常的状况下，他们还是共同发挥了“群体领导”的力量。这种合作精神也传递到了民众之间，为这座受伤的城市增添了韧性。而这种韧性，正是“波士顿当自强”之所在。

但这些原则和做法要如何融入自己的“元领导力”实践中来呢？在接下来几章我们会继续谈到。

自我发问

- 你有没有经历过类似情境呢？不一定是处理某个重大危机，也可能是发生在运动队、宗教场所、工作团队、邻里之间或家人之间的紧急情况，这些情境都需要一定程度的群体领导。
- 你是否经历过一些群体领导的失败案例，比如大家没有遵守“不自大，不斥责”的原则，或者违反了其他某个原则？
- 重温波士顿马拉松爆炸案领导者的应急响应过程。你在“个人”、“情境”和“联通力”这三个维度的实践中观察到了什么？你是否亲历过那种“井然有序而非互相争斗”的案例？

2

把握危机中的机会

YOU'RE IT

小时候我们常玩抓人的游戏：一群人四处逃窜，千方百计地防止自己被抓住。你的行动必须要快，最后一个被抓的人会成为下一轮抓人的人。一旦成了“抓人的人”会发生什么呢？你的视角会发生变化，随之而来你看待其他玩伴的心理活动会发生改变，你的行动策略也会在瞬间进行自我调整。这种改变既是身体上的，也是心理上的。刹那间，你成了众人关注的焦点。

如果你害怕做“抓人的人”，那么这种改变会令你非常不安。如果你喜欢展示自己的速度和敏捷力，那么你会欣然接受这个改变，“奋不顾身”地去抓人，感受肾上腺素的飙升。

但是，做一名团队领导者和玩抓人游戏是有微妙差异的。领导者不仅要对自己负责，还要对所有人负责。从你的下属到老板，从同事、合作者到客户、供应商，甚至是普通大众，他们都指望着你。领导者是需要引导并启发行动的人，是汇集并筛选复杂矛盾信息的人，是可以窥见真相的人，是有谋略的人，亦是最终决策的人。

成功与否取决于你，每个人也都仰赖着你。如果无法成功，就只能面临失败。

一个人成为领导者的方式很多，通常是获得一个头衔和与之而来的职责。但有时候也取决于具体情况，而不是你头上的光环和标签，或许只是因为你在对的时间出现在了对的地点而已。机会来临时要紧紧抓住，要坚信没有任何人能够比你更胜任这个职责。不要害怕承担责任，不要错失机遇。你是领导者，每个人都得指望你。要坚信领导者非你莫属!

和抓人游戏一样，成为领导者之后，你的视角和策略必须改变，因为你要完成任务，去挑战、去克服，所以要快速厘清自己有哪些资源，如何才能使资源发挥最大效益；学会思考，在现有的有限选择中拓展思路，找到别人没有发现的替换项。然后，你需要考虑清楚怎么和大家一起开辟一条新的道路来达成目的。

如果你有资质成为一位“元领导者”，就不要逃避这个角色。如果你是某个团队中的一员，那么每个队员都可以成为“元领导者”。“元领导者”不仅可以适用于一个人，也可以适用于一群人，由一群人发挥领导作用。在危机不可避免地到来时，“你”或者“你们”必须严阵以待。当那一刻真的到来时，你需要挺起胸膛去纵横驰骋、力挽狂澜。

“元领导”时刻

再有一个月，美国海岸警卫队指挥官萨德·艾伦上将就要结束自己 40 年的传奇职业生涯正式退休了。艾伦在职业生涯中参与了多次危机应急处置行动。2005年，时任美国总统小布什曾要求艾伦担任2005年卡特里娜飓风的应急指挥官。那是现代社会最严重的一次管理危机之一。《时代》杂志曾经称赞艾伦的领导力，将他封为“墨西哥湾的英雄”。

某天深夜，一阵巨响撕裂了空气中的宁静，英国石油公司深水地平线钻井平台爆炸，瞬间带走了11名钻井工人的生命。爆炸使钻井平台下的管道错位，原油喷涌而出，流入墨西哥湾，现场局面瞬间失控。海岸警卫队立即采取行动，扑灭了钻井台的大火，地区应急响应机制及时启动。现场的危机领导者很快意识到，这可能不仅仅是一起简单的钻井事故。后来的几天里，那些担忧全部变成了现实。

时间快进到2010年4月30日晚上，艾伦家的电话响起。来电的是美国国土安全部部长珍妮特·纳波利塔诺。她代表时任美国总统奥巴马致电艾伦，要求他担任现场指挥官。原油泄漏事故还在继续，海洋局域生态系统危在旦夕，一场政治危机正在发酵。次日，也就是5月1号，艾伦被正式任命为墨西哥湾原油泄漏事件的国家事故指挥官。他的职责是协调联邦政府、各州和地方政府相关机构，确保法律指定的“责任方”（参与钻井的相关方）采取必要的措施收拾好残局。于是，艾伦成了这次重大应急处置任务的代言人。

艾伦后来告诉我们：“‘就是你了’就是我内心的感觉。那场危机确实需要我们发挥元领导力。”艾伦是元领导力理论的热心倡导者，该理论也整合了他在职业生涯中的很多个人领导案例。艾伦上将担任卡特里娜飓风事件的指挥官时，第一次结识伦纳德·马库斯，后来，他经常作为演讲者参与哈佛大学国家应急领导力项目。

艾伦解释道，控制原油泄漏不过是整个复杂响应过程中最明确的一个小任务。英国石油公司在事故中被认定为“责任方”，遭受了重大损失。但矛盾的另一面却是，英国石油公司固然有错在身，但却是案发现场唯一掌握技术设备专业知识并且能够扭转局面的一方。同时，华盛顿的民选官员、墨西哥湾沿岸各州州长和地方官员都为了保护自己的选民利益而不断施压，想要尽快渡过这次危机。除了政治上的压力，媒体也做好了激发民怨并且将任何失误都毫不留情地送上头条的准备。

“在这种情况下，我们必须找到能联合各方并且顺利完成目标的方法。”艾伦回忆道，“我们要在海平面以下 1 500 米，没有任何人类活动的深海里塞住油井。我们还要平息政治上的敏感点。我自始至终都明白，没人能保证可以按照预期完成任务。”

墨西哥湾底部的油井还在喷泄，正当应急处置团队要采用“灭顶法”（堵塞法）将油井密封起来时，科学家们却给这个预案做了危险预警。由于井喷的压力过强，科学家们预计喷与封之间的对冲力可能会震裂周边海床，大量的原油也会因此失控而流入海水中（此种可能性大约有 20%）。艾伦上将也意识到了此种可能发生的概率，但是要阻止这种情况发生，自己或他人所面临的更好的选择却极其有限。艾伦上将是此次危机处置的现场负责人，他别无选择。

超越权威的影响力

“元领导力”这种思维模式和实践方法能够放大你作为领导者的影响力。它既有缜密的理论支撑，也有丰富的实践案例。它指引着你对自我的感知，以及你的思维方式和行动方向。元领导者会尽可能地了解自己当前面临的情况。他们能够感知自我，充满好奇心，用多维度的视角看待身边的人，了解自己与他们的关系，不仅能看到事物之间的联系，还懂得在下属之间培养这种意识。有了这种理解周遭复杂事物的能力，就能拥有更强大的影响力来领导下属、克服挑战、利用机遇。

不断扩展自己权威以外的影响力是元领导者的一种能力。他们不仅明白如何抓住机遇，还懂得不同机遇在不同人身上的含义，确定共同的目标与价值，使大家同心协力。追随者作为团队成员也会发现，这种共同的使命和目标是任何一个人或组织都无法独自支撑起来的，正所谓独木不成林。加入具备此种能力的领导者团队对你大有裨益。

成为领头羊意味着有人会追随你的步伐。对你的追随者来说，有的任务“非你莫属”，但其实也“非他们莫属”。因为你们是一个整体。他们在寻觅一个领航员，而你不管有没有正式的头衔和权力，都可以扮演这个角色。如果团队对你有信心，认可你勾勒的蓝图，那么整个团队就会成为你忠实的追随者。你的追随者会坚信，只要同心协力，就可以达成共同的目标，也会收获更多生命的意义和价值。

领头羊的职责不仅限于日常管理或下命令，它还代表着行为和态度，而不是职责和头衔。成功的组织机构无论大小都会将领导者们分散安排在各个层级和部门中，同时还会有所投入，不断培养新的领导者。可口可乐前 CEO（首席执行官）穆泰康说过："我发现每个人都有做领导者的潜力。领导力并不只是组织机构高层人士的特质，我在我们公司各个层级的员工身上都看到了卓越的领导能力。"像可口可乐公司这样的情况在各行各业都存在。无论你身处体系中的哪个阶层，都可以发挥领导能力。

这听起来有些令人却步，但元领导力的视角可以帮助你理解领导力的全貌和各个分支。这些技能和方法都是可以习得的。

终有一天，你可以根据自己面临的状况和扮演的角色来运用元领导力原则，达到元领导的最佳效果。这并不是一套固定规则，更像是拥有了一种可以更好地认知自己和周遭事物的方法，可以更全面地判断自己作为领导者的深层次意义，更准确地识别事物的发展模式，更好地预测下一步会发生什么，然后做出决策，开始行动。将这种能力嵌入日常领导过程中，这样无论是处于危机变化中，还是重要时刻来临时，你都能像艾伦上将一样提前做好准备，找准自己的角色，展开行动。意外来临时，平日里行之有效的方法就是未雨绸缪之举。

元领导力的三个维度

元领导力有三个维度，即"个人""情境""联通力"。作为领导，你需要引导不同利益攸关方，比如你的下属、上司以及所有其他相关的个人、伙伴、实体企业等；这些利益攸关方有的在你的职能范围内，有的完全没有联系。元领导力就是在这三个维度的无缝衔接中催生出来的力量。当你成为领导者时，这三个维度会成为你充足的后备资源，让你应对挑战，抓住机遇。

元领导力的第一个维度是个人。作为领导者，你有多了解自己？你如何看待周围的一切？如何定义作为领导者的自己？你当领导时都会做什么？不会做什么？情绪非常重要。你是不是一个高情商的人？你如何处理下属的情绪问题？你是不是一个自律的人？你能否在压力中寻求平衡？形势随时可能发生变化，作为领导者，每个人都指望着你，有太多事情需要了解，又有太多事情需要引导。而且不是每个人、每件事都站在你这边，总有人盼着你一败涂地。领导者从来都不是一个简单的角色，但如果扮演得好，就能获得丰厚的回报。

元领导力的第二个维度是情境，是事情的真实情况，亦是客观事实。危机本身即工作的具体背景和环境，身处其中的你需要承担领导者的角色，其他团队成员也必须面对突发状况、要求和困境。往往领导者接手的具体情况是糟糕的局面。大家都希望你能彻底摸清复杂情况，改善它、克服它、打败它或充分利用它。事实上，工作中的具体情境也常常出现变化，有太多事情需要完成，而且关键是分秒必争。

元领导力的第三个维度是联通力，具体细分为四个方向。每个方向都具有独特的效果，起到不同的作用。

联通力的四个方向

联通力的第一个方向是“向下”（见图 1.1)，即管理并监督他人。往常，关于领导力的海量著作都在解读如何更好地激励并管理下属。许多领导者希望下属可以顺从指挥，但不知道怎样去做。而元领导者明白，要获得下属的投入和忠诚，他们必须先对自己投入，对自己忠诚。面对那些称呼你为“老板”的人，你要问的第一个问题是：“我如何才能让你们每一个人都变得更好？”直系下属越成功，你们要共同完成的工作就越有可能成功。

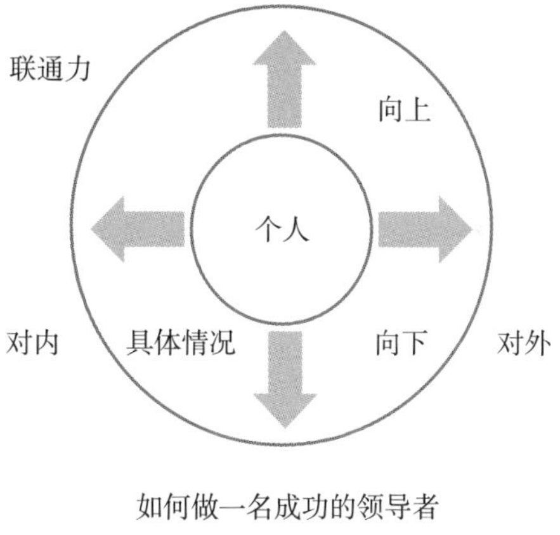

图 1.1　联通力的四个方向

力量协同的第二个方向正好相反，是“向上”，对你的上司或者选区负责。如果你和大多数人一样，在一个有层级的组织中工作，那么谁是你的上司就一目了然。如果你是一位民选官员，那么你的上司就是那些“吹毛求疵”的选民。如果你是一位 CEO，那么你的上司就是董事会成员、企业投资者，当然还有客户。

向上做汇报时，上司（们）会对你的表现有所期待，也有他们内心期望的交流方式与信息上报方式。他们知道自己要做什么样的决策，也知道什么决策更适合让你来接办。你的工作绝不能止步在把事情捋顺而已，否则你就只是简化了工作内容。你还必须主动地去寻求改变，积极参与到上下级关系的构建中。所谓“职能范围之外的影响力”就包括你对上司（们）的影响力，这其中涉及你有没有能力让他们支持你，接受你希望达成的目标，并利用他们的影响力去改变、去决策、去行动。

第三个方向是“对内”，即协调各个部门、商业分支和同一机构的不同团队。在共同处理大的危机时，你会遇到与你身处同样层级或者同样管理结构的人，这时你的影响力可以超越部门与单位间的界限。每间办公室、每个部门、每一种职能和每个人都在彼此关联的机构下运转。许多组织机构可能有共同的目标，因此有共同的管理模式和职能。虽然如此，你还是会面对一些特殊的部门，比如创意部门、现场执行部门或者有司法权限的部门。比起广义上的合作，这些部门更注重独立性，而独揽成果和荣誉的做法会激化竞争，进而阻碍合作的开展；同类型的部门也会通过竞争来获取晋升机会，或争夺内部有限的资源。你需要找到工作或者“战斗”的方式，在遵守总体管理目标的同时，进一步达成自己的目标。

首先，你要对自己领导的部门负责，对你的“大本营”负责，这与你要对整个公司的活动负责是一个道理。宏观地去考虑组织架构可以让你离企业获得“元成功”更进一步。企业如果获得成功，就意味着必须联动营销、生产、分销等环节。

联通力的最后一个方向是“对外”，即跳出自己的组织框架，接触那些对你的宏大目标有帮助的重要人物、机构和群体。这就是企业中的元领导力。若想在不同组织之间发挥元领导力，就要找到或建立一个令人信服的共同目标，将不同层级或不同管理结构中的人联系到一起。

对内和对外两方面的职能动态不同。前者表示各个利益攸关方拥有共同的利益，包括声誉、股价或其他，同时忠于同一位 CEO，而对外并不存在这种正式的联系。

对外的协同领导要求你理解、尊重并承认不同利益攸关方的合法权益。与不在自己管辖范围内的人建立共同目标，在执行过程中发挥自己的影响力。比如，2015 年，雀巢前 CEO、现任董事保罗·巴尔克曾呼吁各方一同应对全球营养和食品安全问题。他在世界经济论坛发布的一篇评论文章中提到，全球范围内应对包括营养、医疗、住房、气候变化等一系列结构性挑战与合作是各方走向成功的唯一道路。这里的“各方”包括政府、非营利机构、社区，还包括像雀巢这样的跨国大企业以及产业链末端的农民。他带领雀巢承担起了领导者的角色，投身于更伟大的事业——投资农村教育，并且为农民的生活和社区发展搭建了一个扎实的合作框架。

对于一个错综复杂的个体，没有人可以强大到掌控每一个细节、每一种关系和每一位人物。没有人可以直接发号施令，把所有人聚集在一起做一件大事，或者解决一个头疼、棘手的问题；事实上，就连总统和 CEO 也没有这种能力，因为处理此种挑战，团队秩序要比团队控制更重要。

协调所有人是一个巨大的挑战。凝聚起共同个体的力量，需要在不同部门间建立共同的努力方向，发挥某个人或某个岗位职责范围之外的影响力。

具备元领导力的领导者能够为不同的阵营塑造一个共同的使命。他们通过极具感染力的故事，创造条件建立起共同的价值观和令人奋进的目标，让每位参与者都能感到自己是不可或缺的贡献者。他们知道单凭一己之力无法找到最优解，必须找到机会不断强调，让所有人都意识到这一点。

在实践中运用联通力

元领导者要学会统筹，将组织战略、运营和前线工作结合起来。如果做得好，联通力将深深地根植在组织文化中。无论是在理论上，还是在实践中，当你同时将“向下”“向上”“对内”“对外”的力量在组织内外协同连接时，你就形成了企业思维。美国西南航空就是一个很好的例子。它的成功建立在一流的客户满意度上，该公司的理念是提供一流的客户体验，股票代号为“LUV”（音同“LOVE”即“爱”），代表着对客户的“爱”和企业总部的位置——得克萨斯州达拉斯的爱田（Love Field）。美国西南航空的服务标准也可以从其口号中体现出来：“勇士精神，仆人的心，充满乐趣的态度。”美国西南航空的管理层知道，旅客的体验与登机口服务人员、飞行乘务员的服务至关重要。旅客们并不会和 CEO 打交道，一线员工才是传达企业价值的人。这就是为什么美国西南航空特别注重员工待遇，也希望员工能由职业者、承包商和外包供应商等群体。不同体系下有这么多组织、团队和问题，本来就无法完全顺畅地合作。这就是为什么元领导力格外强调施展协同力和影响力。虽然不同的人和状况永远不能被完全掌控，但是他们依旧可以被安置于一个相对具有生产效率的序列之中。

此种多变多元的协同网络就是元领导力概念的核心意义，亦是将元领导力定义为“受人追随”的原因。为了诠释这一点，让我们回到墨西哥湾原油泄漏的例子。

◎◎◎

艾伦上将没有太多的选择。原油不断渗出，给生态环境，以及政治、经济和社会生活都带来了严重影响。为了成功应对这些问题，他必须在民众和组织之间建立起集体观念，尽管他们都不愿意站在同一战线上。

承担起领导者的角色之后，他还有很多困难需要克服。公众都义愤填膺。路易斯安那州的格兰德岛上，有人立起了一块讽刺英国石油公司的路牌，写着：“禁止钓鱼，禁止游泳，不然我们怎么养孩子！”

但是艾伦并没有简单地将英国石油公司妖魔化，也没有无视那些高管。他让这些人和他站在同一条战线，协助他收拾残局。艾伦知道，没有英国石油公司的经验、设备和专业技能，他们是无法控制原油泄漏的。

此外，防护资源都在民主党奥巴马政府的管控下，而受到影以同样的方式服务客户。

在这里，员工是一种资产，而不是成本。高管们在总部领导员工，乘务人员也同样在各自的领域被赋能，积极发挥自己的领导力。员工们在收获快乐和参与感后，自然会主动为客户提供优质服务，积极解决问题。美国西南航空的机票定价也非常贴心，额外收费很少，减轻了客户和员工的压力。不仅如此，他们还制定了非常明确且细致的企业目标、企业价值和服务预期。从理念到运营再到物流，都体现着卓越的领导力。在西南航空，每一个人都理解“元力在于自己”的含义。他们收获的成果当然也令人满意，美国西南航空一直都是盈利最高的美国航空公司。

◎◎◎

如何将元领导力与你学过的其他领导力理论结合使用呢？正如你在前面的章节中看到的，我们已经将元领导力的研究与领导力的经典理念和当代思想结合起来。我们非常感激并且尊重无数的研究人员、教育者和管理人员所做的贡献，然而，《哈佛商业评论》所做的一项调查发现，这些理论约有 85% 都只关注领导层，而没有关注机构中的不同领导层级。这对领导者的理解过于狭隘，无法了解领导者面临的具体情况。

目前，领导者最为普遍且棘手的机遇和挑战通常出现在复杂的组织系统与串联不同机构的网格之间。每个组织都各自负责产品服务或产出的一个部分，但是供应链却日益全球化。组装一部手机需要十几家企业共同完成。组织机构也更加依赖自响的各州州长却都是清一色的共和党人，于是各州之间为了有限的防护资源开始了激烈的争夺。当时各州的态度无一不是："这是我们的海岸线！"路易斯安那州普拉克明斯郡郡长比利·农格塞尔是美国新闻节目的常客，也是当时对联邦政府应急响应机制批评最为激烈的地方领导人之一，他说："这些人一无所知，根本没有放宽眼界去思考。"每一天，渔业和旅游业数百万美元的利润不断亏损。滨海地区的房屋售卖和租赁全部陷入停滞，一位地方房地产商说，那次漏油事件真的是"猝不及防的一击"。

艾伦上将不仅要担起领导重任，还要说服每一位参与响应和受到影响的人，让他们知道自己也有必要出一份力。作为元领导者，他必须克服短视，明白控制原油泄漏、解决所有问题不能单靠他——国家事故指挥官——一人的力量。英国石油公司既是法律规定的"责任方"，也是可以参与响应的一个盟友。同样，各州州长们、地方领导人以及联邦诸机构也是不可或缺的力量，他们一起组成了这个庞大的响应体系。让所有人都参与进来贡献力量并不容易，这比找出阻止原油泄漏的技术办法还令人苦恼。艾伦上将知道这些人就是自己需要的"追随者"，让他们一起合作就是元领导力的核心挑战。

艾伦上将最终完成了任务。墨西哥湾海水底部的油井完成了封堵，环境污染尽管很严重，但也尽最大可能得到了控制。

你为什么领导

你为什么领导？每个人的回答或许都会不同。大多数人会说这能让生活变得更有意义。的确，创造意义就是人类生活的核心所在。对有些人来说，生活的意义是找寻一个目标，努力在社会中变得更好。对有些人来说，意义是通过金钱和市场地位来衡量的。所以，意义可以是权力、名誉、纠正错误、解决冲突、找寻刺激、延续传统或者推陈出新。有的人会把一个组织机构的使命当作自己个人的使命。那么，你的答案是什么呢？

元领导者的特点是热情澎湃、乐于奉献，在找寻意义的过程中可以激励他人，号召他人。

人们会追随某些领导者，是因为领导者可以帮助他们一起找寻意义，也许是一位政治领导人、一位精神领袖、一位商界领袖或者一位艺术领袖。不论有没有工资，会不会监督他们工作，人们都愿意聚集在这些人身后。脑海中想象一下那些激励过你，你追随过的领导者。你会相信他们，在他们身上看到自己的抱负。你会感谢他们认可你的自我价值。这些领导者鼓励你，肯定你的努力，于是你想加倍努力，随后分享并传递这种热情。

有的领导者可以创新高效地解决问题，有的领导者则格外关注身边的团队成员的发展。跟随此类领导者是极其有成就感的。这种领导力可以激发出更优秀的成果，提高团队忠诚度，这是任何职位描述或评价都无法诠释的。这种意义上的元领导可以激发合力，不仅可以让你感到成就满满，也能让你的追随者感到满足。这就是我们见到苏拉娅·达利勒博士总结出的道理。后来，我们也都成了达利勒博士的追随者。

◎◎◎

成为领导者需要巨大的奉献精神和勇气。

每年一月的冬季学期，我们都会给哈佛大学的研究生参加强化领导力的集训课程。第一天，我们会指定学生在午餐后扮演一位自己国家的高级别官员，登台做一个介绍性的演讲。是的，这就是他们第一天要完成的任务。他们需要在五分钟内查阅官员的身份背景、角色以及工作职责，并且给出履行这项职责的路径。然后，学生与教学团队的培训人员会点评每个演讲者并且给出建议。我们将演讲和点评都用视频的方式记录下来，并在课后要求同学观看自己的表现。这个课程任务是为了逼学生一把。

有一年上课的时候，学生都去边吃午饭边准备演讲，来自阿富汗的化学家苏拉娅·达利勒博士向我们走来。她有些不悦："你怎么能让我扮演公共卫生部长呢？你又不是不知道我是女性。在阿富汗，女性是不可能担任那个职务的。"我们还是请她努力尝试一下，把这个职位当作自己的梦想。

午饭过后，苏拉娅不情愿地进行了一番演讲，内容非常形式化。可以看出，她对促进阿富汗的卫生事业并没有什么热情，而且视角局限在一个诊所，而不是从国家的角度去谈。她非常紧张，对自己和这份"职业"的愿景不是特别自信。

星期五，为期一周的领导力课程迎来了尾声。我们要求学生再演讲一次。这一次，他们可以选择自己的角色和听众。到这个阶段，学生都已经体验并学习了元领导力的全部课程，经历了多场互动练习、讲座和讨论。我们常常会在学生身上看到自信和投入，每个人都表现出焕然一新的精神面貌。

那个星期五，苏拉娅再次以阿富汗公共卫生部长的身份做了演讲。这一次，她放开了自己，为妇女和儿童健康描绘了一个宏伟蓝图。她计划提升整个国家的卫生标准，演讲中她的声音冷静坚定、目标明晰，并且非常务实。

演讲最终的评判标准非常简单，那就是看看大家会不会追随你。苏拉娅话音刚落，整个教室的学生和老师都爆发出热烈的欢呼声，全体起立为她鼓掌良久。四个月后，在哈佛大学2005级毕业典礼上，她告诉大家自己马上要回到祖国，就任公共卫生部副部长一职。五年后，部长一职有了空缺，她便晋升为部长，在这个岗位上从2010年工作到2014年，并于2015年被任命为阿富汗常驻联合国代表，成为阿富汗就任这一职位的第一位女性。

苏拉娅·达利勒博士成为阿富汗公共卫生与健康的倡导者，成为自己国家那些战争受害者的代言人。她不顾危险，定期前往那些被恐怖袭击和绝望摧毁的地区，一来为了了解当地的情况，再者为了帮助幸存者身体康复和心理重建，而这一切都是因为她知道亲自去往前线有多么重要。

后来她告诉我们："我意识到人很容易被困在日常事务当中，比如没完没了地签署各类文件。这些事情特别容易上手，也不会让你耗费太多脑力，或者说，根本不会对你形成任何挑战，因为你已经适应了。但是，我突然发现做这些事情没什么意义。你的成就就是签了多少文件吗？所以……我向自己承诺，每天都去做一件令自己害怕的事情。这很重要，对我制定决策很重要，对于这份工作很重要，对于阿富汗人也很重要。”

这就是奉献精神。这就是勇气。

◎◎◎

元领导力是一种技能，也是一种艺术。

在这里，你会找到不同模式、方法和理念，帮助你丰富自己的技能，加深自己的理解。如何将这些融入个人的专业储备中，就要看个人的风格、性格和领导技巧了。

领导者身上有太多可以学习的东西，比如他们是如何掌握激励人心、动员群众的能力的，是如何完成本来无法完成的任务的。他们在错误和失败中也有很多可以总结的东西。这也解释了达利勒博士在冬季领导力课程上从第一天到最后一天的转变，她就是这样将专业知识应用到现实的领导情境中的。

元领导力对你来说意味着什么呢？是找寻其他人无法找到的东西，是汇集自己的勇气，是想象力，也可以是梦想，是让其他人和你一起开始探险。

“就是你了！”是时候发挥自己的领导作用了。

自我发问

- 你为什么领导？想要实现何种成就？
- 回想自己担任领导者角色的一个场景。从那次经验中你可以学习到什么？
- 同样，回想一个别人担任领导者角色的场景。那个人做对了什么？为什么那样做？这段记忆对你有哪些启发？

3

找出复杂环境中的秩序

YOU'RE IT

2004 年，波士顿红袜棒球队一举夺得世界大赛冠军。谈到这支家乡的球队，埃里克、巴里和伦纳德心底就止不住地涌出自豪感（遗憾的是，我们团队里的约瑟夫是洋基队的粉丝）。那一年，红袜队在世界大赛上打破了长达 86 年的“圣婴诅咒”。诅咒来源是 1920 年红袜队将传奇棒球运动员贝比·鲁斯卖给了纽约洋基队，从此红袜队一蹶不振。

所有的专业棒球队都有同等数量的运动员。2004 年红袜队的球员名单中并没有特别多的明星球员，而且队员都自称“一群傻子”。虽然如此，但是他们一起跨过了看似无法克服的障碍，扳回了落后于宿敌洋基队三场比赛的局面，一举赢得了美国联盟冠军赛。随后，红袜队又在四场比赛中横扫圣路易红雀队，成了世界冠军。

我们和约瑟夫以及不是红袜队粉丝的读者一样，都注意到红袜队在 2012 年和往年相比天差地别。红袜队投入了巨大财力组成了“梦之队”。但后来，红袜队在美联东区垫底，比该区冠军洋基队落后了 26 场比赛。

不同时期的红袜队到底有何不同？这和元领导力又有何关系？其实，不同之处在于运动员之间的关系，而不仅仅是他们的个人天赋。

你领导的每个队伍、机构、社群都是一个“复杂的自适应系统”。想要领导大家，你必须抓住三个基本观点：组织系统、复杂情境和自适应能力。在这一章中，我们会介绍这些观点，解释它们之间的联系，将每一点都运用到元领导思维和实践当中。在阅读过程中试着思考一下：如何将它们运用到你自己的工作当中呢？

组织系统、复杂情境和自适应能力：留意周围的一切

一个系统有若干部分相互联系，共同协作，共同发生改变。某一部分变化会导致其他部分轻微或深刻的变化。一部新出台的法律、一位新上任的领导，或是一个始料未及的灾难，都可以解释某个特定变化是如何影响系统中的其他部分的。通过调整优先次序，这些新的要素会重新定义什么是重要的，应该先关注什么，以及不需要过度关注什么。即便调节能力不是那么明显，行为和事件也都是环环相扣的，正所谓“种豆得豆”。

系统中各个部分之间的相互作用多种多样，会呈现出复杂的特点。只要改变这个复杂情境中的一环，其连锁反应就会无处遁寻。有的复杂情境确实显而易见，但其他交错复杂的关系即便可以厘清，也还是较难察觉的。没有一个人或实体可以完

全掌控这种复杂的局面，因为有太多因素都在影响着最终结果。可以展示行动复杂性的绝佳例子就是股市，国家政策、个别的企业行为、分析员的预测和投资者的态度都会影响股市动态。

如果涉及人为因素、特殊现象和不明因素，局面就更加复杂了。公司负责人、下属和同事常常会做出令人困惑或无法预测的行为，性格之间的冲突也会加剧这种现象。

自适应能力是面对多变的情况和巨大的压力时适应变化的能力。为了更好地适应，你需要清醒地认识到具体的变化是什么，以及变化所带来的影响。自适应能力和人的生存本能有着千丝万缕的联系。具备此种能力的人会适应变化并且生存下来。反之，无法适应的人也就无法生存。比如，企业需要适应诸如科技、经济、市场和人口的变化。能够适应并生存下来的公司往往能在这个动态的市场中提升自己的位置。而没能意识到变化并做出相应改变的公司，则会衰落、破产或者被竞争者收购。就好比那些及时转变线上运营策略，采取新的企业模式的报社都生存了下来，而那些无法适应者则无一例外都走向了失败。“抵抗”是自适应能力的反义词，而“韧性”才是自适应能力的体现。

综上所述，这些现象组成了所谓复杂自适应系统，它是不同部分、行为相互作用和决策的集合。“输入”会影响结果的“输出”，“输出”又取决于决策和行动，每个部分之间的关系会随时间的变化而变化。比如，2014 年，美国药品零售和保健事业提供商“西维斯护理专家”更名为“西维斯健康”，以显示自己在医疗服务领域越来越重要的地位。为了顺应关于“健康”的新主题，该企业放弃了烟草这个巨大的利润来源，下架了所有相关产品，成为全国第一个这样做的社区连锁药房。

◎◎◎

与复杂自适应系统相反的是另一种“简单线性系统”。手表就是一个经典的例子，手表的每个零部件都经过精心设计，有自己的角色和功能，与另一部件依次衔接在一起。去掉任何一个部件，手表都无法正常运作，这就是说，没有一个部件是多余的。

手表内部是线性系统，生产手表的体系也是线性的，但如果手表的设计、价格、功能和营销手段没有紧跟市场，那么最终还是会被淘汰。还记得当年流行的个人数字助理“掌上先锋”吗？现在已经不存在了。曾几何时，掌上先锋就是市场标准。但是后来其功能越发滞后，在性能更佳的产品出现后，掌上先锋也随之消失了。背后的道理很简单，这是因为线性系统和复杂自适应系统会相互影响。

简单性蕴含于复杂性之中。一个庞大而复杂的问题可以分解成容易理解、方便操作的任务，这就是高效的领导者应该担起的管理责任。作为一位元领导者，你需要兼顾错综复杂的全局和构成全局的简单部分与元素。

◎◎◎

如何维持复杂和简单之间的平衡呢？赫曼米勒公司就是一个很好的例子。该公司是一个极具创造力的家具生产商和零售商，以生产人体工学的艾伦椅著称。其生产依赖全球的供应链和分销系统，并且注重优化组装和装运工序。不仅如此，设计师们构想新产品时不会被设限，生产部门从来不会约束设计师的创意。

赫曼米勒的CEO布莱恩·沃克表示，在复杂和简单之间寻得平衡就是要遵循“原则第一，规定第二”。也就是说，如果一个规定不符合企业核心理念，那么就没有必要服从它，并且还要改变这项规定。赫曼米勒的原则随着时间的推移不断更新，公司的每个人都为此做出了贡献。在沃克口中，原则是“我们很珍惜的东西”。这些原则包括人际关系、透明度、好奇心、探索精神、设计理念、包容性等。赫曼米勒的领导力文化具有复杂性的特点，同时也注重那些可以从“简单性”中获得的价值观。

近年来，赫曼米勒的高管们意识到企业的发展目标需要他们将业务范围延伸至办公家具这种周期属性强的领域之外，于是他们收购了自己的一个大客户——零售商“咫尺设计”（Design Within Reach），想在消费市场中占据一席之地。赫曼米勒乐于丰富其企业形态，突破传统制造业和B2B（企业对企业）的限制，从而丰富自我角色，成为一家重视产品设计、为消费者提供居家与办公家具、不断壮大且持续获得盈利的公司。

◎◎◎

在任何组织里我们都能看到简单的线性活动，譬如发票就是一个简单线性活动的案例。但是像产品创新这样的活动，除了通过执行正规程序来实现，还能通过非正式网络、特别行动计划、实验研发投入和持续质量完善等复杂性活动来实现。

进步，以及进步所需的创新理念都源自复杂性。如果要从 0 到 1 发掘新颖、有价值的东西，那么内部交流和决策需要非常灵活。项目执行人也需要意识到自己是这个复杂自适应系统的一员，积极投身到变化之中，并调整新的努力方向。懂得利用复杂性的机构都是非常机敏、愿意根据现实情况的变化来应对并调整自己目标的机构。

让我们回到 2004 年与 2012 年的红袜队。很明显，简单地在每个位置上塞一名球员没有任何意义，不管他们个人是何等天资聪颖，都不能保证整个球队有出色的表现。事实上他们的做法是企图以简单线性思维方式为复杂系统提供解决方案，因为赢得比赛并不是只看个人表现的。凯文·米勒是 2004 年红袜队的一垒手，他向娱乐与体育电视网（ESPN）波士顿的记者描述团队氛围时说道："我们这些职业棒球运动员不仅是一个团队，更像是家人。我们业余时间一起出去玩，一起吃饭，真心喜欢彼此。这是金钱买不来的。"2004 年的红袜队就像蜜蜂家族一样，各有分工，团结友爱。

但是到了 2012 年，红袜队采用简单线性的思维模式来应对复杂问题，从而出现了相反的结果，最终酿成大错。简单线性的思维模式有时是必要的，比如飞行员和医生使用的检查清单。在无法充分依靠自己的记忆力时，检查清单可以帮助飞行员在起飞前检查所有重要操作；同样，医院里医生给病人开具的检查清单可以确认手术程序，确认病人身份，让病人接受正确的治疗，确保所有步骤按秩序进行。这种简单的线性操作可以避免人们在遇到复杂情况时犯错。

你面临的任务是辨认何为简单活动，何为复杂活动，然后找出合适的解决方案。在引入检查清单之前，驾驶飞机或者做一台手术都是看起来异常复杂的任务，无法用简单的方法来应对。但是，“简单”清单的引入却能大大改善飞行员的飞行安全和人们的医疗安全。

适应复杂的环境

只要你愿意，和“复杂”成为朋友也不是不可能的。复杂自适应系统最好从宏观着手，它不像线性系统那样拥有直接的、始终如一的规律，其反应和决策更容易根据不同的情况发生不同的变化。比如一位 CEO 在星期一会上的发言赢得了掌声，但到了星期五，同样的话可能会招来一片嘘声。你的行为、所做的决策和事物之间的关系都不是一成不变的，甚至还有很多不确定性，你永远无法确定此前适用的东西在未来会不会同样适用。

而元领导者由于既能看到全局，也能看到细节，所以能够更好地掌握事情的复杂属性。他们通过复杂的自适应系统看待世界，既可以看到全局的变化，又可以看到各个部分之间的联系。对那些想要引领变化的人来说，拥有一个“元领导”视角至关重要。

此处的关键词是找出规律，并使自己厘清克服障碍的途径，积极引导各部分相互作用。哪些变量可以影响目前的态势？是经济因素、政治原因，还是情绪问题？原因何在？哪些因素举重若轻，哪些因素又举轻若重？这些变量的优先次序是怎样的？在厘清各部分之间的联系时还需要问一下自己：处于联系中的人在做什么？他们的行为会不会影响更多人的行为？是积极影响还是消极影响？如果看到了这些变化，你就能更好地判断事情的最终结果，以及你们所追求的最终目标能否有效达成。有时你是促进变化的主要变量，有时你只是顺应事情的发展方向而已。你获得成功后，人们还会选择要不要继续追随你。复杂性往往伴随着艰难的选择。

用复杂的滤镜看待自己的领导能力，你会发现人们的行为不会永远满足你的预期，所以我们需要找出规律。

以下案例源于我们的实地调研。假设你要领导一个结构复杂的组织，任职某企业的执行董事，还有一个第二顺位的女性候选人此前也希望得到这个职位，但没能成功。这时你是选择留下这个竞争对手，还是找其他人代替她？她未来会不会站在你这边，会不会削弱你的权威？这不是一个简单的“上司与下属”之间的问题，不是说一句“照我说的做”就可以解决的。

像侦探一样，你可以和她开始一段谈话以便了解她的意图。她可能具备企业管理相关的知识与资历，这些都非常有价值。所以，你给她提供一些展示自己能力的机会，若结果并不理想，那么她虽然意识到问题，但会有意识地隐瞒问题。你找她的同事谈话，发现她还挑起了一些负面情绪，这些负面情绪已经困扰到团队中的其他人。若果真如此，事情的走向就一目了然。你要尽早采取行动——找个人代替她。

◎◎◎

用简单的方法解决复杂的问题是很多机构常犯的一个错误。频繁变更组织结构和目标责任制的组织之所以不会成功，是因为它们试图使组织中自然而然的变化趋于静止。人脑在设计一个组织架构时，本就无法原原本本地反映出复杂性，尤其是在这种日新月异的知识经济下，每个联系之间都有太多的变量要考虑。

劳动密集型体制在 20 世纪的工业时代创造出了很高的效率和生产力，但正被 21 世纪数字时代的预测算法替代。科学技术不断发展，基于人工智能的自动化决策能逐渐代替线性活动。留给人类的问题则越来越多地和创新创造及知识共享相关，这些都是富有活力的复杂性活动，需要自上而下地破除僵化规则。

这种变化如何映射到领导行为中呢？在寻找解决方案时你会意识到，一个人根本无法掌握所有必要信息，但每个人却能掌握其中的一部分。所以，我们要做的是勤于提问和分析，不断思考和寻找能改变当前情况的选项，确保做出的选择符合当前实际，而不是符合你的个人期待。复杂性活动的解决方案绝不是浅显的，你需要仔细观察，细致分析各个部分之间的联系，因为这些联系会产生不同的结果。

万物皆复杂。理解这句话是了解领导力动态变化的第一步。复杂性不是一个亟待解决的问题，不是一个亟须治疗的症状。你无法逃避，但可以克服。

寻找秩序

复杂性也为我们提供了选择。元领导者会在复杂性中寻找秩序，并鼓励追随者一起寻找。而秩序可以通过交流、决策、部署行动、实施响应来实现，为体系注入一定程度的预见性和稳定。有了秩序，你就知道自己要对他人有何期待，也可以知道别人会对你有何期待。这样一来就可以用清晰的逻辑去引领团队完成目标，理清谁应该做什么事、什么时候做、在哪儿做等等。秩序可以帮你在复杂性和简单性之间实现微妙且妥帖的平衡。那么如何才能更好地识别不同选项，尽可能做出最好的选择呢？

有革新能力的领导者会找出不同情况下的规律，然后去行动，创造新的规律并建立新的秩序。理想情况下，你的干预措施会按照预想发生改变。比如，一个前瞻性的危机预案需要做到明确职责、按需调配资源、信息透明，并采取透明的行动来建立秩序。如果一场灾难性的飓风迫在眉睫，当局应该提前计划好谁要做些什么，如何分配紧急物资，避难场所建在哪里。如此，潜在的混乱才能被平稳地转化为秩序。

为什么深入了解秩序可以帮助领导者渡过复杂的难关呢？因为秩序和无序属于共生关系。我们的大脑负责处理信息和疏导情绪，让我们理解眼前发生的事。想想你认识的人。有的人有洁癖，极其渴望条理和秩序。其他人则没有这种困扰，桌面凌乱也能心如止水。不管周遭看起来何等混乱，有些人总能在种种混乱中发现秩序。他们会一边安抚你一边说：“这叫乱中有序！”他们所拒绝的其实是由别人定义并强加的秩序。

如何在混乱中实现井然有序呢？首先要辨别出当前的规律，然后提高效率，做到看到开始就能判断结果。然而，秩序过于井然会抑制创造力、适应能力和应对复杂性的能力。

不要让自己被无序拖入烦躁疲惫之境。元领导力的一部分包括在利用复杂性的同时也要直面无序，以此作为通向新秩序的台阶。这恰恰是许多领导者大意的地方。他们会惊慌失措，无法评判当前事态的复杂属性。在不具备更好选项的前提下，打乱现有规律只会让事情越来越糟。在现有基础上为了改变而改变并不能算作一种进步。

在秩序和无序的天平上，“混乱”位于无序这一边，在异常复杂的情境下是不可避免的。一个系统在从稳定状态 A 过渡到稳定状态 B 的过程中，“混乱”就是求稳的必要因素。所有的改变都蕴含一定程度的混乱，它会令人不安、令人困惑、令人畏惧，也常常难以预测。但是“混乱”本质上不是一个贬义词。和“复杂性”一样，“混乱”只是一种现象。人们面对的混乱可能是自然灾害，比如飓风、传染病或地震，也可能是人为灾害，比如恐怖主义、叛乱、市场崩溃或预算赤字等。

有些雄心勃勃的领导者会为了改变当前的经济或政治格局而故意制造战略性混乱，从而走出困境。秩序有其独特的作用，混乱也是如此。比如更换办公室地板可以增加员工之间的交流，鼓励更大的创新，这是将混乱元素注入物理空间；抗议者选择在假日购物季阻断交通，从而让更多人关注他们的诉求；一位高管打破一般的工作汇报机制，亲自同一线工人交谈，了解情况。所有这些例子都是通过一定的混乱措施来创立新秩序的。

◎◎◎

建立或重建秩序的方式有很多，控制是其中一种。组织结构图可以确定由谁来发号施令，由谁来管控全局，进而厘清权力的边界。比如，信息技术控制着数据、知识和通信的流动。法律、规则和章程规定什么能做，什么不能做。在极端情况下，政客和组织领导者会利用人们对混乱的恐惧，为他们严苛甚至专制的统治来正名。专制统治者会通过实行严酷的控制来抑制事态的复杂性。

没有人可以独自掌控一个复杂的自适应系统。控制越严格，成功的概率就越低。过度管控几乎不能解决问题，往往还会让事态更糟。比如过于严格的业务流程有可能打压组织的自我调适能力；政治压迫常会引发叛乱，造成更大的混乱。

虽然人们喜欢秩序，但是没有多少人喜欢被控制，这会产生反作用力。

那么有没有替代之法呢？

元领导者会借助他们的全局观、事态的发展和人力资源，一边建立秩序，一边施加管控。偏离秩序时，他们会放宽管控。无论身处何种状况，他们总能找到一个平衡点。

建立秩序的一个方法是运用自己的影响力，而不是滥用权威。你可以确定一个目标，清楚地阐明这个目标，随后号召大家自愿参与、积极行动。但是，号召大家不等于命令大家。团队成员买你的账，团结到一起是因为他们认可你的目标，想要贡献一份力，想要参与其中。他们很清楚怎样进一步维护秩序，并且在工作中热情高涨。若没有那种自上而下的严格管理模式，他们可以自由地应对挑战，提升自己的自适应能力。还记得波士顿马拉松爆炸案时人们所彰显的集体智慧吗？那就是秩序高于管控的完美诠释。

作为一名元领导者，你需要用自己的性格魅力、价值观和使命来引导大家，让他们自愿跟随你。这种吸引力比控制要更有魔力。

◎◎◎

美国联邦应急管理局的革新可以解释元领导这个复杂的自适应体系到底意味着什么。在重大灾难发生之后，美国联邦应急管理局负责引导和协调联邦救援行动，在混乱中重建秩序。

2005 年卡特里娜飓风灾后救援期间，美国联邦应急管理局在响应时协调不够充分，加剧了混乱。当时的情况对美国新上任的领导人来说绝对是一个严酷的考验。我们在灾难发生后立即赶赴现场，与现场指挥官交流后发现，相关机构为了应对这种程度的突发事件已经做了很多准备。尽管如此，当事情发展到一定程度后，大多数的体系和领导者还是无法满足受灾群众的全部诉求。

2009 年奥巴马政府开始执政，首要任务是改变美国联邦应急管理局的工作作风。里奇·塞里诺是我的同事，也参与过国家应急领导力项目。2009—2014 年，他担任美国联邦应急管理局副局长一职。在美国联邦应急管理局服务时，他和克雷格·富盖特局长改变了管理局的工作重心，重新定义了管理局的使命和运营方式，并且在机构内部重塑信心。在混乱中重建秩序的一个前提是，不同机构、社群和团体需要齐心协力、通力合作。这种协调工作是无法通过命令来强行实现的，但却可以通过协调来达成。

奥巴马政府意识到美国联邦应急管理局需要重新定位自己，确定优先次序。此前，那些受到灾难事件影响的人被称作“受害者”；后来，他们使用“幸存者”一词。受害者指那些不幸去世的人，而幸存者是那些积极参与灾后重建，在个人生活和社区活动中彰显坚强与韧性的人。美国联邦应急管理局将自己定位成“以幸存者为核心”的机构，这个全新的定位加速了美国联邦应急管理局内部规章制度的更新，建立了灾后重建中心，加强了与非政府组织的联系等。

美国联邦应急管理局不只改变了那些受灾人士的称呼，还改变了工作的重心。该机构重新将自己定位为全力以赴，在灾难降临时为社区提供“全方位支持”的团队。这一全新的使命和运营策略采用了更加宏观的元领导视角，重新定义了危机情况下美国联邦应急管理局与其他机构和社区的关系。通过召集各方而不是发布强制性命令，美国联邦应急管理局能够更好地与政府、企业、社区和非营利组织合作，并且互相提供支持，工作链条上的各方也都乐于贡献力量。在整个应急响应网络中，美国联邦应急管理局成为黏合剂，聚合了不同主体的强大力量，汇集了更多的人和组织。解决问题不再只是依靠单方面的力量，每个人都成为参与者和共同目标的实现者。如此，美国联邦应急管理局建立起更为稳定的秩序，更加有条不紊地为幸存者提供援助。美国联邦应急管理局由此成为企业、非政府组织和年轻的新生力量都渴望加入的团队，而它也张开双臂，积极促成各方的贡献与合作。

重新定位目标，为其注入活力之后，美国联邦应急管理局还重新调整了机构形式和职能的平衡。在官僚体制下的机构，事情总会过度依附于形式。你会经常听到这样的话，“我们一直以来都是这样做的”，或者“这些规则不是我定的，我也是按规则行事”。以前，美国联邦应急管理局是一个典型的官僚体制机构，观念上和运营上都是“形式”占据主导。

而有的组织会提供新颖的服务和产品，真正调动起员工的积极性，并且为客户提供满意的服务。这才是我们倡导的愿意调整为职能服务性质的开放性组织。这里还涉及几个必须回答的底线问题：在这样的机构里我们要做什么？什么才是达成目标的最佳办法？美国联邦应急管理局没有用严谨的结构和规定来达成目标，而是打造出全新的组织战略、决策方法和能够为组织目标提供支持的沟通模式。以此为依据，个体在实现目标的过程中就可以进行自我管理。因此在职能面前，形式相形见绌。

2009 年后，美国联邦应急管理局的领导者取得了怎样的成就呢？里奇·塞里诺提出将私营部门纳入美国联邦应急管理局国家响应协调中心（National Response Coordination Center, NRCC）下辖的响应体系。在那之前，私营部门根本无法参与应急响应组织。他说："现在社会中95%的商业活动是由私营部门完成的，因此它们只有参与到应急响应序列中，才能协调全国、各州和地方的应急响应工作。有人告诉我不能这样做，这不合法。我告诉这些人：'让我看看你们提到的具体的法律条文。'后来的事实表明，根本就没有明确的禁令。他们又说：'我们有相关的政策。'我说：'好呀，让我看看这个政策。'最后证实也没有相关政策。他们最后黔驴技穷，只好说：'我们一直以来都是这样做的。'我告诉他们：'现在我们要改变以前的做法。'"于是里奇·塞里诺最终将私人企业都纳入了国家响应协调中心的响应体系中，这个改变的确成效显著。

里奇认为，美国联邦应急管理局的职责是帮助幸存者恢复社区功能。此外，他在职期间会定期审查每个规定和惯例，看看它们是否行之有效。那些不合适的规定和惯例则自动被淘汰掉。

危机中的多股力量、适应调整和元领导力

在任何复杂的体系中都存在三种力量，"支持你的"、"反对你的"和"中立的"。元领导力的全局视角会鼓励你去了解并权衡这些力量，思考它们会给你和他人带来怎样的影响。有些力量是你可以控制的，有的则不行。这就是复杂性所在。

这些力量既是有形的，也是无形的。那些显而易见的力量，比如金钱、资产和设备，既可以为你提供便利，也可以对你施加阻碍。那些不易察觉的因素同样能起到作用，比如人们的意

见、人际关系的好坏、性格和外界的变化，有的甚至没有多大相关性。作为领导者，你甚至还会拥有内在的力量，比如你的知识、经验和情商等。

那些支持你的力量，包括你多年间积累的盟友、个人观点、信息、金钱或信誉等资源。这些力量可以让你更具话语权和执行力。这种支持你的力量越多，就越有充足的干劲去完成元领导的目标。不过，要小心一点：不要误读或夸大你的力量，过度自信会让努力付诸东流。

而那些反对你的力量，包括你的敌人、阻碍你达成目标的金钱和干扰信息等。你自己也会忽视一些东西，如果你不愿意改变思路，那么这些因素就有可能变成一股对你有害的力量。可能有害的因素还包括你对现状的满足，认为你的预想目标会给他们带来损失的人。这些力量加在一起会让你陷入停滞，或者至少会让你感到困扰。

中立的力量就是指对事态发展没有绝对好与坏的各种中性因素。这些力量可以去争取，它们有可能被说服，然后选择是否支持你。这种中立力量对事态的发展影响也非常大，争取到了，你或许可以成功。争取不到，你或许就得和成功说再见了。

向已知项迈进

这些力量的不同组合会决定复杂性的轮廓。解读这种复杂性的关键是了解你自己知道什么，不知道什么。作为元领导者，你的目标就是建立规则、确定目标，并相应地采取执行措施，让自己和其他人逐渐向可知的事物迈进。你需要寻找与当前状况相关的信息，信息越多越好，尤其是在未知项太多的情况下更是如此；而那些尚未掌握的信息，更需要你借助各种手段去获取。通过分析已知项和未知项就能搞清楚自己知道什么、不知道什么，然后去搜寻其他未知信息。

已知项和未知项可以分为四类，见图 3.1。

1. 已知的已知项（the known knowns）：这是元领导力思维中已知的事实。知道的信息越多，制定的战略和决策就越好，行动也会更有成效。

2. 已知的未知项（the known unknowns）：这是已经意识到的未知项，比如你已经知道自己要问哪些问题，向谁问，这代表你可以获取、汇集到的知识和信息。

3. 未知的已知项（the unknown knowns）：潜藏或忽略掉的一些已知信息。找寻这些信息非常关键，没有它们，你可能会碰到一些意外的障碍。

4. 未知的未知项（the unknown unknowns）：这些可能是你想都没想过的抽象因素，需要发挥想象力，因为它可能涉及与现有状况相关的关键信息。

2018 年 9 月 13 日下午，波士顿以北、梅里马克山谷附近的三个小镇几乎同时发生一系列爆炸事件，有 40 栋建筑物遭到破坏。对紧急事件响应者来说，第一时间掌握的已知项是人们不停地拨打 911，报告爆炸事件和火情。已知的未知项是伤亡人数和相关建筑物的毁坏程度。未知的已知项包含爆炸原因，以及这一系列爆炸事件是否存在某种联系。最后，未知的未知项是下一步还会发生什么事。领导者需要快速获取信息，把搜集到的信息变为已知的已知项。很快，他们就了解到爆炸是某个天然气管道承压过大导致的。归根结底，搜集信息的目的就是彻底弄清事件的过程，然后采取一系列措施确保此类事件不再发生。

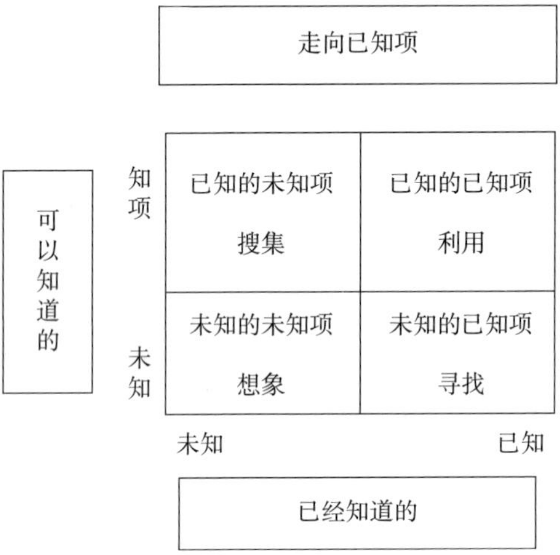

图 3.1　已知项与未知项分类

现在，就需要用元领导的思维来厘清事情的复杂性了。稍作系统性思考就能明白自己需要在不同力量之间，在已知和未知之间寻找联系和规律。获取信息是非常关键的一步，有助于你更积极主动地引导复杂局面，使“支持你的”力量有所增加，“反对你的”力量有所减少，然后调动“中立的”力量。通过发挥元领导力，你和团队成员就可以积累、分享并运用这些手头上的信息解决实际问题，从而领导团队达到最好的结果。

什么因素会阻止你寻找未知项呢？首先是技术问题。你可能没有相关的工具，比如显微镜，或者没有探寻未知项的相关训练和专业技能。其次，其他人可能会不怀好意，为了自己的目的而故意隐藏信息。最后，最大的阻碍可能是你自己：视野过于狭窄，观念太过保守都可能让你忽略重要的信息。如果将其他人都排挤在外，不相信他们对已知信息的调查，或许有的事情你永远都无法知道。

◎◎◎

从自适应的角度看，你需要想清楚如何处理这些已知和未知。这些力量怎样才能全部为你所用呢？什么是可以改变的？自己要如何行动？怎样赢得他人的支持？有时候，你会集中攻克重要的事情，从而疏忽掉一些小细节。快速反应能力和处事的灵活度应当成为你的优势，因此要有策略地协调各方力量，为自己赢得支持，达成目标。运用得当，你便可以向前迈进；运用不当，则会陷入停滞。

诸位不妨将识别利益相关者、确定各自的职能作为行动的第一步。首先你需要召集为你效力的人，倾听他们的建议，感受他们的热情，获得他们的支持。他们的影响力可以进一步扩大你个人的影响力。这时候也顺便可以去了解：哪些人对你颇有微词？他们此时让你添堵的行为是否有合理的依据？有没有现成的方案使你克服或减少他们的对立情绪？或许真诚的聆听就足以解决问题。你能否将敌人转化为朋友？让那些持中立态度的人参与进来，想一想用什么方法能让他们支持你，或者至少避免站到你的对立面。

所有的复杂体系都存在这些力量。作为元领导者，你要清晰认识这些力量，想好如何有的放矢地去处理它们，然后将这些力量用于自己的战略和行动中。相较于形式（即机构的规章制度），如果你更注重职能（即你的预期目标），那么你需要按照自己的优先事项协调各方力量。这是我们从美国联邦应急管理局和家具零售商赫曼米勒公司的案例中总结到的经验。它们都改变了以往的组织和执行方式，从而更好地实现自己的核心使命，在运营过程也都做出了必要的调整。

◎◎◎

把以上内容融合到一起后，就来到了“出新”的阶段。出新就是体系内出现了所有个体原本没有的全新特质。比如，巧克力饼干的味道是由鸡蛋、面粉、巧克力和其他食材共同赋予的，把所有材料放在一起烘焙时就是创造奇迹的时刻。当你召集不同的人、采取不同的行动、制定不同的目标时，元领导的视野便会扩大，你会通过元领导力找到新的方式来协调各方。时光倒回到2004年红袜队的夺冠之旅，出新便是他们获胜的关键。在复杂自适应系统里，各部分的联系随着时间而不断发展，发展期间便萌生了新的特质。这里所谓出新，就是将球队的一群人变为一个团队，问题最终就有了全新的解决方案。

作为元领导者，你可以鼓励团队成员各自发挥领导力。这种能力可以改变人们之间的关系，让大家的联系与合作更加密切。在红袜队的案例中，我们很难确定谁是领导者。但是领导力切切实实地存在于整个团队之中，不同的个体会在不同时间点挺身而出，承担这个角色。红袜队的成功不是简单地将每个人的能力和队员的努力单线条聚集，而是在他们的性格、关系、技能和积极性的相互碰撞和磨合中不断出新而形成的。每个团队成员都找到了共同的目标，在互相的配合与磨合中努力去适应并达成目标。这种成功是无法复制的，仅靠引进一个明星球员或者同级别的明星球员是不可能打造出这样的团队的。

◎◎◎

2012 年 8 月，伦纳德和两名参与过国家应急领导力项目的毕业生在华盛顿特区美国联邦应急管理局总部见面。这两名毕业生分别是美国联邦应急管理局副局长里奇·塞里诺和美国联邦应急管理局新就任的首席创意顾问德西蕾·马特尔 – 安德森。他们谈话的主题就是复杂性和自适应能力。伦纳德问道：“灾难的响应过程有没有可能创新呢？”应急管理机构往往不愿在应急处置过程中尝试新的想法或做法，担心创新会分散他们的注意力，从而忽视工作重点。讽刺的是，即便沿用以往的做法，应急处置的领导者还是有可能疏忽重要的信息。2005 年卡特里娜飓风席卷美国南部时，美国联邦应急管理局就是如此。

两个月后，超级飓风桑迪以前所未有之势席卷了纽约州和新泽西州。里奇·塞里诺认为，在应对如此大规模的飓风时，必须要有所创新才能填补一些不能避免的漏洞。马特尔 – 安德森早已按捺不住自己出新的热情，立即开始了行动。塞里诺给她的命令是：“在不违法的前提下，尽一切可能解决问题。”一个星期后，美国联邦应急管理局首席技术官泰德·冈田也加入了马特尔－安德森的创新团队。

超级飓风桑迪袭来后不久，埃里克·麦克纳尔蒂飞到了纽约。在他抵达的七天前纽约遭受了飓风的直接袭击。而埃里克抵达时，飓风仍在继续侵袭着这座城市，许多地区已经断电，洪水泛滥。他简单视察了曼哈顿的受灾情况，随即前往布鲁克林，和美国联邦应急管理局筹建的首个创新团队合作，参与应急响应工作。

夜幕降临，埃里克朝着约定的见面地点走去。他本以为会到一个大型紧急运营中心，但是却走到了一座居民楼前。他满心困惑地按下门铃，马特尔－安德森开门将他领进楼。他看到有十几个人坐在电脑前忙碌地工作着。在这些人当中，他见到了非营利组织“极客无界限”（Geeks Without Bounds）的创始人薇洛·布勒、哈佛人道主义倡议组织的约翰·克劳利和众筹团队“协同打击部队”（Synergy Strike Force）的加利特·索罗金。埃里克发现美国联邦应急管理局创新团队里并没有多少来自政府部门的人，大多数都是志愿者。他们之中有设计师、程序员、艺术家，还有很多懂技术的年轻人，他们渴望在这里取得成就。

那晚，他看到团队成员搜集社交媒体的信息，确认哪些是和应急响应有关的事实，哪些是谣言，通过推文的地理位置标记出了断网的地区。这些人不仅通过创新加速了援助进度，还设计出更美好的蓝图，重新设计了灾后重建中心，与联邦应急管理局的人一起用平板电脑记录幸存者的信息。利用众多非官方渠道汇集了想法、技能和资源。这些人都在各种国际人道主义救援中接受过训练，拥有娴熟的专业技能。在接下来的几天里，埃里克看着他们不断将自己的专业技能和技术天赋运用到纽约州和新泽西州的救援中。当然远不只这些，他们还通过网络召集了很多志愿者，获得了很多协助。虽然团队成员不多，但是在网络号召下涌现了成百上千名志愿者，处理着海量的有价值的信息。

马特尔－安德森后来解释道，虽然对联邦政府来说还是第一次在应急响应过程中加入创新团队，但是在地方社区，人们已经对此进行了很长时间的探索与实践。她说："我来自密尔沃基，那里的应急物资永远都不够，所以人们在严酷的条件下学会了动脑筋。我看到当地的应急官员、市民和各行各业的创新者都贡献出了自己的力量，参与响应，协助重建，及时地用别出心裁的方法应对他们面临的挑战。现在我们只不过是在更大的范围内采取这种方法而已。"

美国联邦应急管理局一个革命性的改变就是调动联络团队，将政府的官方响应过程和社区领导的非官方行动结合起来。大家与其为了不同目的奔忙，不如将官方和非官方的救援网络整合，更好地利用对方的资源。最初，大家对彼此都缺乏信任。像"征服桑迪"这样的团体根本不屑与当权者为伍，而美国联邦应急管理局经验丰富的专业人士又担心这些"非专业人士"帮倒忙。美国联邦应急管理局创新团队将受灾现场的信息带给官方机构人员，比如告知他们"有人被困在布鲁克林了"，让他们知道怎样进行救援。同时将官方消息传递给有需要的民众和社区，比如如何申请美国联邦应急管理局的临时避难援助。在大家的通力合作下，就可以将关键未知项变为无价的已知项。这种合作是前所未有的。

建立联系是需要借助元领导力来实现的。马特尔－安德森和创新团队的其他成员特别能理解利益相关者的想法，充当他们的专业“翻译”。他们不仅熟悉不同立场的人的“语言”，还可以向各个阵营的人做出解释。有的队员看起来循规蹈矩，有的则满身文身和穿环。这种多元的形象为他们赢得了公众的信任，解决了很多官方与非官方之间的冲突。最重要的是，他们避免了将团队再次切分，由此团队成员凝聚在一起，并且彼此尊重，仅对与共同使命有关的事项做专业评判。团队成员还学会了一句话：“我们要如何帮助你来完成目标呢？”

马特尔－安德森说：“这其中的‘命门’就是告诉大家，你会聆听他们的想法、帮助他们，打破团队成员之间的心理隔阂。同理心和共情力就是你们之间的翻译官，所以谦逊一些，关心他人，聆听整个社区的‘心跳’。因为只有了解他们的想法，才能帮助到他们。不管你外表有多么玩世不恭，你都可以参与到我们的应急响应中来。”

她解释道，懂得创新的领导者会在现实和心灵的两个层面建立起供人们相互慰藉的场域。美国联邦应急管理局第一支创新团队就成功创建了这样的场域。“从那之后，我们就开始注重设计了。这特别需要战略性思维，不是头脑风暴或即兴思考就可以完成的。”

后来，马特尔－安德森离开了政府部门，成为独立非营利组织“实地创新团队”的总负责人，也是全球灾难创新集团的首席执行官。从黎巴嫩的难民营到哈维飓风，再到西班牙与葡萄牙北部的山火应急响应中，都能看到她和团队成员的忙碌身影。

马特尔－安德森说："我一直以来都相信，作为有智慧的人类，我们可以做得更好。灾难事件中的领导者常常不是你期望的那些人，但总要有人承担起这个角色。所以作为领导者，我会努力做出表率。领导者不能只会空谈，还要有切实的行动，聆听大家的想法，快速解决问题，实现目标。少说话，多做事，多聆听，多行动……还有，大家要团结一心。"

◎◎◎

复杂性既是一个艰巨挑战，也是一个巨大机遇，但这也是元领导视角的一个优势。复杂性有助于拓宽视野，而忽视复杂性则会错失机遇。你需要在更宏观的视野下建立起各部分之间的联系，利用手头资源和那些支持你的力量。也需要意识到事情的复杂性，多问、多学，然后把收获的智慧汇总到一起，再继续探索新的问题，保持好奇，敢于探索。这样你会离答案越来越近。

到这里，你已经掌握了有益的思维模式和策略，能够从容克服所谓复杂性。

复杂性，不过如此。

自我发问

- 你所在的组织和社区中存在怎样的复杂性？领导复杂自适应系统的

思维模式可以运用到哪些简单的任务中呢?

- 哪些人际关系和事物间的联系会对你的领导目标产生影响?你有没有见过哪个组织的运作模式像蜂群一样?
- 回想最近的一位领导的经历。哪些是“支持你的”力量，哪些是“反对你的”力量，哪些又是“中立的”力量?你是如何引导这些力量的?这些力量对你又有何影响?哪些是你在这个章节学习到或者在未来想要改变的?

4

融合不同的视角，树立全局意识

YOU’RE IT

2009 年 4 月 26 日，星期日，正午，华盛顿哥伦比亚特区，白宫新闻发布厅。在墨西哥，一种神秘的流感病毒造成 90 人死亡。据报道，这种病毒正在侵袭美国得克萨斯州和加利福尼亚州。科学家和政府决策者正在夜以继日地工作，以查明这种病毒的特征并制定相关的应对措施。一些专家认为，一种传播迅速且来势汹汹的病毒“杀手”正在“进攻”美国。大范围流行的疾病不仅会夺走体弱之人的生命，还会造成大规模的社会动荡，危及美国和墨西哥的国民经济。还有一些人认为，尽管这种病毒有些神秘，但它只是普通的季节性流感病毒的一种更为温和的变体，风险很低。如果人类不能尽快确定这种病毒的风险系数并做出相应的应急响应，那么不管是对流感病毒过度反应还是反应不足，都会打开潘多拉魔盒，引起灾难多米诺效应。此刻时间紧迫，任务重大。

这是猪流感肆虐美国的伊始，此后它被重新命名为 H1N1 流感。

美国疾病控制与预防中心代理主任理查德·贝瑟博士接受过元领导力的高阶训练。他与总统的新闻发言人、国土安全顾问以及国土安全部长一起走进白宫新闻发布厅，准备在面向全国直播或转播的电视新闻发布会中亮相。奥巴马政府已经制定了相关策略，准备全力对抗流感病毒，保卫公共安全。

贝瑟是众人中职位最低的，主要负责回答发布会中记者的提问。作为一名内科医生、公共卫生专家和卓有成就的元领导者，贝瑟深知自己眼前的挑战。一开始，他说："此刻，我要声明我们与那些受流感疫情影响的墨西哥人民和美国人民站在一起。全国人民乃至全世界人民都对当前的状况表示关切，我们也一样。现在，猪流感的病例越来越多，并且感染数量预计还将继续增加。我们正在积极应对疫情挑战，了解各地疫情暴发的相关情况，并采取措施控制疫情。"

随后，记者开始就医学、健康方面的问题向白宫团队发起不间断提问。应急团队的其他人站在讲台的一边，贝瑟走上前，阐述有关 H1N1 病毒已知和未知的信息，以及科学家为突破未知信息所做的努力。贝瑟博士的讲话清晰、简练。即便是在当时，人们对这种病毒知之甚少的情况下，他的讲话依然能抚慰人心，安定人们不安的情绪。

之后，他告诉我们："我们应该尽可能少地拖延时间，尽力找到与这种病毒有关的一切信息，发现它对人体健康造成何种影响。我们的决策应该依靠科学来驱动，我们越早地从科学角度认清这种病毒，就越能更好地引导决策，并及时地告知公众。"贝瑟的角色主要是继续推动对流感病毒的调查与决策，并且保持与公众的沟通。对于应该采取什么样的措施，医学界会提供更多的方案和观点供各方选择。

“如果美国和全世界携起手来一起努力，我们或许就能做出正确的选择。我觉得我的职责就是提高这种可能性。”贝瑟解释道。

十天后，贝瑟在白宫向奥巴马总统及其内阁官员汇报了工作进展。贝瑟汇报完毕后，总统表示：“我们将遵从科学。”奥巴马总统的这句话向在场的所有人传递了一个清晰的信号，即我们的决策过程要摒弃猜想、政治考量以及官僚斗争。我们的标准只能从以证据为基础的科学判断中得到。

此时，贝瑟就是一名元领导者。他不仅对内带领着自己的团队，对外还率领着一众政府官员以及一些机构的领导，其中包括国家和地方的公共卫生组织，以及世界卫生组织的官员。事实上，贝瑟对这些人都没有指挥和控制的权力。在这些团队的内部以及团队之间不可避免地会出现一些对抗和摩擦。总统的顾问团队习惯了从政治角度出发，考虑公众的观点与看法，对他们而言，科学并不是他们唯一的考虑因素。作为总统批准的权威科学的“化身”，贝瑟平衡了诸多互为竞争且复杂的优先事项：资源、关切、偏见、观点认知和每个人的性格特征。他的任务就是让所有人携起手来朝着一个共同方向努力。

团队的分歧之一在于是否关闭学校。有些人认为这种病毒十分危险，他们担心如果不关闭学校，会有成百上千的学龄儿童受到影响，因为儿童会加速这种病毒的传播。而鉴于美国疾病控制与预防中心收到的有关流行病的初步数据，有些人对这种病毒的致死性没那么担忧。这种病毒导致的死亡人数可能与一般的季节性流感病毒相差无几（通常为几千人）。让孩子待在家中或许能降低接触病毒的概率和感染率，但是这样做也会把他们的父母困在家中而无法工作。家长如果不得不返回工作场地，孩子可能就要独自在家，或者被安置在商场或其他公共场所，而在此类场所，病毒的传播速率和效率与学校相差无几。由于2009年美国遭遇经济危机的重创，因此，此时采取的应急措施对经济的影响则是一项关键考虑因素。

鉴于人们看待问题的角度不同，因此不同的人对眼下的危机应采取的措施观点各异且都有道理。“这是一个‘立方体中的锥体’式问题。”白宫首席内科医生政策顾问卡特·迈切尔说。没错！应对猪流感确实是一个“立方体中的锥体”式问题。这和领导者面对潜在产品缺陷或用户数据破坏等状况时所处的困境是一样的。那么，“立方体中的锥体”式问题到底是什么，它对眼下的困境又有何启示？

融合不同视角

想象这样一个比喻：眼下有两个实验任务组，他们需要描述一个不透明立方体里的物体形状。如图4.1所示，一组通过立方体侧面的窥视孔A看到了一个三角形，另外一组通过立方体顶部的窥视孔B看到了一个圆形。这两组人陷入争执，对立方体内部的物体到底是什么形状各抒己见，每组人均自称是从专业经验、价值观、智力或能力角度出发来证实自己观点的有效性的。

事实上，这既不是一个简单的圆形，也不是三角形，而是一个锥体。能否最终得到这一事实，取决于这两组人员是否愿意分享并结合他们两组的结论。作为一种元领导力的工具，“立方体中的锥体”只是一个寓言故事。事实上，在立方体中有很多的窥视孔，内部形状的组合也更为复杂，这就表明人们从不同的个人角度和专业角度出发，在看待同一现象时会有无数个答案，得出千差万别的结论。

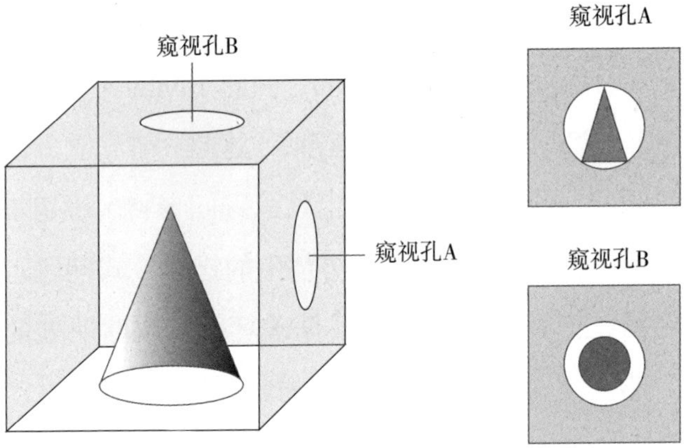

图 4.1　不透明立方体里的物体形状

这是元领导者的基本思维。作为一名领头羊，你需要想到不同的个体会从不同的利益点出发看待和理解某一事物。你需要通过比较，组合、整合这些观点，并且帮助他人形成全局视野来激发元观点。元领导力的真正任务是充分认可并分析整合形态各异的视角。如果处理得当，团队的参与者便能认识到复杂性（即看到“立方体中的锥体”），并能形成一个更加综合与平衡的观点。元领导者的终极任务是将这些不同的视角引导进一个共同的目标，形成共同的叙述方式，实现众多参与方的统一。

人们通过一个透视镜看世界，这个透视镜是由每个人不同的经历、专业技能、拥戴对象、价值观和目标构成的。我们要认识到，即使有相似的背景，不同的个体在看待相同的现象时也会得出大不相同的结论。尤其是当彼此间的争执变得极端和对抗的时候，人们就不再好奇对方观点的可行性。甚至连提出“从你的角度怎么看”这样简单的问题都变得格外困难。当处于不确定状态或是恐慌状态时，合作中的保守与顽固亦会强化。

认知偏见

认知偏差处在“众人听你号令”的元领导力中，你的任务就是发现并找出各类观点的共同之处。人们在解决问题时经常固守自己局限的视角，哪怕眼前就摆着直接证伪的信息或数据也不肯低头。有很多原因可以解释这一现象，其中包括：公开维护自我利益，自圆其说的证据，恶意作对，个人偏执。此外，还有一些更为“真挚”的情感因素：信念、激情以及善意的支持（“都是为了这次任务”）。事实上，多元的乃至有时互为矛盾的观点使所处环境的复杂性变得生动起来。你越能灵活地发现并处理这些相互冲突的观点，就越能高效地践行元领导力，并朝着你希望的目标迈进。

大脑的工作模式首先是接收各类杂乱无序的信息，然后进行加工处理，或许在危机之时更是如此。为了能让大脑更高效地处理各类信息，信息首先被过滤到思维体系预先建立起来的模式、态度和信念中。这些被统称为认知偏见。视觉捕捉到某样东西之后，大脑迅速地为其寻找合理解释。一旦这种印象被激活，即便眼前出现与现有认知相反的事实或逻辑，大脑也很难信服其他的事实逻辑。奇怪的是，这些认知过滤系统可以使大脑得出你想看到的结果。认知偏见被激活的方式千奇百怪，可以是一个人的穿着打扮（如破旧的牛仔裤）、就读的学校（如哈佛大学）、所任职的工作单位（如政府部门），或讲话方式（如带有南方口音）。在感知到相应信息之后，你的大脑迅速评估其中的风险与回报，并根据上述指标得出结论。“那么很明显，任何一个_______的人都是_______。”你的大脑会自动补充这些空白，其他人显然也是如此。

认知偏见为高效推理提供了“公式”式的路径，并且大脑倾向于轻松、容易的决策过程以及据此得出的结论。当新事物出现时，信息被强行放置于一个事先预设的模式之中。不符合先前存在的认知偏见的数据会被无情抛弃，而这无疑会使偏见越发僵化（除非大脑有意识地自我修正）。例如，那个穿着破洞牛仔裤的人刚刚提的建议很明智，也许他比我想的更聪明。

一方面，认知偏见也能提供有益的问题解决捷径。另一方面，它会以一种错误且危险的方式扭曲你的思维。许多偏见因文化、经验及个人偏好而形成，并影响着你对各种情形的理解和你做的决定。这些偏见既可以启发你，也可以蒙蔽你。

认知偏见的其中一类是“确认式偏见”（confirmation bias），这种偏见使人们偏向于相信那些符合自己已有世界观的信息，而轻视那些与自己世界观相悖的信息。譬如在买车后，你会寻求一些证据证明你做的决定是正确的。另外一种常见的偏见是“可得性偏见”（availability bias），即轻信那些你最容易得到的事实。例如，在一场惨烈的飞机空难后，尽管有明确的证据显示飞机是最安全的出行方式，许多人还是会质疑飞行的安全性。“自利性偏见”（self-serving bias）是指使用有利于自我的方式解释信息。例如，如果你与听众沟通并从听众那里得到积极的反馈，你也许会把对话的成功归因于你讲话材料的出色和积极的演讲风格；如果听众的反馈没那么积极，你也许就会断定演讲效果不佳是因为演讲时间被安排在午饭时间后，此时，听众们刚吃过午饭必然会困倦（即所谓食困）。较之其他群体，自利性偏见会使人更为重视身边亲近之人（其中包括你的同事，以及背景相同的朋友或者校友）的评价与态度。“判断性偏见”（judgmental bias）是指那些以事先形成的概念为基础的偏见，包括对一个人居住地、级别或是社交圈子的了解。

当认知偏见主导你的思维过程或占据你的头脑时，你会很难察觉到新情况的变化。感性会蒙蔽你的双眼，你在处理问题时会忽视新的信息而把这些新信息当作常见之事，从而做出错误的判断。相反，在一开始，你就应该质疑自己的假设。经常问自己或者别人这么一个简单的问题：“我在这里是不是漏掉了什么？”通过不断反思，寻找事情发展的新的变量，同时也引导别人这么做。我们遇到过一个公司的首席执行官，他曾任命一个专职人员加入他的危机管理团队，专门负责寻找这种认知性偏见。

当恐慌和愤怒出现时，你的视野会变窄，而且只看到单调的黑色和白色，你的选择也困于非好即坏或非敌即友的二元论。你对未知事物的怀疑会增加。认知偏见会欺骗你。

认知偏见会极大甚至过度地限制你的思维和领导力。视角的狭窄会使你得出的结论不可靠。问题越复杂，越令人担忧，人们就越倾向于简单和可靠的解释。即便这些答案不合逻辑并且违背常识，人们也很可能认为这就是正确的解释。

为了应对这一现象，你需要改变你与自己或他人相处的方式。如果你意识到自己事先存在认知偏见，并保持警觉，克服它们，你就有可能从批判性的事实中找出更接近真相的信息。当你对别人的反馈保持开放心态时，他们更有可能提供也许被你忽视的一些观点和建议。

元领导力的挑战

元领导力的挑战包含两个方面。

第一个挑战就是你自己。不要畏惧挑战那些困扰你的条条框框，譬如个人偏见、过往经历和私人喜好。有时领导者过度关注带领整个团队向前迈进，以至于疏忽了自己的特长。如果认为在乎别人的看法是一种软弱的表现，那么你有可能变得更加死板与迟钝。对外界一无所知固然危险，而更危险的是意识不到自己对外界的迟钝与麻木。切勿掉进自己设下的陷阱。

第二个挑战是，除了突破自我限制外，你还要调动自己忍耐、敏锐、坚毅的品性，敞开胸怀接纳别人的观点，这不是一件容易的事。它需要你激发自己的同理心、人际交往能力，以及灵活处事的能力。人们之所以会用自己的方式看待世界，是因为他们长久以来形成的逻辑对自己具有说服力。想要让人们改变自己的视角（即使是轻微的改变），也是一件很困难的事情。有时，最好的改变方式是去理解自我的认知偏见，而不是试图去说服他们改变自己的观点。在本章开始提到的H1N1流感疫情应急处置案例中，贝瑟博士就意识到总统顾问从政治角度考虑问题，担心过于草率地改变宣传口径会使奥巴马政府看起来不够可靠，这样一来恰好就证实了公众的原有偏见——政府的无能。尽管如此，贝瑟博士仍然坚信科学，考虑到发布政策和政策调整的时机，他接受了“自己能够容忍”的决定。“立方体中的锥体”这一简单的比喻，可以提醒所有人突破自我偏见，以及对他人的偏见，从而摆脱束缚，并能根据当下状况建构有益的元观点。

◎◎◎

1999年6月8日，33名比利时学生在饮用了产自比利时安特卫普省的可口可乐后出现了身体不适的状况。一些学生被医院收治观察，其余一些学生也在几天后出现了相似的症状。之后在法国北部，大约80人在饮用可口可乐后罹患肠道疾病，而这批可乐的生产地与比利时可乐中毒事件的生产地不同，这批可乐的生产地位于法国的敦刻尔克。这起事件共波及250人。媒体炸开了锅，引发了公众对可口可乐中毒事件的恐慌。

这场恐慌致使可口可乐公司发起了历史上最大规模的产品召回——五个国家共1 700万箱饮料。比利时和法国对可口可乐实行了为期十天的禁售。意大利、西班牙和瑞士的卫生部长纷纷警告自己国家的人民不要购买可口可乐，尽管这些国家的可口可乐不是由那些出现问题的工厂生产的。

这场信任危机爆发时，可口可乐公司时任首席执行官道格拉斯·艾夫斯特正在巴黎。接下来的几周时间，他采取的一些应急处置措施都是指令性的，而这些举措也是我们在面对其他危机时或许会遭遇的陷阱。艾夫斯特将可口可乐公司打造成了一家高度集权化的公司。全球各分公司的负责人都在美国亚特兰大办公，因此在食品安全问题爆发后，艾夫斯特没有立即前往距离巴黎不远的比利时了解最新情况，而是立刻返回了可口可乐位于亚特兰大的总部。尽管公司总部派遣了十几名负责人前往布鲁塞尔现场应对危机，该公司的官方立场依然是可口可乐公司的产品并不存在健康风险。现场的负责人花了两天时间才拼凑起必要的信息，找到了可能已经被污染的产品。而艾夫斯特本人在长达八天的时间并未向公众做任何公开声明。在中毒事件发生十天后，他才首次前往比利时（而这期间他本应多次出入问题工厂才对），并且始终都没有在公共场合露面。

艾夫斯特从底层打拼至领导层，按理说应该能够得心应手地处理此类危机。他曾是一名业绩斐然的业务主管，后来得到了董事会的全票支持被任命为首席执行官，他的晋升也得到了媒体的肯定和市场的欢迎。在成为首席执行官之前，艾夫斯特已经为可口可乐公司效力了20年，他对这家公司了如指掌。他也十分了解欧洲的消费者和政府。十年前，他的第一个管理职位就是担任可口可乐欧洲地区的业务主管。

在他的领导下，可口可乐为应对这场危机采取了一些积极措施，譬如开通了一条消费者热线，为受产品质量影响的消费者支付全部医疗费用，并开展相关产品质量调查。可口可乐公司深入调查后发现，比利时的事故原因是工厂使用的二氧化碳出现了问题，法国的事故原因是工厂运货板上的木材防腐剂给罐子外层造成了污染。在可口可乐公司的高管看来，这些问题都不会带来严重的健康威胁。他们想通过手头掌握的证据来自证清白——向全社会公开了检测结果和其他卫生数据，同时，公司官方和艾夫斯特本人向消费者公开致歉，但是在艾夫斯特的心底仍然认为可口可乐公司只对这起事件承担部分责任，不应该把全部责任都算在他的头上。

虽然可口可乐公司向公众自证了清白，但仍未阻碍公司的股价下降 10%。可口可乐在全球的销售量也出现了下滑，这给其他竞争对手带来了抢占市场份额的机会。半年后，也就是 1999 年 12 月 5 日，艾夫斯特辞去了可口可乐首席执行官的职务。而这起事件的决策只是导致他职位不保的诸多错误决策之一。

艾夫斯特的错误并非不重视问题的严重性或者不愿意采取行动，而是因为他仅通过一个狭小的透镜来看待这起事故，导致他对形势做出了误判。最终，因为他只是片面地认为处理这起事件只要找出影响产品质量的根源即可，所以忽视了“立方体中的锥体”问题。事件发生后，他确实积极采取措施纠正问题，如使用权威检测数据证明法国和比利时的食品安全事故并非由可口可乐公司造成的，并及时给公众分享了这些检测结果。他一度坚信，公众在看到这些检验报告后，都会同他站在一起。

艾夫斯特没能预料到的是，消费者和政府看待这一问题的态度与他不同。他们看到的是生病的孩子和恐慌的消费者。因此，人们的担心、怀疑和困惑并没有因为公开的检验报告而降低。相比证据而言，公众更期待得到可口可乐公司的同理心。艾夫斯特认为自己已经解决了问题，可事实上这只是他（“自己”）一厢情愿的想法。他并没有解决消费者（“他们”）的问题，即消费者对于产品安全问题的关切。艾夫斯特的应对措施或许只是解答了自己的问题，并没有回答更大的谜题，而后者才是最重要的。

当你面临重大问题或危机的时候，不妨考虑一下这个问题所涉及的每个人持有何种观点。作为元领导者，你的任务就是洞察其中的奥妙、应对大局并整合不同的观点，从而给你的支持者一个满意的答复。

充分认识自己的大脑回路

你或许从来没有看清自己的大脑。信息与经验输入并储存在大脑灰质中。大脑了解任务并进行处理，经过时间的酝酿和重复性的动作，我们最终能准确可靠地执行任务。你将信息按照逻辑顺序和可解释的模式做出清晰明了的排序，并且你坚信自己能够预测到接下来会发生什么。你确信自己能够控制大脑，并认为其他人也同样具备此种能力。这些预设与想象都合情合理，因为那是人类大脑的功能：厘清并理解事物。

当然也有例外。

大脑是一个神秘的器官。事实上，我们对大脑的了解和控制要远远低于自我认知。化合物和荷尔蒙用我们几乎无法感知的方式调节我们的情绪。除此之外，大脑还存在很多我们无法认识和理解的领域。

临床研究表明，大脑的关注点较为狭小：大脑重要的功能是维持人的生命，第二个主要功能是通过你的后代延续你的基因。它只感知它认为需要你看到的，以免感官因超载而崩溃。研究甚至显示，记忆力也易受影响，会随着时间的推移而变化。错误记忆可以装饰美化为准确的记忆。

卡多佐法学院的昭雪计划（Innocence Project）中有个戏剧性的案例。它们的报告显示，通过基因检测而被推翻的罪名中，有超过 70% 的案件最初的定罪都与证人的错误指正相关。认知偏差限制了你对事物的理解。

这是为什么呢？你志向远大且成就颇丰，你认为自己很聪明。你最重要且最有价值的资产是你的大脑。还记得你高中时的测试成绩吗？大学时你又是怎么撰写论文的？基于此，谁又能说你“不了解也无法控制自己的大脑”呢？

若想拥有更广阔的知识面或者更深入地理解世界，欣赏你不了解的事物是你需要迈出的重要一步。它是好奇心的诱因，也是想象力的跳板。你欣然接受那些可能被你忽视的现象。从你认为可靠的来源中寻求证据、数据、事实，即使它们违背你的假设和观点。

为什么通过欣赏视而不见之物就能明白更多的道理？因为这样做后，你能超越那种所见即世界的误解。你放弃了你明白而且只有你一个人明白的执念。随着对自己局限性的深入理解，此前视而不见的事物将变得更加“扎眼”。你开始更加关注周遭事物，这些周遭事物可能会让你恍然意识到自己此前所忽略之事。

你取下了自己的眼罩。

思考这样一个矛盾的现象，尽管它可能有些奇怪：你的大脑容量越是增加，你越会承认自己的局限性。拥有这个认知对于你刚刚形成的元领导力至关重要。

◎◎◎

人们对大脑运作方式的了解较为肤浅。众所周知，随着经验的增加，大脑的结构和功能都在成长——大脑不是一成不变的器官。大脑会随着时间的推移，通过一种叫“神经可塑性”（neuroplasticity）的现象发生变化，这种现象解释了为什么某些中风患者在大脑语言功能区受损的情况下，还能恢复语言表达的能力。大脑可以自我调适，以便更好地完成任务。你越主动地“训练”大脑的多维思考能力，如“立方体中的锥体”问题，大脑的思维能力就越容易得到提升。你越是实践元领导的思维模式，就越能从容地使用此模式。

“立方体中的锥体”是一种训练工具，可以促使人们在问题评估和制定解决方案时做更多元的思考。“立方体中的锥体”思维鼓励通过多维视角对问题做稳健的综合性分析。如前文所述，“立方体中的锥体”帮助我们在线性思维和复杂自适应系统思维之间做比较。

有时，你会面临一个简单的线性问题，那么一个简单的线性解决方案即最佳的途径。我们称此为“胶带问题”。面对这种问题，运用固定方法并继续前进即可，没有必要让问题过度复杂化。

在其他情况下，宽泛的元视角将帮助你察觉眼前局面的复杂性。将“立方体中的锥体”嵌入到思维中可以训练大脑对复杂性问题的理解能力；同时也能训练大脑克服对线性思维方式的依赖。由此，你的视角将由局部变得更加宏观。一旦在宏观上了解了问题的处理模式，你的工作只能转变为更广泛的沟通，以便他人与你达成共识。这就是元领导力，是复杂性问题的解决之道。

这其中的关键之处是，你的思维需要适应线性模式和复杂模式之间的转换，适应窥视孔 A 和窥视孔 B 之间进行的转换。对复杂问题应用线性解决方案并不会产生实际功效，亦如使用复杂性解决方案解决线性问题一样，都是一种时间、精力和资源的浪费。训练你的大脑，让大脑思维更加灵活。

◎◎◎

对于进一步训练自己的大脑，以便更好地领导他人而言，广泛且清晰的认知尤为重要。不妨将“神经可塑性”纳入你的思维模式中。想象一个熟练的摄影师使用不同镜头和设置来拍摄不同的场景照片，依此方式尝试适度扩大且收缩大脑注意力的焦点。这能使你整合问题并聚合观点。它鼓励你针对当前问题制定解决方案。

当美国和全世界因一个无形的、致命的病毒陷入恐慌时，理查德 · 贝瑟做到了如上要求，为人们找到了解决问题的方法。贝瑟帮助其他人了解到眼前的局面，不断启发人们跟随他的视角，他的粉丝里甚至还有美国总统。他在多维度的流行病调查和应急处置工作中带领团队成员勇往直前；除此之外，他还直接向公众做具体的基本示范：咳嗽的时候要弯曲肘部挡住自己的脸，这样可以最大限度地减少病毒传播。理查德·贝瑟的付出不仅向人们证明应急团队在处置流感疫情中不辱使命，还使公众获得了一种安全感，让他们相信虽有诸多不确定性，但拥有战胜疫情的信念。每个希望采访的媒体人都获得了与疾控中心发言人交谈的机会。贝瑟博士愿意让公众知道他们应对流感工作的进展。他希望政府对于公众的要求能做到迅速回应。贝瑟博士以一种恰当的方式将自身影响力施展到其职权范围以外的领域。

相比之下，可口可乐公司首席执行官艾夫斯特却没有认识到问题的复杂性。对于危机的狭隘处理使他丢掉了工作，也损失了可口可乐公司的市场份额和营销收入。

记得借助“立方体中的锥体”思维方式扩大自己和他人的视野边界。不妨照着镜子反思自己，如何使自己战胜认知偏见，使自己具有全局视角。

赋予自己元领导者的思维，从此刻起航。

自我发问

- 回想自己遇到的一个“立方体中的锥体”情形。它们其实很常见。这个问题最终如何解决？过程中遭遇了哪些挫折？是否还有其他解决之策？
- 回想一下，你是否曾用狭隘的观点看待一个复杂的问题？是什么限制了你的思维？你的认知偏见有哪些？别人又有何种认知偏见？这意味着什么？你能否开拓自己的思维？是什么或者是谁帮助你实现了此种跨越？

- 回想一下，你是否遇到过用线性解决方案解决复杂问题的情形？

5

运用社会杠杆，使自己影响更多的人

YOU’RE IT

2006年4月，英国利兹市。哈丽雅特·格林被任命为派睿电子（Premier Farnell）的首席执行官，这是一家总部位于英国的电子元器件全球经销商。尽管该公司的历史可以追溯到第二次世界大战早期，但如今它的前景却令人担忧。派睿电子需要进行战略改革。

派睿电子的业务范畴既有复杂流程，也有简单操作。例如，一名设计智能手机雏形的工程师可以向派睿电子订购零部件。派睿电子经营的零部件种类非常广泛，它从全世界的供应商手中采购零部件，并以最快的速度将它们送到客户手中。尽管如此，鉴于公司销售业务的线上转移落于人后，如今派睿电子在配送速度、服务价格等方面被竞争对手赶超。公司的市场份额占比和销售利润正遭受前所未有的威胁。

格林身为派睿电子的首席执行官，她面临的挑战不仅是要提升公司效率实现增长，还必须率领公司适应一种全新的商业模式。她将派睿电子的定位从电子产品销售商转变为供应商与终端客户之间的枢纽，全力促进产业信息在两者间的顺畅流通。

“我刚上任时，公司需要了解它的消费者是谁，然后满足目标消费者现在和未来的需求。”在她看来，只有派睿电子的利益关系方都成功，派睿电子才能成功。

格林承载着拥护者对其极高的信任和期待，踏进了位于办公区角落的办公室，她知道自己得到了董事会的支持，并且公司的所有人都知道，重大的改变即将发生。格林向来以业绩斐然、重视结果著称，作为首席执行官，她可以提出自己的规划，按照个人意愿雇用或解聘员工，并且指导公司制定相关政策。然而，她上任第一天烧的“第一把火”却没有刻意凸显自己的权威。相反，她面向全公司职员发了一封电子邮件，并在邮件中公开寻求全公司的协助。她表示自己明白公司必须改革才能获得后续的发展，自己需要集结全体员工的智识和热情，只有得到所有人的支持才能带领公司实现既定的业绩目标。

“我非常谨慎，尽量不让自己看起来像一个刚从竞争对手那边转岗过来，对派睿电子的困难无所不知的‘明白人’。”格林后来告诉我们，“没错，我其实对公司下一步要做什么有概念。但是一个人的能量，以及一个人调动整体的能量总是有限的。我需要公司的所有人都将自己视为解决问题的一分子。他们比我更了解公司，更了解公司的优点和不足。我需要他们的知识和见解。是的，我知道他们当中有的人即将在几个月以后离职，但我也知道，有的人也将在未来的岁月里成长起来，并且为我们的新战略做出卓越的贡献。”

通过这封简单的电子邮件，哈丽雅特·格林为自己的影响力奠定了基础，这种影响力甚至一度超越了她的正式权力。在接下来的几年，派睿电子真正实现了转变，将其业务的重点转移到了线上，并将业务范围扩大至全球的更多地区。在全球经济不景气的背景下，派睿电子实现了利润增长，员工的参与度也空前高涨。公司员工成了格林的忠实追随者，并不仅仅是因为格林是他们的上司，更是因为他们发自内心地想这么做。

职权和影响力驱动元领导力

你也许认为，“一号人物”意味着团队的领头羊。在一定的范围内的确如此，但从整体而言，你对下属和团队其他成员的号召力也存在一定程度的制约；你手头的自由裁量权是有限的，你能采取的措施也要受到公司和法律的制约。

作为一名元领导者，你需要不断权衡手中权力与对下属的影响力之间的紧张关系。权力是指挥别人并做出决策的能力。相较之下，影响力是能够说服别人并得到他们支持的能力。权力和影响力结合才能推进举措的实施。你若能从他人身上收获一种承诺，这是你个人权力与影响力结合的产物。

权力由他人赋予，影响力则由你和他人共同建立。尽管两者都能驱动自我的责任感，但权力更为遥远且更为理性，影响力则更为亲密和感性。哈丽雅特·格林的权力来自向她发出邀请协议的董事会成员，因此她完全可以单方面地自行决定公司改革内容，但是她却首先选择与员工沟通，让每一位团队成员都参与到改革中；她选择在使用自己的权力之前，先发挥自己的影响力。

在你做出决定并行使权力时，你的权力等级代表了你在职位角色上会受到何种制约，它同时也划定了你的权力范围。你的权力由等级和头衔共同确定。如果你供职于政府部门或者军队，你的权力则由法律明确规定，并按照法律程序予以批准。如果你供职于私人企业，你的权力则被写在企业的管理章程中。

手中的权力赋予你雇用或解雇员工、批准预算支出、制定策略、执行法规的能力；在极端情况下，你甚至能以违背他人意志的方式经营公司。鉴于你所处的职位，你也许会被邀请在重要会议上发表演讲，出席顶尖的活动或邀约，此时人们看重的并非你本人的魅力，而是你的头衔及其附加的特权，以及你所代表的企业的地位（换言之，一旦失去头衔，你的地位也会随之下降，商业邀约也随即终止）。

在管理内部事务时，你对下属有明确的管理权力，这被写进了公司的职务介绍中。你行使手中的权力以确保本部门的工作效率并圆满实现目标。过多或不足够地行使权力均会招致失败。你不能总想当个“老好人”，羞于调配手中的权力；你也不愿意做昔日的封建君主，仅靠调配权力完成既定任务。你的挑战就是在其中找到恰当的平衡。

◎◎◎

即便在拥有权力的情况下，元领导者也很少单靠权力完成目标。权力与影响力的最佳组合取决于你带领的团队环境。

请务必谨记这一点。尤其是当你需要与同行、供应商、监管机构、社区组织，以及公司外部人员交流时，这一点尤为重要。你的权力源于你的职位、资历、企业间的协议和合同，以及你公司的名誉。除此之外，你没有直接的权力来约束他人。例如，尽管一名内科医生可以对临床事务产生重大影响，但他在医院的行政级别可能不会很高。无论你的权力大还是小或源于何处，你的努力能否取得成功，是与他人所做的努力和所获得的资源息息相关的。此时，你除了依靠自己的权力外，还需要仰仗自己的影响力，当权力与影响力结合时才会等同于你真真切切的能力，而后者是一种能够激励他人并取得共同成就的能力。

例如，你或许能代表公司签订协议，收购一家重要的竞争对手，率领公司朝着新的方向发展；你或许手握一个绝佳的金融方案，能够推进收购案的进展。然而，你没有实质的权力能够命令投资者和消费者去支持你的方案，亦不能让监管部门放弃对你方垄断行为的质疑。此时就是元领导力发挥作用的时刻。虽然你有权力命令员工转岗去被并购的公司工作，但除非你能让他们心服口服，否则他们还是会抵抗甚至破坏你的计划。

我们参与过两家大型医疗机构的并购事宜，并在其中承担着冲突调解者的角色。双方董事会在事先未与临床部门充分沟通的情况下就签订了并购协议。这虽然是各自权力的分内事，但是董事会并不能强迫双方的临床部门友好相处、通力合作。事实上，两家机构的临床医生相互竞争且互为对立：原本两家独立的医院各有独立的部门主管；可是如今两家合并后，部门主管只能有一个。新的部门主管会在新组成的部门中推行自己的理念——从部门行政程序到医疗器械供应商的选择，再到企业文化，这一切都要强加在原本为另一家公司效力的医护人员之上。

不难想象，阻力和不满很快就会袭来。帮助双方医护人员找到共同点，并教给他们如何才能共同前进，需要花费大量的时间和精力，而这两点也是双方签署正式法律文件时并未直接言明而又缥缈无形的变量（本书第11章将详述争议协商之策）。

作为一名元领导者，你渴望获得成就，为了实现这个目标，首先你要学会倾听。请团队成员表达意见和看法，并表明你渴望寻找合理路径促成新局面的诚意。如果你想在他人身上发现灵活性，自己则要在灵活性和好奇心上做出表率。如果你的目标是实现各方的共同利益，你需要运用自身影响力去劝说并启发团队的利益攸关方。如果你正在领导公司的并购项目，切记要寻求共赢，因为对方在这一过程中的成功同样也会是你的成功。在两家医疗机构的并购过程中，双方的高管首先会寻找对方的优先事项，目的是促使合并后的两家医疗机构尽快正常运行。这是一种“双方获取最大利益”的态度。反向为之，此次合并势必会充斥着冲突。权力的确至关重要，但它却不能化解双方的矛盾。

在简单设备的内部，每一个零件都有专门用途并被统一安装。与设备不同的是，公司之间的关系更为复杂多变。人人都是感性的、多变的、以自我为中心的，并且各不相同。这种人性的流露多发生在正式的领导链条和组织等级之外。任何制度或文件若企图将每个互动都做模板化处理，势必烦琐且愚蠢，而且本质上并无用处。

激励追随者

回想一下我们对领导力的定义——团队成员愿意跟随你。团队的跟随源于信任，人们相信你可以带领他们朝着一个共同目标努力（无论是销售目标，还是人道主义任务）。你为众人树立起榜样，对于任何要求别人做的事，你自己首先要起到表率作用，如此，他人才愿意心甘情愿地跟随你。

亚利桑那州立大学的罗伯特·恰尔迪尼是全球最顶尖的影响力构建专家之一。他和他的团队发现了六条基本原则，这六条原则适用于不同的文化背景，衡量标准则因具体情况而异。恰尔迪尼团队提出的原则一是“互利”。如果我帮助过你，那么你也极有可能愿意帮助我——影响力来自共同分享和交换所得的利益。原则二为“承诺与坚持”，当人们对一件事或一个人做出承诺时，他们总是倾向于坚持此前的选择，因此就有了需要留下良好印象的需求。原则三是“社会认同”，人们易被那些他们认为与自己相似的人影响，也会受到自己偶像的影响。原则四是“喜好”，人们更容易受他们喜欢和崇拜之人的影响。原则五是“权力”，权力来自你的正式职位和所掌握的能力，以及你的运用方式（显然，权力和影响力并不是互相排斥的）。原则六则是“稀缺”，你手中掌握的资源、技能或信息均是他人觊觎之物。

似乎这几条原则看上去像是基本的善行善举，事实也的确如此。领导力专家沃伦·本尼斯曾建议道：“如果你想成为一名更好的领导者，你首先要成为一个更好的人。”想成为更好的人绝非易事，尤其是身陷官僚主义中，面临经济指标考核的压力时，或者上级指示不明时，都尤为困难。尽管如此，你依然需要秉承自己的原则和价值观。你的真诚就是你影响力的核心。

个体所能获得并维系的影响力程度取决于自己。因此，我们需要寻觅、缔造、赢得并巧妙地利用它。当你离开一个职位时，你的继任者会继承你的权力。你的影响力，以及你建立影响力的方式则为你自己独享。如果你手中的权力是由你的官方角色赋予的，那么你拥有的影响力则是一种非正式权力，是你勤奋努力累积而来的，甚至是从原有权力中转移而来的。权力是有限的，而你能积累的影响力却是无限的。

◎◎◎

在物理学中，杠杆作用是指杠杆与支点组合以此增大动能。这种杠杆产生的力量可以撬起一块大的石头。若想发挥社会影响力的杠杆作用，元领导者则需要将权力和影响力相结合以求实现目标。

“指挥－控制”型权力存在着速度和决断力方面的要求。例如，在紧急情况中，人们通常没有时间来辩论，也容不得任何形式的优柔寡断。相比较而言，为公司找准战略方向的最好方式就是让公司的员工都参与进来。在你的团队中，有些人需要权威型的指导，有些人在自由的条件下会有更好的表现。

你使用权力来管理自己和追随者，使用相对受限的权力管理公司上下。你的影响力可以同时在多个方面得到发挥。作为一名元领导者，你要掌握整体的情况。问问你自己：你拥有哪些相关的权力？你的影响力可以给你带来哪些支持？影响力的创建与运用需要注意哪些关键点？在你平衡权力和影响力时，要弄清楚身边的人、环境以及目标，以求实现最佳效果。

影响力和权力，是两种说服别人使其接受领导的途径，两者之间的不同体现在领导者的行为和态度上，以及追随者的经历和动机上。两者主要的区别在于：你的追随者听命于你是出于自愿，还是因为他们别无选择？对你来说，为什么别人会服从你的领导是一个重要的问题。对不同的人来说，这个问题可能有不同的答案。这个问题的答案或许能够启发你应该如何与追随者合作。

至此又产生了第二个问题。既然影响力如此有效，那么为什么很多领导者不去运用它呢？我们观察了两组领导者，他们分别处于高压环境和常规环境下。我们发现，越是容易生气或越是不自信的领导者，越是倾向于运用权力策略（而非影响力策略）。在“要么听我的，要么走人”这种领导模式中，这些领导者往往表现出对他人的敌意，以及自我的焦虑、担忧、怀疑和不安。这种领导风格会收获短期的成功，然而它的效果却是有限的。一味地运用权力进行领导并不能激发下属的积极性，也无法提高他们的效率。这种领导方式只会让下属对领导心怀不满。

无论你是否有权力领导团队成员，当人们自愿地选择追随你时，你都能收获整个团队对你最为深切真诚的认可。当一个领导者以身作则，并愿意分享对一个共同目标的激情、信任、坚定与忠诚的时候，追随者通常也会用同样的方式回应领导者。如此缔造出的真诚的热情要比单纯的服从更有价值。

通过激励别人带来的改变将会远超你的正式权力范围。

◎◎◎

哈丽雅特·格林运用手中的权力给派睿电子制定了极高的服务标准，并建立了严格的绩效考核模式。她同时运用自己的影响力，动员公司职员群策群力，使公司战略方向的变化得到了一致的支持。格林给员工提供了制定公司发展战略的机会，并允许他们在推动战略实施时发挥作用，由此帮助员工理解这些改革措施背后的原因。她向员工保证，公司会支持他们参加技术培训，并出台更好的措施激励他们表现得更好。格林全力以赴地帮助她的员工增强自信、克服困难，但是依然有一些员工不愿意或无法接受公司新的发展方向，这也给战略的实施带来了影响，最后，这些人离开了公司。审慎的使用权力会带来更大的影响力。

信任是影响力的基础。格林确立了一个“信任日”的目标，目的是使派睿电子的每一位股东都对公司有绝对的信赖。公司为电子设计工程部创建了“14元素”（Element 14）网络社区，电子设计工程部是该公司一个关键的消费者部门。在这一网络社区中，设计者可以自由地互相交流，甚至也可以肆无忌惮地批评公司。这些工程师通常独立工作或者以小组为单位工作，他们很重视这个与世界各地的同行沟通合作的机会。通过提供这样一个实用的、可靠的、不受审查的网络平台，派睿电子成为行业内一个颇受信任的伙伴，而不仅仅是一家元器件的中间供应商。他们在自己的追随者身上建立了影响力，他们的成功依赖这些人，但他们没有权力管理这些人。

现如今，格林是美国国际商业机器公司（IBM）亚太分公司的总裁，她正参与管理一项与人工智能（AI）和物联网（IoT）相关的业务，这一领域的发展十分迅猛。回想自己的元领导经历，格林说："我信仰终生学习，而终生学习这个技能从未像现在这样如此重要。如果领导者不能认识到当前迅猛发展的科技成就中蕴含着巨大的力量和潜能，他们就会错失良机，他们的公司就会面临风险，他们会被时代抛弃。当你真诚地参与并掌握最前沿的数字知识时，你的影响力会进一步扩大。"

她补充说："我们的企业里活跃着四代人，领导者必须向他的团队学习，即便他是领导。随着我的人生阅历不断积累，我越来越相信人需要谦卑一点，要承认自己不是无所不知，要认识到与比自己见解独到、视野开阔的人打交道是一件十分重要的事。"提到如何接受他人的建议，格林强调要欣然接受反馈，有则改之，无则加勉。她说："在年轻同事的身上，我们能了解很多当前社会的关注重点，了解如何为自己发声、寻求工作与生活的平衡，以及树立共同目标等方面的经验。"

元领导的意义追求

当我们讨论派睿电子的可持续发展计划时，格林说："人们需要的不仅仅是一个任务，更是一个目标。目标不能仅局限于几句口号，这不是指单纯的收入目标，也不是为激励员工而制定的方案。它不仅仅是出售产品或者服务，而是用实实在在的方式提高员工的生活水平。目标要清楚地表达出个体努力的深层次原因。你为什么追求这个目标？你为什么要与你的团队成员一起努力？你的每名下属对目标的达成是否重要？他们在目标达成的过程中发挥了什么作用？一个有号召力的目标能够让他人捕捉到积极的、有意义的路径与策略，使每个人和整个集体共同为大局做出贡献。”

除了一个共同目标外，你还要建立信誉来完成这个目标。你是谁？你代表着什么？你要完成什么？你是否积累了实现目标所需要的资源、授权、专业技能？当制定的目标和实现目标的可行性结合起来时，你的动力会非常强大。

当你的追随者对制定目标的原因坚信不疑时，他就会投入更多的精力和热情。同样重要的是，当他们相信你重视他们和他们所做贡献的时候，他们会付出更多努力。他们与你的行动保持一致，并支持你的行动，这也为他们提供了一个实现个人目标和意义的方式。当他们发现你和他们的价值观一致时，他们会被你分析和理解事物的智慧折服。他们注意到你会鼓励员工积极为集体做贡献，并与他们一起分享成功的果实。

通过你的影响力，以及影响力带来的杠杆效应，你可以塑造下属的思维、决策和行动。影响力具有权力所缺少的自发性，这种特性可以捕捉到下属的动机和抱负。达成集体目标则积聚了更大的力量，因为你的追随者会毫无保留地贡献自己的力量。就像谚语中所说，这种热情会使人们付出“百分之一百一十”的努力。在你的领导过程中，这种热情体现在你以何种方式监督、指导并且激励你的员工上。你为他们付出，他们也会给你回报。

我们在哈佛大学的同事约瑟夫·奈发明了“软实力”这个术语。这个术语描述了领导者在吸引盟友或威胁敌人时所面临的选择。一个国家的文化、政策、价值观和政治体制就是国家软实力的体现。软实力可以促使他人即使在不利的环境下也能想你所想。这一术语原本用在国际战略中，以便在面临胁迫程度较低的选择时避免使用武力。软实力同样也适用于组织、行业和人际关系中，指代获得权力之外的影响力，软实力一词是影响力的另一种表达方式。

激励别人的能力不仅取决于你的职位。每一个组织都有一些人，他们虽然身处中层或基层岗位，但却对当前或将要实现的目标有着巨大的影响力。他们通常知道如何省去繁文缛节。这类特殊的群体也包含一线的工作人员，他们直接与公司的消费者、客户和协作伙伴打交道。他们的言行直接反映着公司领头羊的形象。他们明白如何利用非正式的关系网络，这种关系网络和正式的公司架构一样重要，有时甚至更加重要。他们能抓住更大的目标并激励他人努力实现目标。即使这些人不是公司的最高领导者，他们也仍然属于元领导者。这是为什么呢？

很少有领导者能够单单依靠团队成员来实现自己宏大的目标。很多情况下，你需要公司其他部门的支持，需要获取上司的支持，甚至在公司以外也需要寻找伙伴支持，他们之中包括消费者、供应商、政治家和宣传团体。在评估全部的选择时，你会发现你的成功大部分依赖于那些身处你领导范围之外的人或组织。非正式的权力和影响力也许是你获得动力的最重要的选择，有时也会是你唯一的选择。

是协作还是竞争

我们在教学过程中，做过一个简单的游戏，目的是帮助学生在影响力和权力之间找到平衡。活动当天，我们向学生展示了对成功和机遇的不同看法，以及如何在人们参与特殊行动时影响人们的行为和结果。

在教学活动进行的过程中，我们停下来让在场的人们用掰手腕的姿势手牵着手坐在一起。我们告诉他们，他们的任务就是在 30 秒内尽可能多地掰倒对方的手。我们等待了五秒钟，然后大声喊出："开始！"

现场片刻间陷入了喧闹。总体来看，现场一半的人都在尽全力互相较劲。他们听到了"掰手腕"，并进入竞争状态。他们用尽浑身解数。比赛结束时，他们感到疲惫、疼痛，甚至沮丧。所有参与者都把这次活动视为一场非输即赢的战役，每个人都非常努力地争取胜利。

而有些人则听到了完全不同的东西。他们意识到双方都是朝着一个共同的目标努力——尽可能多地"掰倒"对方的手，因此他们选择了相互合作。在听到开始的指令后，他们用力地前后摆动他们的手，每个人的手轮流触碰桌面。在活动的最后，他们都笑得很尽兴。

当场内的喧嚣声逐渐安静下来后，我们问："有多少人成功了五次或者更少？"那些把这场游戏当成竞争性比赛的人举起了手。"你们成功了多少次？"我们问。"我成功了一次。""我成功了三次。"还有的人说："我一次也没成功。"他们的回答都在强调“自己”成功了多少次。

接下来，我们又问：“多少人成功次数大于五次？”那些刚刚在比赛中互相合作的人高兴地向我们宣布他们的战绩：“我们成功了30次。”“我们每人成功了20次。”还有人说：“我们一共成功了50次。”他们的回答统一都是“我们”成功了多少次。

元领导者恰恰应该将这种微妙的思维差异理解并运用到实践中去。这条经验出自博弈论。那些将游戏视作一场比赛的人花了大量的精力想要打败对手。比赛一开始，他们就面对着对方的强大阻力。如果这两名对手的力量旗鼓相当，双方就会僵持不下，最终出现零比零的比赛结果。这一场景可能会让你回想起你之前参加过的某场会议。

相较而言，那些选择合作的人，体验到了拥有共同目标带来的激情，并从双方的合作中得到了利益。他们合作得越是契合、越是努力，他们的利益就越能最大化。他们没有把精力化作互相阻碍和对抗的力量，而是把精力用于实现互利共赢的合作的力量。共赢要求双方互相信任且目标一致。这次掰手腕游戏是一个比喻，预示我们可以从人与人的真诚合作中得到什么。就好像“立方体中的锥体”预示元领导力的宏观视角一样，这个基于博弈论的游戏也体现了合作共赢的元领导方式。这种方式可以带来积极向上的成果。

在其中一次游戏活动中，一位年轻的女护士恰巧紧挨着一名身形魁梧的60岁外科医生。他们两个人组队掰手腕。他们以前从未见过彼此。当我们说开始时，外科医生就掰赢了护士，护士并没有抵抗。外科医生一把拉起护士的胳膊，又把它按了

下去。这一次护士还是没有抵抗。这时，外科医生满脸困惑地看着护士。护士什么也没说，而是用手抓住外科医生放松下来的胳膊来回晃动，这样他们俩的手就能很快都碰到桌子。在这样拉动两次后，外科医生说："哦，我明白了！"然后用力地和护士一起晃动胳膊。

游戏结束后，护士解释道："我如果在游戏开始前就告诉他游戏的意义在于我们之间要合作，他一定会反驳我。"护士明白，在大多数专业场合中，医生比护士拥有更大的正式权力，而且很多时候他们认为自己也有比护士更大的非正式权力。"所以我先让他赢了两局，并让他自己去发现更好的选择。一旦他发现了，他就会按照我期待的那样去做。"她说道，"作为护士，我们很早以前就知道要这么做了。"

外科医生私下难为情地承认，这是他人生中最深奥的一堂课。他说："我太过专注于掰手腕了，甚至都没有注意到我在和谁玩这个游戏。"赢得胜利，并不总是意味着要求占据主导权。发挥影响力的方式其实有很多。

这名护士的力量不在于她的体力，而在于她对掰手腕的搭档微妙的、精心策划的影响力。她明白，除非两个人一起成功，否则她自己也不会成功。她的行为也让外科医生明白了同样的道理，从而主动地为成功创造条件。护士通过在一开始的时候不做任何抵抗，向外科医生展示单纯依靠力量是徒劳的。正是通过这种智慧，元领导者才能发挥影响力，突破简单的职业或组织权力的限制，建立一种合作意识。

但是，涉及要何时表达自己的观点，以及何时全心全意支持

别人的领导工作时，我们需要保持谨慎。有时，你种下一粒种子，这粒种子会长成别人的想法。哈里·杜鲁门总统说过："当你毫不在意功劳归谁的时候，你就能发现你会取得惊人的成就。"真诚地帮助别人成功解决问题是获得影响力的一种方式，这种方式既能让你看起来慷慨温和，又行之有效，何乐而不为呢？

◎◎◎

现在，让我们休息片刻并做自我反思。在工作中，你是否只是努力为自己加分，而不与同事合作来实现你们共同的目标？面临挑战时，你是否会自动进入敌对模式？在你的字典里，"我"是否比"我们"出现的比例更多？如果在指令明确的条件下，你还坚持单打独斗，那就说明你并没有以元领导的方式进行思维。

尝试一下这个练习：找一个人随便聊聊天，但是每说一次"我"，就要付给别人 10 美元。这会迫使你注意自己使用的语言，并留心是什么导致你总是说这个字。当"我"字被使用到极端的时候，这个字就会格外刺眼。这次对话花费了你多少钱？如果是 100 美元或者更多，想一想你该如何达到 60 美元或者 40 美元的目标。用这种实用的方式去评估和重塑你的思维方式，让自己变得更加包容。

◎◎◎

正如第 1 章中描述的，在波士顿马拉松爆炸案的应急处置

期间，权力之外的影响力发挥了重大的作用。这种影响力的出现促进了群体领导力的出现与兴盛。影响力奠定了本次事件的基调，并将人们团结了起来。

单单依靠权力，领导者根本无法一周内在硕大的波士顿地区凝聚起感人的精神力量和切实的行动，也不能仅仅依靠权力在一周时间内利用大规模系统性的合作取得意想不到的成功。尽管存在管辖上的难题，各个政府部门之间仍然通力合作。市民们自愿贡献力量去帮助政府机构完成单靠政府本身无法完成的工作。

将掰手腕游戏里互相合作的伙伴放到这幅场景中。他们理解了，挑战不是“我”一个人的事，而是“我们”的事，“我们”一起用力来回推动对方的胳膊。作为一名元领导者，你需要努力去培养这种集体意识，并运用它取得令人瞩目的成果。

◎◎◎

影响力并不局限于一对一的互动中。元视角激励你以一种更高境界的、权力之外的影响力去思考和行动。

迈克尔·布朗是“城市年”（City Year）的联合创始人，这是一家非营利性的国际青年服务组织。在他们服务的城市中，他们会选择别具一格的方式来提升该组织的名气和影响力：每天早上，组织成员会在公共场所跳健美操。这些年轻人身穿红色上衣、卡其色的裤子和工作靴，全体成员一起做着开合跳的动作，来往穿行的路人很难不注意到他们。在这次公共活动之后，城市年的成员开始到学校工作。他们的工作主要集中于三到

九年级，致力于逆转三种可能导致辍学的行为模式：出勤率低、违反秩序的行为，以及在数学和英语能力上的表现远低于平均水平。城市年的成员主要担任家教、导师和行为榜样的工作。

布朗向我们解释道："通过提高知名度，并且同时参与团队建设的活动，我们向社会表达了我们想要成为社区的积极贡献者的意愿。这让人们看到了年轻人对社会服务的激情和热情。我们相信公共活动的力量，而且在我们努力建设城市年的文化和公共形象的过程中，我们受到了约瑟夫·坎贝尔作品的启发，尤其是《神话的力量》。"他补充道："公共活动（例如健美操），促进了团队内部目标的统一，并向社会传达了强大的信息。这些公共活动给了人们一个可讲述共同经历和故事的机会。这对于积累影响力来说至关重要。"

为元领导力注入影响力

为了建立影响力，你需要反思自己。影响力不同于权力，权力是由一个正式的头衔赋予的，而影响力却是自己赢得的。你就是那个当仁不让的领头羊。

不管你担任的是怎样的领导职位，如果想建立影响力，你就要注意自己的行为和态度。要知道人们始终在盯着你，人们一直在模仿你的言行。切记，在精神和行动上要诚实、坦率、大度。要乐于接受别人的观点和视角，就像你希望别人也能接受你的观点和视角一样。要承担责任，要值得他人信赖。与大家一起分享成果，不要害怕指责。做一个积极的行为榜样。要为

你自己的期望持之以恒地付出。

有志于此的人不妨找一位曾对你的领导者角色产生影响的人，以他为行动榜样，并仔细观察他的一举一动。他身上的哪些特点使你感到舒服？老布什总统经常给别人起一些幽默的绰号，这些绰号体现了老布什总统与他们之间的亲密关系，而这种亲密感则备受老布什追随者的重视。他的下一任总统比尔·克林顿有一种天生的本领，克林顿能让每个与他说话的人都感觉到自己是整个房间里最受他重视的人。这些其实都是发挥影响力的重要手段。但是，如果这些手段不能反映出真实的你，它们就不会产生什么实际效果。若要找到属于自己的影响力的发挥方式，你需要去观察他人、观察你自己、保持真诚，然后去修正和改变这些方法。

要密切关注人与人之间的关系。在真诚关系的善意中蕴含着无限的价值。这些关系就好像黏合剂，让组织和复杂的系统能够自我进步、自我调整，并走向成功，即使在艰难的时期也是如此。寻觅一个你重视的人，问问自己为什么重视他，也许是因为忠诚、尊重、信任，以及共同的事业和价值观，毫无疑问还包括共同的同志情谊、幽默感以及乐趣。你的其他关系也要建立在同样的基础之上。最后，你有多大的影响力就体现在有多少人相信你做的事情，并且相信你的选择值得他们付出时间和精力。

只要与了解你、尊重你的人接触交流并且去率领他们，你就能获得影响力。我们所能积累的影响力的数量本质而言数不胜数。你的简历能够体现你的权力范围，而你的影响力则印刻在你的个性之中。这是你一生的财富，会给你带来丰厚的红利。

◎◎◎

领导力的“影响力－权力”之间的关系在不同的文化、年代，以及不同的目的下千姿百态，并且在不断地变化发展。伊拉娜·莱尔曼是一名社区的组织者和领导者。在履行平行任务时，伊拉娜对践行元领导、代际差异和代际共通点等方面的观点兼收并蓄，非常具有代表性。伊拉娜将自己描述为一个古怪的、白皮肤的“千禧一代”的犹太人，她渴望能掀起变革，并且总是不遗余力地支持别人做同样的选择。她的祖父和父亲都是社会正义事业的领导者，而她也继承了祖父和父亲的基因。她的祖父是一名工会成员，支持民权运动和美国印第安人运动，他作为团队领导者善于与人打交道，也度过了十分有意义的一生。伊拉娜正是受到祖父事业的指引。

“在我的成长过程中，我看到过，也体验过不平等。”伊拉娜说，“我知道我可以与别人一起为改变社会贡献自己的力量。”伊拉娜同样也受到已故父亲的鼓舞，她将父亲描述为一个不够精明，却足够幽默的女权主义者。她的父亲是一名检察官，但是对刑事司法系统的缺陷非常不满，他努力寻找变革的途径。他从印第安人那里学到了恢复性司法（restorative justice），并决心将这种程序和理念带到威斯康星州密尔沃基县的法庭系统，不懈努力后，他最后面向被指控有违法行为的年轻人建立了一套恢复性司法体系。他的领导力主要施展于系统、社区以及个体的改变。

伊拉娜父亲的这份“遗产”转变成了伊拉娜在社会公众领域的领导地位。“我的祖父和父亲是用爱来领导团队的。他们的领导方式是唤醒人们最高等级的尊严和潜能。他们把团队成员视为有思想、有感情、有灵魂的完整个体，是值得他们为之而奋斗的人。”那么，伊拉娜是如何运用这份遗产的呢？她的措施包括以分散化的方式组织“领导运动”，抓住公众的心，以及在逆境中缔造成员完整的自我意识。

分散化组织形式为快速发展的创造性战略打开了大门。一旦团队有了理念、策略和原则，领导者就挑起重担。整个团队在导师制度的指导下迅速成长，不断从错误中吸取教训。伊拉娜说：“当一个极好的想法出现时，人们会纷纷模仿。当内部出现困难时，人们会齐心协力解决它。”

她的解释是，当种种决策需要经过集中管控和批准的时候，人们的精力、能力以及创造力通常会被遏制。她说：“在现在这个时代，我们承担不起让人们失去领导意愿的责任。每个人的努力都至关重要。”分散化的组织形式有很多种。我的经验就是建立小的互相联合的团队，我称之为“蜂巢”。团队之间互相信任，愿意暴露自己的脆弱，并且行动一致，处于核心地位的人际关系可以将这些零散的团队联系起来。

“领导运动”是指许多个体都可以担任领导者的角色。这种运动可以鼓励人们共同承担与团队使命相关的风险，并支持为团队利益挺身而出的人。伊拉娜很崇拜那些领导力导师和榜样。她说：“我们正处在一个人们都想参与行动但是又不知所措的时代。只有‘一个大领导’的模式是令人畏惧且有局限性的。我们注意到新生代的组织者对共同领导以及协作更感兴趣，即一个团队由两个人或者更多人一起领导，就好像集体企业或其他形式的合作一样。我的老师卡洛斯·萨韦德拉说过，如果你在团队中没有一个角色，那么等于你还没有参与到运动中来。我们生活的年代受欧洲殖民主义历史和文化的影响，在这种背景下，领导职位只能由白人男性来担任。我们在一些机构也有合作关系，在那里，有色人种、女性、变性者、残疾人、性少数群体、穷人、非基督教徒都受到严格的监管。他们的领导总是受到更大程度的怀疑，并且经常遭受攻击。'领导运动'正在试图改变这一现象。"

从这个视角看，"领导运动"的重点是要实现文化上的转变，从而改变领导者的决策过程与动机，进而改变整个社会心态，形成深入人心且影响深远的变革。其中，个人和人际关系也会发生改变。"怎么才能让这件事更有说服力，从而留住这些领导者呢？"我们的工作是要修复支离破碎的自我。我们生活在一个充满间距化的年代，我们被迫与自我做切割，与自己的身体和土地分离，远离我们的历史与祖先；我们有意识地积累时间，将这些支离破碎的东西重新组装联系起来。我们身边有最优秀的领导者，他们会花时间愈合并维持亲密关系，他们一起去唱歌锻炼，停下来做反思。当停下来真正去聆听彼此故事的时候，我们的神经元就会被激活；我们无法不去聆听，不去爱他人。这种暴露于彼此间的脆弱构筑了共同变化的基石。并且，在这一过程中，欢笑和美好的瞬间越多，我们彼此相互依靠的时间就越久。

伊拉娜说："我的父亲和祖父一直明白其中的道理，并且一直在躬身践行。他们格外强调人与人之间的联系，并且一直致力于改变那种被压迫的领导体系。要知道人与人之间的疏离正是体系的恶果。我也将虔诚地追随他们的脚步，追随他们走过的路，以真诚之心撬动真正的变革。”

◎◎◎

对一些读者而言，伊拉娜讲述的社会正义领导力的故事也许与他们自己的经历毫无关联，又或许以企业或者政府的故事为案例在他们看来有些陌生。然而，在这些故事中我们发现，元领导力的践行非但不是“各自为政”，反而彼此间还具有一定的相关性。

是什么将它们联系了起来？存在感。这些领导者很少推行强制的管理，并且与传统的领导者相比，他们对公司事务的参与度非常高。进一步说，这些改变反映出领导模式正朝着“分散式领导－参与性决策”的模式转变；并且，“蜂巢”模式（即我们所说的群体领导）在各种组织和社会运动中变得越来越常见。如果能有一个将本书提到的领导者联系起来的特质，那就是他们都努力追求自己在公司中的存在感，包括实质意义上的、认知上的和感情上的存在感。在本章中，你已经领略到了哈丽雅特·格林、迈克尔·布朗和伊拉娜·莱尔曼对于公司的存在意义。这些领导者并不是超级英雄。他们的影响力是通过自己切实存在的价值体现出来的。无论在一个团队中是“人们追随你”还是“你追随人们”，元领导力框架都能帮你开拓思维模式和实践方式，让你变得更有存在感。那么，你又计划如何增强自己的存在感呢?

在下面的几章里，我们将更深入挖掘元领导力的三个维度。虽然这三个维度是各自呈现的，但是诸位读者还要思考个人、情境与联通力这三个维度是如何互相适应并互相促进的。在实践中，同时运用这三个维度至关重要。

这三个维度可以帮助读者在看待自己和身边正在发生的事情时，能够有更开阔的视角。掌握第一个维度——个人（也就是元领导者本人），会帮助你思考你是谁、你会受到哪些限制，以及你如何才能成为一名更好的元领导者。

理解第二个维度——情境，有助于我们理解身边正在发生的事情，了解应该采取何种解决措施。认知的宽度（即第一个维度的优势）应被充分融合到元领导力的第二个维度之中。

我们用三章讲述了第三个维度——联通力，以及与它相关的各个方面。这些代表了元领导力不同的社会层面，而每个层面都展现出不同的权力结构、价值观、经济预期、期望、假设、个人与组织机构的历史、文化信念、联盟和议程的独特势能。一旦适应了此类连锁的行为模式，在所有这些人的行为和活动中，你将众多相互关联的人和事件相协调，就能预测和塑造事件的进程。

当你整合这三个维度时，你的思维会超前于事件，就好像一个专业的棋手落子之前总是要三思而后行一样。通过更准确的评估和认知来做预测，你会发现训练后你的决策和行动将会更趋于一致。最终，你的存在感和影响力将会不断扩大，而你的影响范围也会越来越广泛。

下面，就让我们来谈一谈元领导力的第一个维度：个人——元领导者本人。

自我发问

- 回想一下你何时（或者是你曾留心观察一个人何时）仅依靠官方授予的权力解决麻烦和挑战。然后再回想一下你什么时候通过影响力来化解此种挑战。将两种情况做一下对照。你将如何协调权力与影响力之间的平衡呢？
- 你如何塑造自己的影响力？为了扩大自己的影响力，你会采取哪些措施？
- 人们为什么听从你的领导？或者人们为什么不听从你的领导？

6

维度 1：
认识自我

YOU'RE IT

首先，问自己几个问题。

我是谁？是什么激励着我？我该如何平衡智力与本能，或者我的思维和行动中固有的思维模式与行为方式？什么样的经验、价值观和抱负能够驱动我的激情和抱负？随着理解的深入，你的答案将内化成你的元领导者特质。

让我们回到最初的问题：为什么人们要听从你的领导？认清自己的角色，"我是谁"的答案是这个问题的答案之一。性格与你追求的目标相结合。你的事业、使命或目标是否有足够的意义去激励他人？在第二章中我们提到过苏拉娅·达利勒博士，她在担任阿富汗公共卫生部长一职的过程中就展现出了这些品质。

人们被你的元领导能力吸引，其中包括你的性别、种族、文化、宗教信仰、国籍、专业技能、职业证书、政治观点、性取向、年龄、语言、身体特征等。这些因素以无数种方式组合在一起。在一定程度上，"我是谁"取决于别人如何看待和定义你，并且有的时候，人们还会以一种你无法掌控的方式来评价你，譬如会对你的国籍说三道四。你敏感地察觉到别人的态度，在与他们交往的过程中小心翼翼地做解释。说到底，领导力就是领导人的事情，这其中涉及人与人的诸多共同点与差异、亲密关系与敌对关系等。

在这一章，我们将介绍一些关键因素，以帮助你更好地理解并确立自己的元领导地位。我们建议读者花点时间反思一下那些定义你元领导者身份的诸多变量，以及它们是如何对你的领导能力产生影响的。当然，你越了解自己，就越了解别人。

◎◎◎

1975 年 4 月，越南战争即将结束。新泽西州迪克斯堡广阔的军事基地又迎来一个美好的星期天早晨。在这个军事训练中心，士兵们仍在积极备战，武器装备也处在随时待命的状态。

巴里·多恩少校是基地医院的 70 名医生之一，该医院为成千上万的新兵及其家属提供日常医疗服务。这一天，又轮到多恩作为值班军官上岗。在一天的工作日程中，他需要负责医院和基地的一切医务工作。因为大多数人都是轻伤或是常见的小病，多恩觉得这一天的工作有些枯燥。星期天总是特别安静。多恩是一名喜欢手术室节奏和挑战的骨科外科医生，但在这个星期天，多恩只靠百无聊赖地翻一翻《骨头与关节外科杂志》（*Journal of Bone and Joint Surgery*）来消磨时间。他非常希望能够与妻子和女儿共度周末，在任何一个地方都可以，只要不是这个死气沉沉的医院就好。在基地的另一边，士兵们还像往常一样进行着日常训练。军火库里储备了威力十足的导弹供日常军事训练使用。实际上，军火库是一个存放和维护军需用品的大型综合建筑。100 多名身着制服的士兵正忙着自己手头的工作。一组轻型反坦克导弹正在吊装，其中有一枚导弹滑落下来，导弹头部直指地面。

“嘭”的一声，导弹突然引爆，弹片四溅。灼热的金属碎片猛烈地冲出去，并刺穿了附近士兵的身体。其他导弹也被弹片刺穿，触发了连环的爆炸。嘭！嘭！嘭！一些士兵捂着流血的伤口踉踉跄跄地跑开，其他人则失去了行动能力。在一片混乱中，整个军事基地看起来就像是遭受了袭击一般。

当电话响起时，巴里正要翻看一本期刊的下一页。电话还没有举到耳边，巴里就听到了话筒里传来的尖叫声：“爆炸了！这里到处都是伤员！”

巴里不禁心跳加速，他的大脑刹那间变得紧张起来。“你在哪儿？有多少伤亡者？”他问道，并开始估计爆炸带来的严重后果。电话另一边的人气喘吁吁地回答：“在军火库，无法计算伤亡人数。到处都是在流血的人。”咔嚓一声，电话断了。

巴里从椅子上跳起来，跑到急诊室，身手甚至比他想象的还要敏捷。急诊室里似乎还是一片平静。“注意！所有人都到我这里集合！军火库发生了爆炸，伤亡众多。目前还不知道具体的伤亡人数和情况。从此刻开始让我们做好一切准备。”巴里紧张的肢体动作把其他医生、护士都吓呆了。大家瞪大了双眼，心头被恐惧感笼罩着：接下来又会发生什么呢？

几分钟后，一辆军用吉普车呼啸着开到急诊室门口。很快，一辆接一辆的车开过来，司机们甚至都没有时间停车。医院里到处都是受伤的士兵，他们痛苦地尖叫着，呻吟着，到处都是血迹。人们匆忙地跑来跑去，努力配合着他人的工作。伤者还在一拨又一拨地送往医院，急诊室里人满为患。巴里不知道自己还有多少事情要处理，他唯一能确定的就是现在的急诊室不足以应对当前的情况：他们没有足够的血包，没有足够的人手，所有的东西都不够，现有医疗储备无法应对这次爆炸造成的伤害。他开始慌了。

缓了片刻以后，他努力让自己镇定下来重新整理思绪。他回想起自己接受过的训练，提醒自己所有这些伤病都是自己以前见过的，然后他在心中快速预演了一下医院的处置程序。是的，伤员数量的确庞大，但是分诊后，那些有生命危险的伤员将立即得到救治，而伤势较轻的人可以先帮他们把状况稳定下来再做后续治疗。

随后，巴里开始思考该如何创造性地解决眼前的难题。他必须确保每个医护人员不能只把注意力放在轻伤患者身上，因为这类伤者不需要太多人手便可自理。对于重伤人员，医疗团队能做些什么呢？医院里只有两间手术室，他可以把康复室改造成第三间手术室，把麻醉室改成第四间，并且再把所有的医疗人员都调动起来。他要把血库快速运转起来，还要向其他医院寻求补给。在协调相关问题的过程中，巴里开始逐步变得自信起来。“我能做到！”他看着周围疯狂混乱的情形大声对自己说，“现在我们需要的是统一步伐。我们能做到。”有了底气之后，他马上投入工作中。

巴里把高级职员召集在护士站附近，其中包括医生、护士以及他信任的管理人员。巴里能看出大家的惊慌，于是他故意表现得冷静和坚定。“我们能做到。”巴里告诉他们。他开始分配任务：派一名能干的护士负责迅速打开另外两间手术室，一个医护小组负责分诊，急诊室管理人员负责对医用设备和供给进行快速评估，然后从附近的民办医院调配短缺的医疗物资。

“最重要的是，”巴里告诉他的高级职员，“你们的工作是要让其他人都在正常轨道上工作，集中注意力，尽可能提高效率。我们一秒钟也不能浪费。告诉他们，养兵千日用兵一时，这是他们的分内职责。诸位下达指令要明确具体，要一直鼓励他们，同时也要互相鼓励。有情况给我打电话，我会一直在这里。”巴里观察着团队成员面部表情的变化，他感受到了他们强烈的自信和使命感。他们目不转睛地盯着巴里，等待下一道指令。巴里大声地喊道：“好，开始吧！”一声令下，大家迅速前往各自的岗位。

经过两天不懈的努力，巴里和他的团队接收并治疗了超过50名士兵，其中有两名截肢患者；还有两名士兵的胸腹部有严重的穿孔伤，医生在伤者的头上、手上、腿上做了数不清的缝合。当整场危机结束时，没有一个伤者死亡，每一个士兵都得救了。

在此期间，巴里几乎一刻没睡，一直工作到星期二早上才返回自己的办公室，那本《骨头与关节外科杂志》仍翻在他离开时的那一页。巴里心想：“是的，我们确实做到了不辱使命。”任务圆满完成。

巴里后来回想，正是他停下来整理思绪的那一刻成了这次事件的转折点。如果他当时没有以身作则，并对所有人严格要求，那么这次的结果可能会大不相同。

掌控大脑的实践

你可能觉得自己在工作中不会遇到类似的严重伤害，然而，总有一天你会发现自己陷入了一个令人困扰的组织性挑战，或遭遇了一场痛苦的个人灾难。孤独、被孤立、情绪化，而此时你或许还要为他人肩负起元领导者的职责。

当我们这些局外人第一次听到巴里·多恩的故事并被他的魅力吸引时，我们发现了很多与元领导力第一维度相关的重要见解——这就是元领导者其人。无论是在罕见的危机中，还是生活中的那些平凡时刻，有效的领导力都是一个关乎生死存亡的重要问题。

◎◎◎

脑科学是当前最吸引人的前沿科学之一，同时也是理解人类有关元领导力大脑掌控实践的一个重要抓手。

探索大脑内部运作的神经科学家正在不断挖掘其中的价值，包括大脑如何运作，以及大脑对人类的行为方式、记忆力和信息加工产生的影响。对复杂认知和神经系统的研究进展迅速，主要得益于新的影像技术，此类技术能够显示大脑内部对外界刺激做出的反应。科学家们则借此观察大脑中的兴奋区域、对此形成反应的神经质，并能观测不同的脑区之间如何运作和相互作用。根据目前的已知信息，我们知道大约 95% 的大脑功能都不受人类意识的控制。

在领导力教学中，我们给学生设置了一个看起来有些矛盾的挑战，即让他们变得“比自己的大脑更聪明”。聪明似乎来源于大脑，然而，大脑作为一个器官也有其局限性。例如，先天和后天之分，即本能的欲望如何影响后天的喜好和行为。面对令人胆怯的复杂性，大脑做出简单的解释并形成相应的反应模式（这也是在第 4 章中我们讨论的认知偏见问题），使其能够对风险和回报做出快速且足够准确的判断。情绪会影响理性的分析和行为。了解这些因素有助于更好地规范自己的领导力，并且能够对他人的行为更好地做出反应。

◎◎◎

诺贝尔奖获得者、心理学家丹尼尔·卡尼曼描述了大脑内部一快一慢两个工作系统。虽然这两个系统的认知和处理功能不同，但彼此互为补充、共同运行。

大脑的慢速系统负责复杂问题的处理和创造性思维。这些脑力挑战需要额外的时间和精力来完成更准确的输出，其中包括新的研究或发现。我们将卡尼曼的慢速系统称为“执行回路”，它负责复杂的分析和执行过程。

相比之下，快速系统更看重速度和效率，而不是准确度。这个系统大多处理常规性的脑力活动，其中包括一些几乎不需要注意力的经验型行为，比如习惯性地去工作，或是对直接威胁产生的应激反应。比方说当你前面的车突然停下时，你也会猛踩刹车。基于我们的研究目的，我们将快速系统分解为两个子系统：常规回路和生存回路。

常规回路指导你的习惯行为，这些行为几乎是你无意识的自然之举。譬如你烂熟于心的日常活动：走路、说话、骑自行车。这些回路中储存着你独特的习惯行为的练习过程、计划和固定做法。如果你是一个经验丰富的司机，那么这些回路将指引你在自己熟悉的路线上近乎机械式地驾驶。与此同时，你的大脑皮层会被更复杂的思绪占据，比如预演你和老板即将进行的会面。

另一个快速反应大脑子系统——生存回路，推动你的本能行为，其中包括无意识的生理活动，如呼吸和心跳，从爬行动物到人类，所有物种都有这类行为。生存回路中还包括面对威胁时的迅速反应机制，反应机制深深地植根于大脑的处理过程之中。不妨留意一下当家里的燃气灶着火时，你能逃得有多快。这都是瞬间的、似乎不经大脑思考而做出的反应。

研究人员确定了 180 个不同的大脑区域，而我们的目标不是画出不同大脑区域所有大脑结构的详细活动构图。相反，鉴于这些回路适用于元领导实践，我们模拟了它们的模型，以此为比喻性的框架来解释大脑的功能。

让我们从生存回路说起。当你的大脑感知到威胁时，生存回路就会快速启动，对你的认知和身体功能进行快速和本能的控制。肾上腺素开始分泌，呼吸加速，心跳加快，你的思维和身体都处于生存模式之中。

大脑的中心位置有一个杏仁状的核团（如图 6.1 所示），这个核团负责处理情绪，并作为威胁报警系统发挥作用。一般情况下杏仁核区域都会保持相对的平静，但是在感知到威胁的那一刻，它通常会以你觉察不到的速度迅速做出反应。接着它会立即自动触发一快一慢两个神经反应。快速反应会立即激活生存回路，激活人体本能的“3F”（triple-F）保护性生存反应，即僵在原地（freeze）、逃跑（flight）或斗争（fight）。慢速反应通过神经通路到达大脑皮层，在那里，已知的信息可以得到更充分的理解。相对来说，快速生存回路的信号传播得更快，它会比其他脑力过程更快地产生作用，直到能够确保自身安全时才会暂停工作。

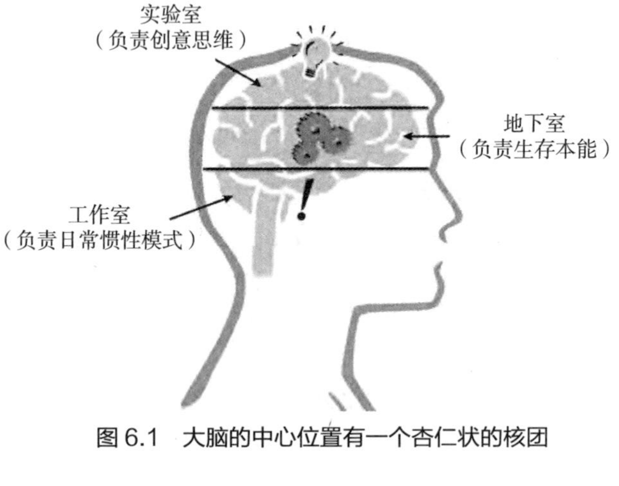

图 6.1　大脑的中心位置有一个杏仁状的核团

心理学家丹尼尔·戈尔曼将快速生存回路的这种激活反应称为“杏仁核劫持”，还有人称它为“恐龙大脑”或是大脑中的“蚱蜢”。我们对“元领导”的理解正在向“地下室”层面深入。这一术语来自西格蒙德·弗洛伊德的理论，他把深层的潜意识描述为思维的“地下室”。“通往地下室”这一说法包含最原始的本能和行为。当巴里·多恩在迪克斯堡接到电话，听到爆炸的消息时，他和他的团队可以说是立即通往了“地下室”。

◎◎◎

杏仁核劫持是一种在大脑中根深蒂固的刺激反应机制，这种机制保护了人类的祖先，以及使其他物种免受捕食者的威胁。跑得最快的人和战斗力最强的人才能够活下来。假设你在野外遇到了一只兔子，想象一下兔子的“3F”刺激反应。当兔子察觉到你这个潜在捕食者时，它会立刻吓得僵在原地。这是它的一种伪装，能够迅速地让自己融入周围的环境。捕食者的大脑已经准备好探寻猎物的行动踪迹，因此，僵在原地有助于猎物自身的逃生。然而，如果你靠得太近，兔子则不太能察觉到你的意图。生存取决于速度，它需要逃跑，最好迅速逃脱。如果所有方式都失败了，捕食者还是捉住了兔子，它就要依靠与捕食者正面斗争挣扎求生。当你“通往地下室”的时候，你大脑中“僵在原地”“逃跑”“斗争”这一套本能的连续反应也会被激活。

当面临威胁时，类似的情况也会发生在你身上。这是一种快速的生理反应。有那么一会儿，你会僵在原地，而你的大脑此刻则专注于思考如何求生。你的心跳加速，下意识地想要逃跑。呼吸急促，体内的荷尔蒙激增，身体机能开始为逃跑做准备。如果感觉到威胁逼近，你则准备与其斗争。要打破这一系列固定的反应相对比较困难，因为这是一种本能，所有生物都是如此。

“3F”序列反应模式——僵在原地、逃跑、斗争——可以在几秒、几小时，甚至几天同时出现，这取决于不同的情境、训练和经验状态。在迪克斯堡，当巴里·多恩最初听到爆炸的消息时他愣住了，他怎么才能治疗所有的伤员呢？有些人会因此丧生吗？很快，他陷入了深深的“地下室”，然后他想通了：绝对不能选择逃避。他是一名医生，有义务救治那些伤员。这些伤者都是他的战友，人们还都在指望着他，他必须克服内心的恐惧，战胜外部的威胁。

凭借医学训练和经验所赋予的技能和自信，巴里控制了自己的大脑。他非常专业地激活了自己的中脑区域，也就是我们所说的大脑控制习得和实践行为的“工作室”。通过对曾经的专业训练进行回忆，他脑中的常规回路触发了他的神经系统，让他从“地下室”爬了上来。例如，决定治疗顺序的一个决策，对伤员进行分诊使这场巨大的危机转化成了可行的引导。当他说“我能做到”时，他非常清楚自己和同事如何确定优先事项，以及应该如何治疗这些伤员。于是，像电脑死机时重启系统一样，巴里也重启了自己的大脑。靠着自己的专注和镇静，他带领大家走出了“地下室”，常规的大脑回路重回正轨开始工作。这都是他此前训练过的内容。医院的工作人员迅速行动起来。“我们能做到。”

随着大脑的重启，巴里启动了他大脑中的执行回路，这使他能够处理人员重组、设备重置以及物资获取等复杂的问题。他的神经系统提升到了大脑“实验室”，也就是新大脑皮层及其执行功能。这个高度发达的大脑区域是搜集和分析复杂数据的地方。为了达到这种高级的思维水平，巴里首先需要激活大脑的问题处理“工作室”，使自己的生存回路平静下来。除非让大脑相信它不再需要关注生存问题，否则要实现从地下室到实验室的爬升几乎是不可能之举。巴里重新控制大脑的能力使其迅速做出战略决策和行动，他联通了广泛的人力和必要的医疗资源来应对当前的形势。这就是元领导的作用，由此，危机应对取得了效果，生命得救了。

走出思维的地下室

远古时期，凶猛的野兽常常追捕我们的祖先，现在发生这种事的概率非常低。然而，能将你推入地下室的本能反应机制却根植在你的大脑中。在杏仁核劫持过程中，当大脑的其他功能失效时，即便是聪明绝顶之人也会坠入“地下室”。他们被困其中，做出一些过后想来极其愚蠢的事情。同事发的一封冒犯自己的邮件、一场争论，或者是一次突发的具有毁灭性的部门预算削减，都可能激活你体内的杏仁核劫持反应机制。事实上，任何能察觉到的威胁都可能引发这种反应。当大脑判定该威胁十分严重的时候，人们可能会突然就跌落到“地下室”。

当你被生存回路控制时，你生存的世界就被简化了，你能感知的只有危险和安全，好与坏，朋友和敌人，你的自然选择就只限于原始的生存反应。如果急刹车能让你从马路上退回人行道，你会感激启动了快速反应系统，但是在大多数没有危及生命的情况下（包括对攻击性邮件的反应），你主动控制自己的生存回路会对你有更大的帮助。

然而，除非你自己能从“地下室”走出来，否则你无法控制自己。作为一名元领导者，你也想帮助他人走出“地下室”。领导者之所以能成为别人的依靠，是因为他们拥有理性思维能力和洞察力。如果你被生存回路控制，你就无法成为元领导者，也无法成为他人的依靠。

◎◎◎

事实上，大脑处于“地下室”是很多人经常面临的状态。如果你是一位家长，自己家中不停哭闹的婴儿或是正值叛逆期的青少年肯定会让你成为“地下室”的常客。正在高速公路上正常驾驶的你被逼停，你忍不住惊声尖叫，这其实就是生存回路抢占先机，替你做出的选择。工作中的矛盾和挫折也会使整个团队进入“地下室”。这都是你对危机做出的正常反应。

陷入“地下室”本质上并没有什么错，它是一种自主的、本能的反应。你无法对它实施有意识的控制。

当你置身“地下室”时，切记不要轻率地去和人协商沟通或做出重大的人生决定。要知道，此时你做出的决定或说出的话极有可能会让你未来追悔莫及。但是我们还要谨记，问题的本身不在于陷入“地下室”，而在于你置身其中的时间和状态，以及你在此期间所采取的行动。

好消息是你可以控制自己走出“地下室”的速度。通过有意识地重置神经回路，你能够恢复有序的思维和行动，并且重新激活大脑中的常规回路和执行回路。

就像进化为人类的生存反应搭建了一条高速神经公路一样，

你也可以有意识地训练自己的慢速反应系统。建设属于自己的高速神经公路，当遇到危机时，你能快速恢复理性的思考能力，走出“地下室”，进入“工作室”和“实验室”。训练自己形成规律性的习得反应，能让你快速进行更高层次的思考，构建更理性的思维和行动模式（也就是经验），并将其嵌入大脑中刺激慢速反应系统接收信号，快速战胜“3F”反应。

大脑的此种神经重置其实是有意为之，并且在我们的主动控制之下。若要重建大脑的常规和执行回路，则首先要承认“杏仁核劫持”已经发生。这种状态有时候靠自己就能察觉到，你能听到内心的声音在呐喊：“我在地下室。”有时则是其他人（例如你的同事、配偶或朋友）提醒你：“你在地下室！”或许你还会反驳（“不是的！我不在地下室！”）。执意否认则将自己置于危险中。你激动的语气和紧张的表情都可以证明事实上你真的处于“地下室”。

能意识到并承认自己的思维被劫持是重塑生存回路的第一步，也是最重要的一步。当认识到只有部分意识能控制你的大脑时，你就朝着更聪明地运用大脑迈出了关键的一步。

激活习惯回路

为了重新启动大脑中的神经系统，你应该去做一些熟悉的事情来展示自己的能力，使自己增加自信并保持镇定。这些所谓熟悉的事情，可以是你曾经反复练习的任务或者步骤。这种有意识的行为会向你的大脑发送“我能做到”的信息，从而激活大脑的常规回路并关闭基本生存回路。如果说生存回路使你陷入“地下室”中，常规回路则将你带到大脑的“工作室”。在这一过程中你几乎是自动完成此前学习过并反复演练多次的行为的。通向大脑中“工作室”的路径就是你的“经验脚本”，即大脑的复位过程。

经验脚本能将我们从“地下室”中解救出来。它简单易行，类似于数到十或者做三次深呼吸一样；本质而言，经验脚本就是那些你学过的、能有信心完成的事情。比如说，司机都学过在车子侧滑时打方向盘控制车子。对你的大脑而言也是一样的道理。

如果你能感知出自己正跌入“地下室”（也就是自己的精神发生了侧滑），你也可以训练大脑去激发“经验脚本”，以重新获得对大脑的控制权。医院里的病人如果心脏骤停，急救警报就会响起：“急救！患者生命垂危！”这一短暂的过程亦如医护人员发来的经验脚本，他们会按照预先建立的步骤来救助患者。医疗供应车已经就位，医护人员围在患者周围，每个人都明确地知道接下来应该做什么。在你大脑的“工作室”中，经验脚本可以重新激活常规的敏捷思维，减少“3F”制造的恐慌反应，这时，你开始接收更多的信息，一切又开始重回正轨。你又重新回到每日常规中熟悉的状态，焦灼感被惯有的适应感取代。此时，你的大脑状态已经发生了翻天覆地的变化。

◎◎◎

作为一名元领导者，你是他人的模范。若你的大脑受过训练，你大脑的运行模式也会对你的追随者产生作用。在对情商的讨论中，丹尼尔·戈尔曼描述了“镜像神经元”这一概念。这种神经元以极其微妙的方式在不同个体的大脑间做情绪与反应的交流。一个人可以将另一个人带出其脑中的“地下室”，反之亦然。比如，在家庭聚会上，一个满腹牢骚、暴躁任性的人会将整个屋子的人带入脑中“地下室”的最深处。这些人暗中都收到了一个信号：发牢骚的人正处于“地下室”，他感受到了我没有感受到的危险；以防万一，我也应该躲进去。

躲进“地下室”的行为是会被传染的。当你处于领导位置时，人们会模仿你的行动和反应；当你焦虑不安十分惊恐的时候，你的下属也会复制你的行为，这使他们无力重启高效的思维和行动模式。

相反，如果你的领导方式从容冷静且自信满满，则会促使他人产生和你同样的反应。你可以根据共同的步骤或者事先演练过的流程来重新引导他们的行动。若他们是你的追随者，你的鼓励会使他们进入有条不紊且极富建设性的工作状态中。作为领头羊，你率领着越来越多的人走出脑中的“地下室”；在这一过程中，你逐渐创造出一种持续渐强的反馈回路，能促成有益的情绪状态和认知进展，从而安抚团队成员并为他们赋能。从实用角度看，将他人带出“地下室”也使你更快速地恢复个人状态。这正是巴里在迪克斯堡军事基地里的经历。

一旦你和追随者的常规回路被唤醒，你就有可能唤醒那些位于额叶皮层的执行回路。这些较慢唤醒的执行回路正是开展复杂思考和解决问题必需的元素。此时你正处在大脑的“实验室”中，正在学习并处理新的信息。通过运用分析型的决策思维，你能感觉到事实与想象间的差距。你能更清楚地把握问题的本质，找到问题的解决方法。你会发现并创造出全新的选择替代方案，与此同时，你还能理性地调整策略并不断突破创新。

◎◎◎

为了增强元领导者的掌控力，你需要花点时间了解自己。细致观察一下自己的行动和反应，追踪一下自己的敏捷思维和缓慢思维这两种思维回路。是什么导致你陷入脑中的“地下室”？在“地下室”你通常都做什么？如何才能够更好地激活经验脚本，让你自己和其他人能够重新回到脑中的“工作室”？如何才能使自己和他人更好地平静下来，激活执行回路，返回脑中的“实验室”，学习、思考和解决问题呢？你自己可能也意识到，在工作时思维的受控性更强，而在舒适的家中思维则可以无拘无束地翱翔。

观察其他人（熟悉的人或陌生人均可）也可以帮助你获得一定的观点。例如，你可以看一看波士顿马拉松爆炸事件后续的照片。你会发现，那些现场应急响应人员的反应多是常态且训练有素的：执法人员拿出他们的武器，并对人群做金属探测扫描，以防止出现更大的威胁；应急医护人员拿起他们的医护设备冲向伤者；消防员开着消防车第一时间赶往现场。他们都受过专业训练，可以积极迅速地对紧急状况做出专业反应。通过回忆曾反复演练的步骤，他们快速地离开了脑中的“地下室”，重新恢复了对自己的控制，并根据当下的环境做出了正确的反应。

如何帮你的大脑快速复位？马上把握当下的情形的确有难度。但你很快会发现，敏锐发掘你的大脑进入“地下室”已经成为你的第二本能。有目的、有条理地复位大脑是一种经过练习便可掌握的元领导力技能。练习次数越多，把握危机局面的能力则越强，你可以更为迅速地生成危机境况的思维方式。

◎◎◎

在一场严重度逊于迪克斯堡事故的危机中，此种思维回路又该如何运转呢？想象一下，某个星期一的早上你正在去办公室的路上。前一天你刚刚与朋友度过了一个美好的周末，你现在感到非常轻松。本周的唯一任务就是面向公司的高层做一个先前提出的有关重组的报告。报告大约安排在星期三以后，因此你还有足够的时间去准备。

此刻你正舒适地坐在通勤火车上，电话响了，是你的助理打来的。“您看邮件了吗？”她急切地问。你十分困惑。在没到达办公室之前，你不想理会工作的事情，所以你没看邮件。她继续说：“原定于星期四的报告提前到今天，就在今天上午 11 点。我们要怎么办？我们没办法准备了！”

前一秒，你还有整整三天的时间去准备。现在，就只剩三个小时了。你的大脑立刻下沉到“地下室”中。“你是不是把日期搞错了？”你问道。“别怪到我身上。”助理立刻反驳。你脑中思绪乱成一团：这是不是首席财务官暗地里使绊子？他本来就对重组有自己的小算盘。周末要是取消假期计划，安心准备这次报告就好了！这次报告要是失败了可怎么办？所有的公司高层可都会到场啊！

首先，暂停一下。承认你正处于“地下室”这一事实。不要怪自己，也不要怪助理。时间很宝贵，宝贵到掰着手指头数的时间都没有了。接下来要激活你的经验脚本，深呼吸三下，让你自己放松下来。向你的助理道歉，并告诉她你 20 分钟后到办公室，让她在这之前把你的团队成员都叫到会议室待命。告诉自己你给公司高层做过报告，效果还不错（要让自己坚定“我能搞定”这种信念）。牢记那些能使现场报告起死回生的关键因素。这次你更要遵循那些模式和步骤，只不过这次时间更急促罢了。要坚信你的团队成员个个都身手不凡，他们知道如何快速完成任务（这就是“我们可以搞定”的信念）。从脑中的“地下室”走出来，你直接步入“工作室”，并且满怀自信。

用你通勤路上剩下的时间做个计划，回顾一遍报告的最新草稿，整理好你现有的想法。到办公室后在进入会议室前稍稍留步。花几秒钟的时间确认自己已经从脑中的“地下室”走出来了。进入会议室后，向你的团队表示感谢，镇定地做出指示，帮助他们从脑中的“地下室”走出来。按部就班，一步步来，把之前的草稿仔细打磨成一份完整的报告。由一个人来整合你的笔记并完成 PPT（演示文稿），另一个人来校对审核最终的文件。当你的下属在工作时，反复演练你的报告，确保它的开头足够吸引人，它的结尾足够令人印象深刻。你的执行回路完全调动起来了，你现在正处于思维能力和准备能力的最高水平。你的大脑完全处于你的控制之下，形势也尽在你的掌握之中。

理解直观判断和潜藏记忆

大脑中的回路和信息处理系统（即基本生存所需的“地下室”），日常活动所需的“工作室”与执行思维所需的“实验室”都决定了我们的领导力行为。对这些认知过程的了解越丰富，行为举止则越有条不紊、游刃有余。把握认知的局限性是一种优点，可以帮我们更好地理解局面，影响自我决策和团队行动。

正如我们此前讨论的，大脑会受到认知偏见的影响。这些偏见会影响你对当下之事的感知，使你的思维沿着预先建立的认知路径前进。虽然效率够高，但却不够精密准确。然而从进化的角度来看，相比迟缓但完美的感知，迅速却刚刚好的感知才是更好的生存策略。

这些偏差缔造了启发法，这是一种思维捷径或者说是认知的“拇指规则”，能够迅速地指引你的行动和问题解决策略。启发法是一种预设的分析和行动脚本，深嵌于我们的思维当中。启发法能够集中我们的精神并排除外界干扰，使我们的大脑和身体做出迅速反应，处理绵延不绝的信息流，绝不浪费一刻钟。

鉴于你没有足够的数据，也没有做缜密分析便仓促采取了行动，启发法的快速性与简便性则有可能降低决策的准确性。当时间紧迫，也没有必要仔细地思考某一问题的时候，启发法十分有用。你可以把它想象成大脑自然形成的计算法则。比如说，你第一次进入同事的办公室，里面摆着成排的书，你根本不需要知道每本书的名字就可以得出结论：同事聪慧博学。你的大脑自动地以一种符合逻辑的方式（至少表面上看起来如此）将各种数据信息串联起来。

启发法既是一个解决方案，也可以是一个问题。例如，“锚定启发法”会让你高估你收到的第一组信息的重要性。如果一个汽车销售员说一辆二手车价值1万美元，你就会以此为参照评估所有其他二手车的报价。在这种情况下，锚定启发法是一种解决方案，因为它使你了解汽车价值的可能范围。但这里也存在一个问题，因为你可能高估了这个数据的重要性，而忽略了这台汽车更为客观的价格（特别是在这辆车实际上只值5 000美元的情况下）。

当面临危机或紧急情况的时候，你几乎没有时间去仔细分析。例如，在激烈的枪击事件中，公众会收到“逃跑”“隐蔽”“对抗”的指示，这是一种很容易记住的启发法。回顾这三个指令可以帮助受到惊吓的人迅速振作起来，走出大脑的“地下室”（也就是摆脱僵在原地的状态），从而挽救自己的生命。当球被拦截，进攻球员突然转变为防守球员时，足球运动员就会采用启发法。眼下没有时间秘密磋商或分析战略，但是他们会尽其所能去拦住球。启发法是一种经验脚本，能够让你走出迷茫，自觉采取有效行动。

“熟悉性启发法”可以快速地启发你对比眼前状况与此前情形，即便当前的情况与以往大不相同。例如，有些人无视飓风期间政府发出的撤离警告。因为他们认为自己以前经历过灾难，这一次肯定还能够幸免。显然他们轻视了眼下状况的具体细节。

想要避免启发法带来的误判，方法之一是尽可能调用大量的数据。数据可以提供更准确的视角。问问自己：启发法如何影响你的思维和决策？启发法如何影响家庭成员、同事或朋友的思维和决策？当他们之间与启发法得出的结论发生冲突时，会发生什么？

如果忽略或错过了重要的信息，启发法可能会让人头疼。由于会做出低质量的决策并随之产生一些问题，启发法还会导致效率低下并浪费时间。启发法是工具，应该先进行了解，然后小心谨慎地应用。

◎◎◎

人类大脑的潜意识中隐藏着大量的记忆、经历和一些不易回忆的事实。这些可能是童年的经历，可能是与同事之间发生的不愉快，或者是你读过的一本书。虽然其中的细节逐渐被淡忘，但这些记忆会以潜在且微妙的方式影响你的态度和决策过程。它们可能会出现在你的梦中，也可能会在不知不觉中影响你的日常交流。下面两个小练习能够帮助你发现并且运用潜意识的力量。

要想获得直觉智慧和经验，不妨尝试一下神经学家大卫·伊格曼设计的这个练习：当你面临一个艰难的决定但又很难做出选择时，可以试着抛硬币，正面选 A，反面选 B。

这个练习的关键不是让你随机做出选择，而是注意抛硬币后的情绪反应。如果抛出反面，你对此满意，这是为什么？如果你不喜欢反面并且还曾经暗暗祈祷能抛出正面，这是否说明了你隐藏的倾向？这值得你认真思考。

这个练习可以让人接触到储存在大脑深处的诸多隐藏信息。它可以帮助你意识到你真正的喜好和认知偏见。在注意到这种现象之后，你可能还会发现一些隐藏的因素，这些因素同样可能使他人的理性决策出现复杂化倾向。通过释放自己的潜意识，你可以去重现记忆并能发掘自己的洞察力，这些都是你曾经的习得经验带给你的智慧。

我们还发现了另外一个行之有效的试验。你所知道的最伟大的领袖是谁？不要选择那些只是此前读过或听过的英雄，譬如甘地或摩西；要选择一个你愿意去追随的人，一个你互动过的人，一个你了解他的优点和缺点的人。同样，你心目中最糟糕的领导者是谁？继续从你了解的那些人中做出选择，而不是希特勒或墨索里尼这种你根本没有打过交道的人。

你确定的这两种人可能是一位老板、同行、政治领袖或你的朋友。把他们放在一起，把你自己放在中间，也就使你置身于你心目中的最佳领导和最差领导之间。你们三人之中，在促使自己走出“地下室”这一方面，谁更胜一筹？你们思想的开放程度如何？你们是否被认知偏见过度束缚？你如何评价你们三个人的情商？

通过回想最优秀的和最糟糕的领导者，换句话说，也就是你想要效仿的和你不屑的那个人，你可以清楚地阐述那些能够缔造你个人领导力的行为和性格特点。

情　商

元领导力实践对情商的要求非常高。尽管聪明的人都有很高的智商，但是真正的成功人士都拥有很高的情商。无论何时何地，我们都在使用专属于情商的特质，当你有机会成为元领导者的时候，这些专属特质尤为重要。

情商是由丹尼尔·戈尔曼提出的一种框架模型。这个模型详细阐述了情商的五个属性。

1. 自我意识，了解曾对你的观点产生影响的经历。想要理解那些影响你的事物，你必须了解自己的希望、激情，以及使你走入歧途的事情和让你分心的事情。你能认识到自己的强项，也能认识到自己的弱点。如果你没有做到先了解自己，那你就无法知道别人的优缺点。

2. 自我约束，即控制自己的欲望、情绪、神情、心血来潮的想法，以及与他人的互动。你可以在必要时担起领头羊的重任。你完全有能力既真诚又有计划地扮演元领导者的角色。而且即便陷于沮丧不安的境地中，你依然能够避免自己出现情感上的冲动。

3. 动力，动力不仅仅是启发你或激励你不断向前的力量。动力还同样深植于你的内心，具有启发他人并刺激他人的功效。

4. 同理心，同理心意味着理解他人，体谅他们不同的经历、需求和利益。同理心要求以一种不同于自己的，但是同样有效的方式看待并理解他人的经历。

5. 社交技巧，恰当的社交技巧可以让你在与别人交往的过程中同时愉悦自己与他人。这些技巧在你与不同文化背景、行业、组织或者阶层的人交际时尤其重要，并且有一定的挑战性。这种发现差异并建立起人际关系的“魔力”是元领导者社交能力的一部分。

在了解情商的五种属性之后，你将如何比较和对照心目中最好的和最差的领导？你如何让自己具备情商的五种属性？你是否和你界定的优秀领导有相似之处？你能在哪些方面有所进步？同样，你是否与你印象中最差的领导也有相似之处？你将如何改掉这些缺点？

事实证明，情商和自我意识与领导效率息息相关。那些拥有自我意识的人能够清楚地知道自己的影响力，即自己的性格、经历、文化、情感表达以及品质。

信 任

元领导力的可靠性以信任为基础。我们需要与形形色色的人（包括那些你不是很了解的人）建立并维持以信任为基础的关系，这种能力在领导环境不明朗的情况下尤其重要。不管是身处形势千变万化的危机之下，还是要发布新的商业战略，我们制定决策或采取措施的时候，手头大多都没有完整的信息或没有掌握确定的状况。信任是领导复杂局面的关键，信任是波士顿马拉松爆炸事件应急处置期间能够在诸多现场领导者中促成集体智慧的核心要素。

什么是信任？信任即可预测性。当你信任一个人的时候，你知道他会如何应对新的或未知的情况。它是对一个人诚实度与正直性的衡量方式。身为领导者，你面对的环境也许是不确定的，乃至失控的。然而，如果此刻你信任身边的同事，你就拥有了一个可靠的平台，通过这个平台就可以评估当下事态并提出应对措施。互相信任的人际关系具有互惠的特点。你惠及他人，他人也惠及你。这些人是你可以放心依靠的财富。即使在最艰难的时刻，他们都会陪在你身边，就像你也会在他们深陷困境时陪伴他们一样。

互相信任的人际关系能使大脑的生存回路冷静下来，并能协助你度过复杂的局面。我们大多都与自己重视并信任的人结成联盟。没有信任就难以辨别事实与谎言。深陷险境时更是如此，缺乏信任会极大地降低走出"地下室"的可能性。

值得信任是你赢得的一种品质。首先，你需要树立自信，一旦做出承诺就要"言必行"。你若是信息的提供者，就要确保信息的准确性。遇到问题就需要自己承担起解决问题的责任。即使是在不确定的条件下，你的行动与态度也需要令人信赖。唯有这样才能得到他人真心的信任。信任是一种先行的品质，它是正直、忠诚和可靠在人际关系上的映射。如果没有团队与他人的信任，即便身在其职，所谓领导力依然寸步难行。

你的下属会对你是否值得信任做出自己的判断。在当前情况之下，他们会对你身为战略家、战术家、外交家和决策者，即作为元领导者的言谈举止进行评价。展示你自己的正直是你需要做的第一步，也是最为基础的一步。如果你能在镇定自若、一视同仁和值得信赖这三方面做出表率，你的团队成员也会受你的感染而冷静，并在无形中被你的魅力折服，甚至还会模仿你的言行。你希望别人如何看待你的品性？切记要在每一场会议、每一个决策，乃至每一个行动中都分享自己手头的信息，展现出乐于倾听别人的意愿，并在自己的判断可能出现失误的时候善于听取他人意见，如此一来，信任便不再是水中之月。同样地，思考一下你心中优秀的领导者如何获得别人的信任，而最差的领导者又是如何失去别人信任的。同时你也需要在团队下属中孕育信任的种子。认真挑选团队成员，并培养他们的领导力。信任他们并鼓励他们独立行动，这也能帮助你扩大自己的能力范围。如此一来，你与团队成员便形成了互相依赖的良性互动。

当信任缺失时应该怎么办？要时刻警惕那些欺骗你的人，以及谎报自身资历、信息和经验的人。长期惯性撒谎的人通常没有道德底线或准则，他们的谎言会阻碍你完成领导力目标。而此种心术不正之人也会毁掉你的正直本性。本书中提到的方法和实际案例全部基于诚信与互相尊重，否则无一奏效。这一特征或许也适用于你心目中那位最差的领导者。

在你遴选的最佳领导者和最差领导者之间，你又身处信任链条的什么位置？请诸位诚实地面对自己，即使这很难做到。如果做不到对自己诚实，对他人诚实则更是无从谈起。从核心角度来看，元领导力是一个社会现象。你越是能更好地理解人际关系的动态情况（包括自己的人际动态以及他人之间的人际动态），你就越能与自己的团队建立起互信关系，更能团结起来共同努力，这些对于践行元领导力意义斐然。

人们是否追随你

你与他人的关系是你作为元领导者进行意义构建的一部分。你关心他人，他人也会关心你。团队成员对你的依附也体现了他们充分认同你所追求的目标、价值观以及希望达到的目的。

你们在一起经历了许多考验，有胜利的喜悦、失败的沮丧，经历过多次跌入“地下室”，又重新振作走出来的故事。你与团队成员或许还共同经历过有意义的事件，这其中酝酿了自尊、尊重、爱慕，也许还有痛苦、嫉妒或鄙视等情感。镜像神经元在这里扮演了重要的角色，团队中的追随者会从领头羊的言谈举止中获得一定的提示，反之亦然。接受并理解那些暗示，对你的元领导力实践和成果至关重要。

你如何在日常的组织与领导行为中体现对人际关系的重视？尝试一下这样的练习：在一天时间内与你遇见的、看到的或是有过沟通的每个人充分接触交流。在与公司保安或是超市收银员打招呼的时候，直接喊出他们的名字向他们表示感谢。用同样的方式与你的同事、家人、朋友打招呼，问问他们最近怎么样，在读什么书。注意，这其中的关键是认真留心他们的回答。用一天的时间与遇到的每个人真诚沟通交流。不要对任何人视而不见，欣赏并感激这一天中你遇到的每一个人。

经过此番经历，你能突破每一次人际交往中的交易属性，从而有机会真正充分地了解人际交往的内涵。不妨总结一下自己的学习心得并将其写进你的元领导力思考笔记里。人们做何反应？你如何判断自己是否取得成功？观察一下那些排斥你和欣赏你的人，体会你给他们带来的影响。这些互动如何影响你？你对自己了解多少？除了练习之外，这种存在方式如何适应你的元领导力实践？

你是自身价值观、动机以及目的的代言人。你不能只是做事，你还要成事。用英国小说家爱德华·摩根·福斯特的话来说："只有与人接触才能行得通！"

◎◎◎

可口可乐公司前首席执行官穆泰康在职业生涯中一直不忘展现自己的交往能力，他经常能够在最重要的时刻展现自己的情商。

穆泰康 30 岁出头，就成了可口可乐土耳其分公司的董事长，领导着众多比他年长、经验丰富的人一起打拼。"倾听和展现出同理心毫无疑问是非常重要的，"他告诉我们，"那时，我们的员工由于可口可乐公司在土耳其经营状况不佳而有些士气低落。让员工感觉到我理解他们面临的挑战，并且感觉到我在支持他们，魔术般的事情就发生了。我们将土耳其市场发展成了可口可乐公司在全球范围内最重要的市场之一。"

在 2008 年担任可口可乐公司首席执行官后不久，穆泰康就面临着一个巨大的挑战——美国次贷危机。穆泰康的首要任务是安抚员工、商业伙伴以及股东面对经济动荡所产生的恐慌情绪。可口可乐公司拥有的装瓶供应商数量是有限的，对一部分特许经营装瓶供应商的投资也不多，可口可乐公司内部的商业伙伴

关系非常复杂。

穆泰康解释道："我们首先做的事情之一，就是将我们的领导团队以及全球范围内装瓶合作伙伴的领导者聚在一起，讨论我们公司业务的韧性和优势。通过这次讨论，我们规划出了未来十多年的愿景。"虽然，这一工作的大部分内容可以通过远程会议来完成，但是穆泰康明白，在经济动荡时期，面对面的交流十分重要，这可以使公司保持定力，让员工们为了长远的成功而团结一致。

2011 年，日本福岛遭遇了三重灾难的袭击。地震引发了海啸，从而导致核电站泄漏并释放出放射性物质。这场灾难也使穆泰康陷入了最为艰难的时期。日本是可口可乐公司在全球最大的市场之一。随着当地的生产和销售中断，可口可乐在日本的销售量势必会下降。在这场悲剧中，有很多可口可乐的员工和装瓶供应商失去了朋友和家人。穆泰康说："我认识到，我们必须立刻赶赴日本，安慰我们在日本的员工以及装瓶商合作伙伴，让他们知道我们将与他们携手共渡难关。我能想象到我们的伙伴正在经历个人的挣扎，我们将去帮助他们重整旗鼓，让他们的生活和事业重回正轨。"

穆泰康明白在动荡时期亲赴现场并感同身受的重要性。亲自慰问能够体现出诚意并建立起信任，同时也能接受对方语言和行为释放出的信号，人们可以由此决定是否追随你，你也可以判断他们是不是真正要追随你。

提到人际关系，穆泰康说："做人一定要真诚、实在、表里如一。当人们过度追求让别人印象深刻或者表现得不像自己时，

他们往往是在自找麻烦。领导力的发挥更多在于你是否可靠、沟通交流是否妥当，而不在于权力。从这一角度而言，深入了解公司眼下的工作是十分重要的。如果人们知道你站在他们的角度考虑问题，并且能做到‘己所不欲，勿施于人’，那么你就可以提升自己的可信度。有了可信度，领导力也不会缺席。”

◎◎◎

我们与哈佛大学危机管理课程的许多毕业生保持联系，询问他们在元领导力课程上的学习情况以及在实际生活中的运用情况。许多学生对大脑功能课和情商课赞不绝口，因为这两门课程使他们在自我约束和引导他人方面受益匪浅。

他们也提到了我们的建议，尤其是在领导复杂环境的时候——要敢于冒险，允许自己犯错。与此同时也要采取更谨慎的措施，尽可能地将风险最小化。领导者可以运用课程的学习结果去阻止更致命的失误发生。为什么敢于冒险和犯错误有如此重要的价值？

许多高成就者都追求完美。他们想要搞定一切。他们想要满足自己的高标准，并且他们想要达到并超越别人的期望值。然而，在现实世界中，尤其是在高度的混乱和压力之下，实现完美是不可能之举。

在危机或是变革期间，我们没有时间来追求完美。你会根据不完整并且有时自相矛盾的信息做出判断并立即采取行动。这个时候，认知偏见和启发法会发挥作用。在一定程度上接受失

误，可以降低你和他人的沮丧感。

似乎矛盾的是，此举反而更有可能给你和团队成员带来事业上的成功。作为领头羊，你赋予团队成员自信，让他们敢于提出新奇的想法，或尝试新颖的路径；此后，整个团队小心翼翼地去检验哪些措施行得通，或者哪些措施无效，在这一过程中，你创造性的问题解决能力与创新能力反而会突飞猛进。进而，你也能在未达到预期效果时灵活调整，及时止损。你将自己和他人都带出了“地下室”。你学到了经验，并取得了进步。

事实上，追求完美会提高风险。认知偏见放弃对完美的追求，你随之也放弃了一个不可能实现的标准。你的思维模式会拓宽，你的自信会与日俱增，你能够更好地理解和回应各种情况的变化。你更明白自己能控制什么、不能控制什么，以及什么是切实可行的、什么是乌托邦。随着视野的开阔，你不会像以前那样犹豫不决，你会变得更加有效率、更加足智多谋。你更善于适应不断变化的环境，当事与愿违的时候，更能泰然处之。

许多领导者会因为否认、掩盖和维护自己的错误而分散精力。这是一种精力的浪费。不要沉沦在一个错误的行动中，承认自己的错误其实是在承认你此刻比从前更聪明。相信你自己和其他值得相信的人。接受错误，调整重点，然后继续向前。记住这样一个道理：学会失败，否则你将无法得到成长。

◎◎◎

元领导力的衡量标准在于“人们是否愿意追随你”。要知道，

你并不是在领导钱或者资产等没有生命的物品。面对一个特定状况时，你的元领导力应专注于将人们聚拢在一起，共同面对一个待解决的问题或一个即将溜走的机会。

作为一个个体，你对特定状况的影响力取决于如何调动并激励每一个个体，以及那些能够推动事情进展并能创造出满意结果的人。这就是针对领导者的成功所提出的衡量标准：在某个特定的情形中，你做到了什么？

自我发问

- 你是否尝试过书中提到的人际交往练习，你从中体会和学到了什么？
- 在学习笔记里留出一个“地下室”部分，在这里你可以反思自己身处“地下室”的经历，以及你观察到的别人在“地下室”的经历。你是否变得更善于感知自己的情绪？你重启大脑的经验脚本是什么？你如何用有效的常规模式和工具填满你的大脑“工作室”？在你上升到高水平的思考时，你能否察觉到差距并缩小差距？
- 指出认知偏见或启蒙法有什么作用。它们如何塑造你的观点和行动？它们在何时能帮助你？如何帮助你？它们何时阻碍了你解决问题的过程？

7

维度 2：掌握情况

YOU'RE IT

在元领导者看来，“情境”主要体现在两个方面：发生了什么事，以及如何应对。当你运用元视角时，你会根据现场情况的复杂性进行观察并采取行动；这种复杂性主要表现为众多的人、不同机构以及诸多不同立场，而这些都能影响现场状况并决定谁参与才能成功化解危机。“立方体中的锥体”思维告诉我们：没有人能够了解全部的情况，只有结合不同的视角才能看到原本视而不见的事物。有了这种意识，你就能不停地思索，不断地获取新知识，从未知迷茫一步步走向“水落石出”。

你的追随者不局限于只是听你直接指挥的同事，因此，权力之外的影响力、强制命令之外的秩序性十分重要。在棘手的情况下，只有信任和信心才能使你赢得元领导者的威信（“人们追随你”）。

记住，前一章针对元领导者本人讨论的问题着重强调在复杂情况下的思考和行动。而“情境”——元领导力的第二个维度则能影响后面几章将要探讨的联通力问题，即元领导力的第三个维度。

◎◎◎

鉴于你面对的不同情境和目睹他人面临的诸多情境，我们提供的通用型框架既能用来解决日常问题，也能处理突发危机。我们旨在帮助读者对现场境况做出更准确的判断，并且采取更高效的行动。

这种情况是身为领头羊的你要面临的处境。在意外事故打乱了你的节奏、扰乱你的思绪之前，你要尽可能使自己处于稳定的状态中。这种“突发”或许是一个巨大的机会，也可能是一个毁灭性的危机。“突发”或坏或好，或大或小；或许是个人面对的重大挑战，也可能是系统性障碍。“突发”预示着转折点的来临，迫使人们做出适当的反应。你可能会因眼前的场景不知所措，抑或是逐步调整，或者从根本上做出改变。 有时采取观望态度是恰当的，但这种态度也可能是否认或逃避的表现。

当然现场情境也必然包括你的反应，因为你也是危机现场的一部分。那些依仗你领导的人会时刻关注你的一举一动。

不利的情境（危机或迫切的变革需求）会极大地挑战你的元领导能力。你可以了解和评估正在发生的事情，预测事态将如何发展，做出决定并采取行动。尤其是在面临高风险和巨大的压力时，这一点尤其重要。时间至关重要，风险很大，面临的损失不可小觑。越早掌握情况、采取应对措施，就越有机会尽可能地减少损失。此时，你会怎么做呢？是陷入恐慌还是采取行动？

我们先回答一个看似简单又很复杂的问题：情境到底指什

么？你对情境的分析可能会受到歪曲和干扰——其中有大量的噪声，真实的声音会被淹没。情绪可能会失控。你和其他人可能此时正处于思维的“地下室”。不同的人对局势有不同的判断，认知偏见则会掩盖眼前的现实。将事实与感知分开极具挑战性，尤其是在危机的初始阶段。

通常情况下，一个糟糕的局面会触发连锁反应；虽然都身在局中，但人们对事态的反应却千差万别。身为领导者，你这时面对的不再只是一种情境，而是多种情境。你针对某些情境要快速做出反应，并适时抓住领导机遇；一旦局面出现变化，则会有人向你求助。无论结果好坏，你成为好的危机领导者的标准只有一个——对现场复杂局面的把控能力。在把握现场局面、评估风险、决定应对策略、渡过难关等方面，你的表现是否灵活有效？

◎◎◎

伊桑·佐恩供职于一家大型公司，但并没有具体职位。他通常穿着运动装或宽松的衬衫和牛仔裤，他不是人们心中典型的当权者。然而，他动员了世界各地的人为他的事业奋斗。虽然佐恩从来没有研究过元领导力，但他天生拥有元领导者共通的特质。

佐恩迷恋足球运动。他在瓦萨学院读大学时曾担任足球队的守门员，后来在夏威夷海啸队、科德角十字军队和津巴布韦布拉瓦约的高地队担任职业守门员。

2001年，27岁的佐恩在美国热门电视真人秀《幸存者：非洲》（*Survivor：Africa*）中崭露头角。面对节目中一个个惊险的挑战，他一路过关斩将赢得了当季冠军。

他后来说：“我证明了不需要撒谎、欺骗和两面三刀，人们也可以拿下比赛冠军。”佐恩带着百万美元的头奖离开了非洲，并成为全国电视节目中的名人。

在肯尼亚拍摄期间，他赢得了一场奖励性挑战，当地年轻人获得了与他一起踢足球的机会。在这一过程中，他结识了一些朋友，并第一次了解到艾滋病在肯尼亚是何等肆虐。当地许多人生来就患有这种毁灭性疾病，可他们却对如何维系健康一无所知。

佐恩对社会公正有着执着的信念，此刻他发现自己（元领导力的第一个维度）对“行善事”的执着，这时一个蕴含机遇的意外情境（第二个维度）同时出现。他决定将其获得的名望、奖金和对足球的热情全部投入到对非洲年轻人的教育事业中。他的使命则变成了防止艾滋病毒的进一步蔓延与传播。

在赢得《幸存者：非洲》节目的冠军一年后，佐恩与合伙人创办了草根足球（Grassroot Soccer）组织。为了能争取更多的支持，佐恩与团队一起前往津巴布韦。2003 年，他们推出了一个以足球为主题的艾滋病预防互动课程，而这个课程的口号是：“以足球之力，教育、激励和动员全社会，共同阻止艾滋病的传播。”

佐恩与合伙人从一个简单的想法开始做起：“我们将对足球的激情与拯救生命的激情结合起来。”为了促进健康，他们通过足球活动向年轻人传授安全性行为和艾滋病预防方法。他们抓住了转瞬即逝的灵感，并把握住机会将其发挥到极致。从一个毫不起眼的小机构开始，草根足球组织一路发展壮大。后来成为盖茨基金会的资金支持对象，并最终影响了非洲大陆数百万年轻人的生活。如今，非常多的企业、基金会和社会名流都热切地希望加入佐恩的合作队伍中。

佐恩和他的合伙人学会了顺势而为，成为形势所需要的领导者。而团队的追随者则专注于基础设施构建，帮助该组织高效地使用捐款，越来越多的志愿者加入进来，包括很多职业足球运动员。

佐恩如今也成为社会名人，虽然他生性腼腆，但还是义无反顾地走上“赛场”。他学会利用自己的名气服务于自己的事业。他成为草根足球的代言人，参加各类活动，抓住媒体的采访机会。在缺乏权威的情境下，这种元领导者的影响力极具吸引力。

要弄清楚领导者如何应对新的局面，不妨记住伊桑·佐恩的故事。佐恩的人生计划从来不包括这场“圣战”。一个意想不到的状况是,《幸存者：非洲》节目的慷慨馈赠给他带来了新机遇。而佐恩选择抓住这个机遇，他对美好未来的描绘吸引其他人也加入到这项事业中。佐恩之所以能够利用自己的处境（暴富和成名），仅仅是因为他具备了开阔的自我意识和敏锐的洞察力。他知道对非洲真正的威胁从来不是电视上描述的那样，他知道自己可以提供帮助。

佐恩的处境带给他的是一个积极的机会，他可以利用自己获得的资源解决一个个紧迫的社会问题。大多数人都担心自己面临的情境与佐恩恰恰相反：人们担心自己会突然面临危机，自己的生命、财产、声誉乃至生计面临突然的威胁。

元领导需要及时调整航向

最困难的情境通常以突发性、危害性和复杂性变化为特征。记住，当危机在你身边降临时，你要做的第一步是离开“地下室”，随后则是需要认清形势。在任何危机情况下，永远都要坚持这两个步骤。

危机可能是一场灭顶之灾。2017 年夏末初秋，美国接连遭受了多场飓风的毁灭性打击：飓风哈维、飓风厄玛、飓风何塞、飓风玛利亚。被困在风暴灾害中的人不知所措，救援人员应接不暇。现实一直都是，危机从来不会遵照你的时间表行事。

危机不限于个人面临的状况。比如有消息称，一家大银行未经客户同意就开立账户，一家全球汽车制造商伪造排放数据，医疗技术的最新突破实为伪造数据，个人资料被不正当地泄露，学术机构有学术不端行为。这些危机已经酝酿了很多年，如果机构领导人能够早些采取行动，也许可以避免危机。

有时，危机也是个人需要面对的挑战。譬如，令人担心的健康诊断，亲人的离世，突然失业等。埃里克·麦克纳尔蒂供职的公司的首席执行官在健身房晕倒猝然去世。对其家庭和同事来说，这是一场个人危机；对公司而言，这是公司团队需要应对的危机。

这些情况有一个共同的特点：对于支点的需求随着条件和机会的改变而改变。篮球运动员常用一只脚踩地，称为“转轴”，同时另一只脚配合踩踏或左右摇摆的动作，这便有了篮球赛场上一幕幕绝杀瞬间。作为一名元领导者，你也需要有意识地随着形势的变化而不断调整方向。

领导力中枢遇到的第一个障碍是思考下沉至“地下室”。当你需要更高层次的脑力活动时，大脑突然关闭起来。此时你需要激活你的“经验脚本”，有意识地将大脑思维拉升至“工作室”；与此同时，你也需要运用手头的工具——多次训练过的问题解决程序和问题解决措施。在此之后，向团队成员分派任务，以激活他们的反应，将他们带出自我思维的“地下室”。

元领导的首个职责是提问：发生了什么事？涉及的人包括谁？目前已知信息和未知信息分别是什么？接下来预计会发生什么？此后，系统地搜集相关信息。如果可以的话，把它们写在白板或活动挂图上。排列组织你了解的内容。你所掌握的第一幅画面将为接下来的动作提供铺垫与准备。以篮球为例，第一步动作便是把脚放在地上。

接下来，和你周围的人并肩战斗，并开始根据掌握的情况做决策。不要指望马上了解所有的数据与状况，也不要试图让每个决定都完美无缺。实际情形一直处于不断变化之中。如果在危机现场，人民的生命危在旦夕，那么就要快速行动。然后，把其他决定按优先顺序排列，有条不紊地一一推进。其间要不断观察形势的变化，并随之调整措施。此时，你需要确保自己思维的灵活性和适应性。在篮球比赛中，这种适应性就是你的另一只脚来回摆动，顺畅地侧身回转。

此时，你若做出不完全理性的决定是可以接受的。人是有感情的。通常情况下，你有充足的时间和足够镇静的状态来仔细聆听辩论，细致推敲和分析。而在危机和变化中，你必须快速评估，依靠你的知识和过往经验来采取相应行动。

随着你越来越了解自己脑海中的固有反应，对他人本能反应的了解也越来越多，你便能更好地预测和面对一些情况。面对同一状况时，你与他人分别会做出何种不同反应？有些人会惊慌失措，有些人会冷静坚决，还有一些人会否认或不理解正在发生的事情。作为一名元领导者，你可以预料到这一系列的反应。这是形势复杂的一部分，你要利用自己的情商把这种复杂性逐渐灌输进自己的感知系统（而不是歪曲事实）。

所有的情境都会涉及人，人是社会的产物。面对同一件事情，你与他人的认知观点必然不同；同理，人们对于后果和机遇的定义也不尽相同。很多时候，在评估事态时，人们非但没有采用“立方体中的锥体”思维避免以偏概全，反而更愿意热切捍卫自己与众不同的视角。有人看到潜在的利益，有人则看到了暗藏的危险。由此，冲突势必不可避免。你可能会发现自己陷入激烈的对峙中。当情形本来就有争议时，此种争斗会导致局势进一步恶化。你不仅要处理眼下发生的事，还需要处理和平衡各种激烈的观点和焦灼的情绪。

不管情况是好是坏，当你不能准确地辨别周围的态势和环境时，风险就会升级。作为一名元领导者，你要对意外保持开放的心态。

◎◎◎

大多数情境本身并不能完全或迅速地自我暴露出来。你隐约感觉到有些事情正在发生。一开始，针对事态的范围和规模，你了解的信息极其有限。事实在谣言和不实报道的嘈杂声中逐渐凸显。随着新信息和新证据的出现，你对形势发展方向的判断也会发生变化，可能会变得清晰。然而，如果只盯着一个时间点而忽略不断涌入的新信息，你就会失去对局势整体的判断，反而被不断发展的形势甩在后面。

2005 年，新奥尔良遭受卡特里娜飓风重创时，伦纳德·马库斯在灾难现场实地研究元领导力。官员们推测即将到来的飓风危机是一个与“风”有关的事件。暴风雨过后，有些官员认为主要是大风造成了破坏（但实际上并没有造成灾难性破坏）。然而，飓风同时引发了风暴潮，淹没了保护城市的堤坝和大片地区，数千人无家可归，大约 1 500 名市民在飓风危机中丧生。新奥尔良真正面临的其实是一场与水有关的灾难——应对洪水灾害需要采取与应对大风灾害完全不同的处置措施。新奥尔良市政府采取的应急处置措施存在一定缺陷，部分原因则是，虽然灾害的实时信息不断涌入，但是官员并没有随着形势的发展迅速调整自己的判断和策略。这种误判源于当地官员对于灾难现场形势的盲目与无知。

无视局势的变化是一个常见问题。达特茅斯学院的悉尼·芬克尔施泰因和他的团队针对企业的失败案例，开展了史上最为全面的研究，他们发现，在每一个案例中，企业失败的原因都事先可以被察觉到，但是企业的领导者并没有发觉。如果高层管理者意识到正在发生的一切，并且不再拘泥于什么是有意义的历史传统，什么是无关紧要的僵化模式，那么他们的危机本可以避免或者实现危害最小化。在领导者的位置上，选择看到什么本来就受到一定的限制，此种限制又内化于经济模型、商业战略以及诸多猜测假设中（从安全威胁到竞争对手的优劣势，无所不包）。我们的同事——哈佛商学院教授马克斯·巴泽曼在其著作《注意的力量》（*The Power of Noticing*）中曾提醒领导者要勇于对抗这些现象。因此，无论如何要注意你周围的各种线索。

从某种程度上说，猜测和假设有助于你集中注意力。然而，如果你没有时不时检查一下当前构想是否与身边不断变化的环境相匹配，那么对于个人构想的关注就会变成灾难性的短视。芬克尔施泰因认为，对于聪明能干的高层管理者来说，“对现实的严重错误认知”始终是他们的一个盲点。因此，你需要不断区分你“所想的”和你“所知道的”有没有在一个区间内。

◎◎◎

诺基亚是世界上最初的创新手机领导品牌。2007 年苹果公司推出 iPhone（苹果手机），这款设备颠覆了市场原有格局，使市场革新到智能手机时代。诺基亚从一个成功的行业领跑者转变为针对发展中市场销售低端手机的公司。2007—2012 年，诺基亚的市场总值下降了 75%。

这一戏剧性的暴跌是否仅仅反映了苹果公司的工程师和设计师都是天才？具有讽刺意味的是，在 iPhone 上市 7 年前，诺基亚就已经开发出了一款触屏智能手机。然而，该公司的高管却没有将这款产品推向市场，还是将重点放在当时利润丰厚的传统手机上。他们困于常见的变革障碍，被节节攀高的股价和高溢价的品牌效应冲昏了头脑，眼前的成功变成影响未来变革的障碍物。这使人看不到未来的机遇。诺基亚的竞争对手摩托罗拉在从传统手机向数字手机转型时也同样步履蹒跚。虽然诺基亚多年来一直在努力追赶，但早已辉煌不再。2013 年，诺基亚的生产线和服务业务被微软收购。

◎◎◎

当你不能整合新信息和调整情绪时，你的分析和后续操作就会被误导。

为了防范这种风险，领导者要假定，在整个危机处置过程中你都不会完全掌握所有信息，甚至直到危机处置结束，或许还存在诸多未解之题。此种假定能使你提出更多疑问，并使你对当下形势保持好奇。发挥你的想象力，尽可能多地了解正在发生的事情，寻求准确且能验证的数据，并探索缺少的东西。最重要的是，倾听他人，让他们看到你正努力地理解他们的观点和贡献。

要知道信息一股脑涌来的时候总是杂乱无序的，甚至有些信息还存在误导性。注意异常情况，确定什么更重要，什么不重要。要不断地把诸多细节拼凑成一张完整的图片，并在其中寻找规律性。当心不要被细节误导，不要把信息强行塞入你先入为主地锚定结论，当心自己和其他人的认知偏见。

思维与行动闭环（POP-DOC）

一个千头万绪的局面的确会让人不知所措。你被纠缠于各种琐事，似乎每件事看起来都很急迫。

克服混乱的关键是以系统性的方式解码规律、归化决策并计划行动。如果你坚持训练，不断地学习，你将培养更准确的“情境意识”。即使身陷危机模式下，你也可以运用不同的策略和战术。为了提供周密安排、培养凝聚力，我们开发了一个可称为“思维与行动闭环”的工具（见图 7.1），其中包括感知、定位、预测，以及决定、运作、交流。

此处我们将思维与行动闭环描绘为一个∞字形的莫比乌斯环（Mobius loop）：这是一个单一的、无缝的连续步骤，指导你元领导力的思想和行动。从这个 8 字形的左边顶部开始，逆时针方向移动，逐步经历如下过程。“感知”正在发生的事情，“定位”自己发现其中的规律并理解它们的含义，区分你的所想和所知，检测偏见驱动的盲点。然后，基于这些模式和它们重复出现的概率，“预测”接下来可能会发生什么。以上这些是思维步骤，它们把人和情境结合起来。

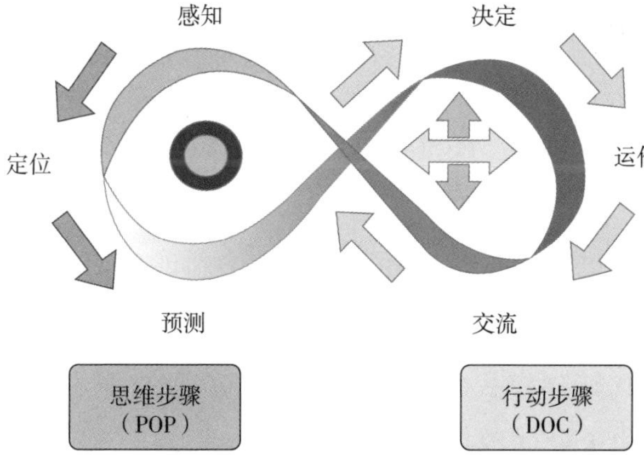

图 7.1　思维与行动闭环

移步到8字形的右侧并做顺时针方向移动，此时你将进入行动阶段并形成动作的连接性。“决定”行动的方向，“运作”必要的组织资源，与参与方进行信息“交流”并从中获取信息。然后，对所做的决定、运作以及交流的影响进行评估，再循环回起点，不断重复这个循环。从再次“感知”开始——思考掌握的新信息带来的新变化。

思维与行动闭环帮你掌握复杂问题的本真面貌，管理行动后果，并创建可持续的解决方案。对你的思维和行动进行训练可以降低风险，并提高你同时解决多个问题的能力。

思维与行动闭环的灵感来源于美国空军上校约翰·博伊德在朝鲜战争期间开发的OODA（观察、定位、决定、行动）循环。博伊德的OODA循环充分解释了美军飞行员的表现为何会优于对手飞行员。美军飞行员在训练中通过OODA循环的速度越快，工作的效率也就越高。我们以博伊德上校的成果为基础，对其做了扩展，为元领导者描绘了一个有用的指南和基准。我们针对读者增加了“预测”和“交流”两个环节。毕竟，领导力既是前瞻性的，也是社会性的。

作为元领导者，你可以运用思维与行动闭环模式，并将其纳入你的机构和人际网络中。无论是对你的追随者还是其他利益相关方，思维与行动闭环都是一个有益的指南，能够为他们积极主动地参与创造条件。

莫比乌斯环模式的意义何在？莫比乌斯环是在三维模式中呈现的，但人们捕捉到的却是一个二维形状。你可以用一个丝带模拟一个莫比乌斯环：扭转一头把两端连接起来。沿着莫比乌斯环绕一圈，整个过程能覆盖这个形状的所有外围，也能在不需要穿越任何一个交点的前提下回到起点。作为领导者，你的工作是要完成关键时刻的扭转——启动改变。这一循环是应对复杂情况的有效途径，更是应对复杂性的指南。当你想达到理想的结果时，合理运用思维与行动闭环，在思考与行动之间从容转换。

◎◎◎

当理查德·贝瑟博士领导美国疾病控制与预防中心应对H1N1流感时，他和他的团队经常被要求向决策者和公众通报疫情的未来发展趋势。病毒会以多快的速度传播？人们病症如何？有多少病人会死去？哪些群体风险最大？

一开始，几乎没有人知道确切的情况。疾控中心只有顶尖科学家的意见，没有完整的科学分析数据。然而，决策者和临床医生迫不及待地想了解全面信息。时间至关重要，决定迫在眉睫。

美国疾病控制与预防中心的领导者研究了他们仅有的流行病学数据（感知）来评估病毒的性质（定位）。他们预测，他们既可以使疾病的传播最小化，又可以减少大规模疾病和恐惧带来的社会与经济影响。因此，他们鼓励人们采取特定的防护行为，如对着胳膊肘咳嗽和经常洗手。一开始，他们下令学校停课两周（做决定），以避免传染病在学生中大面积传播。为了实施这项政策，他们与各州的地方官员进行协调。他们召开新闻发布会，不断更新CDC网站（交流）。他们沿着莫比乌斯环继续学习，了解更多信息，不断修改建议，并相应地执行决策。这种诚实和透明的态度为政府处理危机赢得了罕见的 83% 的支持率。

◎◎◎

思维与行动闭环的第一阶段是感知。在照相机上用广角变焦镜头拍照。你看到的越多，搜集到的信息越多，你掌握的信息就越多。寻找可靠的、可验证的证据来构建尽可能完整的局势图景。运用你的感官去了解情况以及相关参与者的状况。与其滔滔不绝，不如听取其他人的意见更为稳妥。挑战自己，保持开放的心态。通常最重要的线索都是细微的，而不是那些引人瞩目的。如果你的思维此刻深陷“地下室”，你的感知亦极为有限，那就请你启动经验脚本吧，尽快地离开“地下室”。

从更广泛的角度看，获取更多信息有利于你缩小视角，将重点放在你认为最重要的事情上，排除掉额外的噪声，随着信息的更新，再次将视线转移到宏观角度。提出“如果……怎么办”的问题，扩大你的认知范围，挑战此前的预设和已经被普遍接受的观点。作为一名元领导者，你的责任是了解内情。如果数据充沛且确凿，但你却因为大意而错过了行动的黄金期，那么这就是无法原谅的错误。你要有冒险精神，去寻找别人看不见的细节，并永远保持好奇心。

信息超载是一个常见的危险。我可以不再搜集信息，也不再回应无关的问题吗？当然可以，不要担心。

◎◎◎

思维与行动闭环的第二阶段是定位。在这个阶段，你将确定固定的模式，这些模式是可预测的“刺激－响应”序列，能够区分重复的行为，能帮助你在混乱中辨别秩序。那么如何才能定位到正确的模式呢？答案是将杂乱的信息按照事件和行为的逻辑顺序排列。

寻找合理的、相关的，对理解当前状况有用的模式，这个有用的模式包括社会模式和物理模式。社会模式包括渠道的有效沟通、决策过程的规范以及群体之间的连接关系。物理模式包括天气、化学反应和动物迁徙。

运用你的经验和专业知识来区分信息的有效性。尽可能地填补信息空白。不要试图描绘每一个细节，不要将假设与实际数据混淆起来。相反，要努力把握大局。当你能主动感知并添加更多的关键信息时，你对事情的理解才能更完善。

规律 / 模式很少单独出现。当不同的模式出现时，理解它们之间的相互关系和影响对你至关重要。这就需要有效应对复杂性。当你能准确地识别规律并找到改变规律的因素时，你会发现有些线索是重叠的，那么这些重叠的线索能使你找到事物的规律。当你搜集的线索中断时，就需要更改或者重启当前模式。

当你努力寻找规律时，记住相关性并不总等同于因果关系。大脑重视连贯性，能够立即将可见的数据点拼接成一幅看似合理但未必真实的图片。矛盾的是，大脑可以在你的感知中制造出一些假象支持一致性模式。这是错觉对你的欺骗。你的大脑创造并接受一种解释，这种解释虽然是错误的，但看起来有意义。

美国疾病控制与预防中心的科学家当时在努力解开 H1N1 病毒早期的神秘面纱，他们利用最新的流行病学数据来辨别它有多危险，有多容易传播。这些信息可能会将他们引向季节性流感疾病，而不是大规模致命的流行病。但是你搜集到的数据却会告诉你这是错误的观点。

当你最终掌握真相时，你会发现别人是根据他们的感知来定位自己的。提供和解释信息的人之间有什么相同和不同点？分析底层逻辑，并利用这些信息进一步完善你对形势的确切定位。

◎◎◎

思维与行动闭环的第三阶段是预测。如果你正确识别并预测了发展规律，如果你期望这些规律在不久的将来重复出现，那么你已经知道接下来会发生什么，或可能会发生什么。

在 H1N1 病毒暴发的某一时刻，流行病学专家发现孕妇特别容易感染这种疾病。科学家预测，这些女性中有相当一部分会死于这种病毒。这一预测为后来拯救生命，提供了决策、行动和交流的依据。

预测是领导者最重要的能力。正确的信息可以帮助你预测人们的行动、媒体的反应和其他领导者的反应。你脑中模拟的情形可能会在现实中发生，但这时你已经掌握了完全的主动。

在动态的环境下，你要在过去、现在和未来的交叉点上进行预测：过去是什么？现在是什么？未来又会是什么？例如，建模人员使用复杂的算法回顾历史和当前的状况，以预测未来的经济趋势和天气情况。这种预测是基于你掌握的经验和信息，有助于减少未来的不确定性。

使用思维与行动闭环模型做决策并不会使你拥有完美的预判能力。相反，是要你承认自己的预判并不完美。使用思维与行动闭环进行预测，目的是引导你面向未来，并在指导思想和行动中灌输训练方法。莫比乌斯环结构鼓励你在得不到完整信息的情况下做决定并采取行动。随着你对信息的掌握越来越多，你可以修改和调整操作方法。记住，循环是连续的。如果你在这一轮没有做好，那么就在下一轮寻求改进。

你可能需要做多次预测。为每一次预测设定一个准确度的概率，尽管这么做要非常谨慎。对大多数人来说，精确计算概率并不是一件容易的事；通常，你的结果更接近于猜测。用事实来训练你的直觉，用直觉来训练你对现有事实的把控能力。危机处置结束后进行复盘，以确定你的认知偏差是大还是小。所有因素按照序列发展最终回归到平均值。例如在体育运动中，感知冷热交替在某种程度上是为了寻找平衡，以此反映运动员或球队的实际能力。

当你的预测准确可靠时，它能使你先人一步，引领事态的发展。准确预测后的决策有些是由你来做的，有些则要说服他人（通常是最终决策者），让他们相信新模式的出现，以及摆在他们面前的选择和后果。

预测的准确概率需要在实践中提升。当你给下属发了一份最新销售报告，并指出收入与目标间的差距时，你能预测出他们如何寻找新订单。当你选择走小路回家的时候，你能预测出它会比走高速公路快。

关于预测的警告：你一旦做出预测，就会产生一种认知偏差，它会影响你对未来形势的判断。你和其他人开始对这个预测下注，并在接下来的时间寻找证明这个预测准确的证据。当然，随着时间的推移，你预测的准确率会提高，尽管有时你也会承认一个错误的预测，你甚至还需要完全改变方向。

你的预测能力为你进入思维与行动闭环的下一环节提供了指导。你现在已经准备好进入多方利益相关者参与的解决问题的过程。

◎◎◎

思维与行动闭环的第四阶段是决定。如果你不提前做出决定，你就会成为思维与行动闭环陷阱的受害者——永远在搜集和分析信息，却从不承诺采取行动。要向前推进，你必须强迫自己做出决定。

首先是决定的过程。你意识到，如果要执行你的决定，需要参与者的支持。要做到这一点，你需要对自己的决定过程保持透明，并且要对此有所把握：你会独揽决定大权吗？你会在核心团队中寻求共识吗？你会通过投票的方式表决吗？或者你是否为自己保留否决权？你甚至把决定权委托给你认为拥有正确观点的人，比如相关专家。你要评估形势，评估你自己的风格、权威和责任，以及决策涉及的其他人。你的目的是达到最好的结果。阐明你的决策过程。在你真正做出决定前，最好能处理好任何不协调。

接下来，当确定数据可用且可靠时，就应该使用它。在已经知晓因果关系的前提下，即使是简单的算法，其预测力也能胜过专家。亚马逊和网飞等公司通过使用大数据对用户进行画像定位，从而决定针对特定用户推荐何种特定产品。这些大数据甚至比顾客自己都能准确预测顾客的喜好。像美国大型综合性医疗机构恺撒医疗中心，将循证医学协议作为许多疾病治疗的默认选择。

下一步便是你的直觉。直觉实际上来自大脑通过生活经验搜集的丰富数据储备。直觉是没有意识的推理或没有明确证据的认知，只是感觉这个决定是对的。直觉在很多情况下能够做出足够好的决定，尤其是在有足够的实践经验时更是如此。经验丰富的扑克玩家虽然看不到每张纸牌，但是他们通过玩几千张纸牌而对是否“跟叫”或者“弃牌”产生了第六感。这种直觉当然也融合了许多更加主观（而非客观）的数据点，包括他人的面部表情和肢体语言。

基于经验的直觉解释了为什么医生可能会推翻恺撒医疗中心默认的治疗方案。医生可能会觉得病例有其特殊性，需要个性化的治疗。鉴于医院固定的默认选项，这要求医生解释持不同意见的原因。这种质疑、解释的过程和结论会随即通知这个特别患者的护理人员，从而进一步更新恺撒医疗中心的数据库。

证据和直觉相互制衡，它们既紧密联系又相互嫌弃。如果你有数据，但感觉不对，那就多问问题。你的直觉可能会把你引向与事实相悖的方向。相反，“硬核数据”可能会影响你的直觉判断，缓解你的预测偏差。作为元领导者，你的目标是通过适当的求证，及时做出最准确的判断。

◎◎◎

思维与行动闭环的第五阶段是运作。决定本身不会变成行动。减肥就是一个很好的例子。许多人决定要改善体形。很少有人通过去健身房运动和少吃东西来真正实现决定。做决定和根据决定采取行动需要用到大脑的不同回路。

运作就是采取有意义的行动，包括动员他人也这样做。元领导力最闪光的地方则是在这个环节实现的。你的所作所为往往决定事情的成败。第五阶段的运作就是让别人看到和体验到，此时你的影响力变得清晰可见。

针对自己领导的整场行动，不断地向自己提问，也向团队提问：如何能够提升运作的进度？为了执行此决策，我们必须采取哪些不同的措施？谁需要参与或还需要通知谁参与？我们需要什么资源？我们需要什么时候行动？我们如何衡量事件的影响力？这些问题引导大脑“动起来”。而这些问题的答案亦推动团队不断前进。你确认行动可能的参与者以及预期的影响。你有效地分配任务，你会敏锐感知参与者接受任务后的反应，这对你的决策的实施过程至关重要。

在运作阶段，有很多方法并不是非黑即白的。最好的办法就是从前面四个阶段中自然过渡。回想一下莫比乌斯环结构的重要性：这些步骤是连续的、有序的。你运作的进程是否顺利，取决于你前四个阶段的工作。在危机中，你可以缓慢而有条不紊地前进，也可以在短时间内完成循环。

你会不会搞错呢？元领导者中有梦想家、突击者和精打细算的人。梦想家追求的是令人向往的愿景，而忽视了现实的制约。他们会对那些心生向往却又不可能实现的事情感到兴奋。突击者忽略了思维与行动闭环的分析阶段。他们行动敏捷，但效率却很低。精打细算的人把他们要做的事情一一记下来，从他们的角度来看，数字本身就是成功的标志，这样的人忽视了事物间的相互关联和影响，无法从全局思考问题。

领导者中总有一些梦想家、突击者和精打细算的人。远见、行动和责任感对你的效率至关重要。思维与行动闭环的第六步可以帮助你缓和冲动，更准确地将行动和解决方案与当前形势相融合。

◎◎◎

思维与行动闭环的第六阶段是交流。危机结束之后，我们会采访领导者和他们的团队，这时最常提到的问题是，危机期间人们的沟通能力还存在批评和改进的空间。在恰当的时机，让每个人都知道他们需要了解的信息是非常困难的，特别是当一项行动涉及许多人、多个机构和组织时，这更加困难。

交流是双向的：进与出。它既包括由领导者传达给追随者的信息，也包括现场所接触到的信息，以及由追随者反馈至领导者的信息。良好的沟通能力是一剂良药，而不当的沟通又会变成一剂毒药。

设想两种类型的交流：“波动”和“流动”。

“波动”遵从一定的程序和节奏。想想每天定期的新闻发布会或者危机期间的每日简报，也可能是首席执行官每周发布的一篇推动变革的推特文章。在危机期间，每天上午 10 点和下午 6 点定期更新信息。设定期望值并控制通信参数，使人们在信息和策略上团结一致。这就是在 H1N1 流感危机期间，美国疾病控制与预防中心领导者和忧心忡忡的公众之间的沟通方式。CDC 的媒体发布会会定期举办，而且都是战略性的部署。

相比之下，“流动”式交流则是恒定的。想想社交媒体上持续的活动报道或股价的波动。你无法控制“流动”，你必须学会随“流动”而动。信息不能等待定期被更新。揭穿谣言。找出真知灼见，使你的团队成员能够适应你的战略和战术。如果你组织或参与过信息发布活动，你也会恰当地处理源源不断涌入的信息，亦能恰当地回应人们对消息无止境的渴望。你需要管理好信息的流动与沟通。因此，在 H1N1 流感暴发期间，美国疾病控制与预防中心负责人也经常接受媒体采访。他们保持了信息沟通，减少了谣言和错误信息产生的概率。

在不确定的状态下，信息总是缓慢浮现，而人们对决策和公告的需求却非常迫切。作为领导者，你需要直截了当地说出目前已知和未知的信息。发布的公告也要符合风险应对的规则，比如：“这是我们目前所知的，也是我们正在做的。还有一些问题，譬如……这是我们尚未掌握的信息。我们接下来要做的是继续跟进调查。另有一些信息，譬如……是社会大众应该知道的。”这也是美国疾病控制与预防中心在 H1N1 疫情期间与公众的交流方式。如果你表达得当，接收信息的人会感到平静和有方向感。此时，根据元领导力的定义，“人们会追随你”。

当危机来临时，各大机构已经预先准备好通稿向媒体（包括社交媒体在内）发布声明。通稿也会有很多种变体。“Acme 控股公司刚刚获悉……的消息。我们现在的首要任务是确保员工的健康和安全。随着进一步的深入了解，我们将向员工家属和公众提供更多的信息。”在信息不明或公众情绪普遍慌乱的情况下，这些现成的沟通声明对缓解紧张或者恐慌局面很有帮助。

◎◎◎

在需要元领导力的高风险情境下，思维与行动闭环会增强行动的目标性。当你采取行动时（譬如，决定、行动、交流、启动计划等），以及督促团队成员进入行动状态时，你的上级、下级和你身边的人都会格外关注你的一举一动。你采取的元领导力措施对你有直接影响；与此同时，元领导力也取决于你如何采取行动，如何表达观点。

思维与行动闭环不仅是危机处置的方法，而且是你日常分析和行动的工具，可以用它来指导商业决策、军事战略或快速走出个人困境。当你真正掌握思维与行动闭环的方法后，你会变得更有目的性。不妨在日常多加练习，它一定能在关键时刻为你所用。

元领导者的决策过程充满风险。一方面，你可能会冲动行事。一个错误的计算会产生一系列新的问题，而这些问题还会引发事态的失控，带来灾难与不幸。另一方面，出于对事情或许不能按计划进行的担心，你对是否采取行动或是否做决策犹豫不定。这种优柔寡断也能给你带来负面的影响，增添新的麻烦。事实上，这两种情况都是大脑思维深陷“地下室”的表现。

将思维与行动闭环作为一个工具持续使用，可以慢慢找到适合你的方法。首先谨慎地提出一种想法并加以测试，然后评估其影响。根据自己的经验去感知、定位、预测下一步的行动。如果达到了预期效果，那就扩大规模，并以更大的决心实现目标。如果没有，请重新调整。在投入更多势能之前，可以先尝试几组周期循环做重复性训练。每一个周期都会加深你的理解力和影响力。

鼓励别人参与到你的行动中。有更多的支持者，回应人们的关注，组建更大的团队，降低前方的风险。在团队追随者的眼里，你和企业取得的成就是有价值的、有意义的、有希望的。你和你的团队成员将能一起改变世界，而这也是你被追随的原因。每围绕思维与行动闭环做一次思维的循环，你就能距离你的元领导力目标和计划更近一步。

◎◎◎

你可能想知道，为什么到现在我们都没有强调“如何做”的问题，这个问题是领导力讨论的核心：当我们和学生讨论何为伟大的领导者时，具有“远见卓识”是伟大领导者的一个优秀品质。

在找到自己的前进方向之前，我们很难为现在身处的位置，以及未来我们的目标勾勒出一个切实可行的愿景。思维与行动闭环则能发挥工具性作用，帮助你实现自我定位。如果练习过程中能系统地遵照循环步骤，那么你就掌握了通往过去、现在和未来的钥匙，这就是你的愿景与远见。思维与行动闭环中的思维环节将你的愿景与战略战术结合起来，在行动环节中实现。愿景（远见）固然能激发创造力，然而如果无视执行过程的复杂性，愿景同样也孕育着挫折。

多次练习莫比乌斯环则能将思维循环和行动循环连接成一个反馈循环，引领我们的行动不断进步。当你在8字形循环中畅游时，你便能不断地学习和完善自我，从而更能接近自我目标。你可以根据实际情况不断调整你的愿景目标（无论是适应市场、应对政治变化，还是改变你供职的机构），以更好地完成使命。

在联邦应急管理局改革的第3章故事中，里奇·塞里诺和他的上司克雷格·富盖特认为，整个灾难响应系统存在工作脱钩的问题。富盖特隶属于州政府，塞里诺则为地方政府效力。两级政府在危机处置过程中都承担着联邦级的责任。通过分析差异性和交叉性的行动模式，他们预测，一个完整全面的系统才能更好地整合州政府、地方政府、联邦机构，以及私人企业和非营利组织等多方群体，才能改善结果并更有效地利用资源。

他们的思维与行动闭环中的思维愿景是：建立一个“全面型社区”应对灾难。

在行动循环中，联邦应急管理局决定将其他参与者界定为合作伙伴，而不是取代它，这样可以更好地支持协调各方的行动。包容性沟通强调新方法。从 2011 年密苏里州乔普林地区的龙卷风事故，到 2012 年的超级飓风桑迪，再到 2017 年和 2018 年的飓风季，虽然塞里诺和富盖特早已经离开了联邦应急管理局，但他们设计出来的新模式却不断发展完善。一个庞大的系统性机构从来都存在不足，但是联邦应急管理局能在行动过程中兼顾理想与现实，不断从经验中汲取财富。

生命充满突如其来的转变

在参加《幸存者：非洲》节目夺冠后的几年间，伊桑·佐恩成了一个广为人知且正能量满格的大众偶像。他充分利用媒体曝光机会，参与大量线上线下的演讲活动，通过推广慈善改变了无数人的生活。佐恩在充分利用他手中的牌。

2009 年，他收到一个糟糕至极的消息，他被诊断患有一种罕见的癌症——CD20 阳性霍奇金淋巴瘤，这使他面临个人危机，以及心理上、公共领域、家庭生活的问题，草根足球组织的未来也是他不得不考虑的问题。

佐恩面临的个人危机可能还会夺走他的生命。这是一场生死存亡之战，他可能会失去一切。但是，运用思维与行动闭环的方法更好地寻求最优解依然可以促成当下境况的改善。

“接到医生的电话后，我立刻想到，我要死了，”佐恩告诉我们，“然后我给自己约定，要保持积极心态，拼命奋斗。”经过三个月的化疗后，癌症复发了。佐恩的生活陷入了恶性循环：坏消息，更努力地治疗，病情缓解，充满希望，然后是对疾病复发的失望。而每一轮循环，他都要进行更深刻且痛苦的干预体验。某一天癌症又一次发作后，他在自己的博客上写道：“癌症复发了。它进入了我的身体。它想毁灭我。他们给我做的干细胞移植就像按下了我身体上的复位按钮——整个与癌症斗争的过程就像一场铁人全能赛。”这是他思维与行动闭环的思维环节的循环：感知自己的处境，定位自己以适应其中的规律性模式，并且提出自己的预测——态度会影响自己的命运。然后，佐恩把视线盯向了前方。

佐恩决定持续与癌症抗争。2011年11月，他对《人物》杂志说：“我不想让恐惧或癌症来定义我，但它们一直在我的脑海里。”他接着说：“癌症不会让我慢下来。我想让人们知道，你仍然可以过充实的生活，继续前进。我会好起来的，但这需要一段时间。”这是他性格中思维与行动闭环行动的过程：他决定战斗，他把计划付诸实践，大脑传达了他的使命。在多次的媒体见面会上，他把自己变成了另一种英雄：癌症幸存者。这一选择反映了他对形势的理解，对他自己、对很多依赖他的人或者以他为榜样的人而言，此种态度意义非凡。这是佐恩没想到的，但这种新局面又转化成一个新的领导机会。

佐恩有顽强的韧性。韧性是一种直面焦虑和挫折，并能够振作起来克服负面情绪的能力。有时你会恢复得像以前一样；

然而，最好的情况是，利用这一过程中学到的经验，把自己变成一个更强大、更具韧性的人。

佐恩告诉《人物》杂志："我认为在癌症领域，人们普遍认为有赢家也有输家。战胜了癌症，你就赢了；否则你就死了。但事实是，我尽我所能战胜癌症，我做到了。但它又复发了。那也没关系……我不是失败者。世界上有数以百万计的人身患癌症，但你仍然可以过上充实的生活。你可以去工作，养家糊口，向前冲。这就是我要做的。"佐恩不断磨炼自己对当前处境的看法。他没有用虚假的希望欺骗自己，也没有让自己崩溃。

佐恩告诉我们："关注他人的困境对你的痊愈也有一些帮助。科学研究证明了这一点。所以我有意识地选择公开我生活的细节。这有助于我去帮助别人。这既自私又无私。如果我能在自己的危机中做出改变，这也是一件好事。"

有了对形势的准确描述，他就能增强自己的信心，继续战斗下去。佐恩今天依然是一名癌症幸存者。

◎◎◎

常常用孤独来形容领导者，尤其是在面对糟糕局面时，更要刻意强调自己的孤独。身边境况越糟，就越感到孤独。当情况真的糟糕到极限时，孤立感会包围你。

如果你发现自己在一个糟糕的环境中感到孤独，这很可能是使自己扩大能力边界的机会。这种韧性对于大型手术的复原乃至危机中波及更多人的复原都至关重要。如果你在自己身上找不到这种品质，那么你的追随者可能就缺乏这种韧性。

这是伊桑·佐恩的教训。培养你的应变能力对于把控面临的许多情况至关重要。生活不是线性的，它是复杂的。生活中充满了意想不到的支点。你每天都会面对许多不确定，所以是否应该放弃计划呢？答案是否定的。计划是一种方向性的指引，而不是决定性的命令。周边环境具有动态性。要适应周围的世界，同样也要听从内心的声音。否则就有可能错失良机，或者面临不必要的挫折。

我们需要这样一种心态：不断地充分感知、理解周围环境，定位自我。只有这样，身为领导者的你才能真正整合所有人的力量，其中包括那些与你有关联的人，那些向你寻求指导的人（譬如团队下属、公司上级领导、跨部门同事或其他公司同行）。因此，联通力这是我们下一章的主题。

自我发问

- 在日常情况下，比如员工会议、与朋友外出，或通过机场安检办理登机手续时，抓住这些碎片时间做一下思维与行动闭环练习。你有什么感受？你漏掉了什么？你的定位和预测准确度有多高？你的决定正确吗？你是如何促成事情的发生并传达你的意图的？这个练习对你的行动有什么影响？
- 将思维与行动闭环应用到危机处理中，可以是个人危机，也可以是重大的组织危机。你的感知是否全面？你是否用了正确的方法进行自我定位？你预测的准确度如何？转向思维与行动闭环的行动环节，你的决定达到预期了吗？是否按计划实施？你的沟通发挥作用了吗？

- 回忆一下，在职业生涯或个人生活中，你被他人要求做出改变。这期间发生了什么？是什么促成了这种改变？是什么妨碍了改变的发生？你的支点是否帮助了你，抑或使你的情况变得更加糟糕？

8

维度 3-1：建立联通力

YOU'RE IT

至此，我们希望你已经完全领会，元领导力不单单是指领导团队的一套操练工具。实际上，它也是一种系统的思考和行动方式，既能提醒你危机和变化中重大的元时刻，也能告知你必须做出哪些常规的决定。

不管你是一个人还是一个团队，最终这都是与你有关的事情。你要时刻准备着迅速进行调整，一旦这么做，其他人也得准备好与你一起调整。

作为元领导力维度之一的联通力是一种社交性质的活动，旨在培养、塑造和构建人与人之间的关系，确保团队朝着共同方向努力。利用这些关系，众人一起合作所能缔造的成就，要远远超过仅凭个人努力获得的成就。

为什么要建立联通力

当你在元领导时，需要和很多人以及企业打交道，无论是老板、员工、客户、旁观者、媒体还是投资者，他们都与发生的事情有着某种联系或利害关系。

你面临一种选择，将每个参与进来或者相继离开的人视为独立的、彼此竞争的、无序的个体。一旦发生混乱，组织壁垒将被放大，变革阻力有所增加。杂乱无章加剧了混乱，导致分歧加大，重复工作增多。由于缺乏协调、协作或凝聚力，没有制衡，结果就是加剧了混乱和无序。

另一种选择是恰当地利用元领导力的第三个维度——联通力，以便所有参与者都投入一个共同的目标中。他们凝聚在一起，分享所知的信息、所做的工作，以及希望实现的目标。由于条理清晰，任务一致，人与人之间相互合作。每个人都各尽其责并协助别人完成任务，相互尊重，忠于职守。人们彼此信任，彼此团结。由此产生的善意提高了生产效率，增强了彼此之间的协作，从而有助于取得更好的成就。

努力建立连接，或者成为其中一员，是你作为元领导者应该扮演的角色。

◎◎◎

我们在“9·11”事件后建立了国家应急领导力项目。这个项目开启了我们对危机领导力的探索，将其作为国家更好地准备和应对大规模灾难的一种方式。那个时候，我们经常抱怨普遍存在的“筒仓心态”，各组织和各部门之间的协同工作原本旨在保障国家更加安全，现在却彼此孤立地运作。联邦机构之间毫无合作，各机构、各部门、各办事处分别采取行动。联邦政府没有与州政府和地方政府充分合作，私人企业和非营利部门经常被排斥在外。信息、资产、经验和关系网络都没有得到及时有效的联动。“9 · 11”事件之后，联邦政府意识到这种非联通性对于国家来说已构成缺陷。

为了弥补这一缺陷，2002 年美国国土安全部得以成立，22 个独立的联邦机构被合并为一个实体，以便更好地协调行动。然而，完成这一使命需要的不仅仅是政府机构的改革，打造真正的互联互通需要的是一种元领导责任。6 年以后，美国国土安全部部长迈克尔 · 切尔托夫在哈佛大学向国家应急领导力项目的成员发表演讲时指出：“我是第一位内阁级秘书，工作职责就是元领导。”

我们重新提出了这个问题：如果不拆除筒仓，怎样才能让这些筒仓更好地联动起来，并通过联通力，使其作用得到放大？这个想法得到了大家的推崇。在组织中，筒仓实际上具有重要的功能，它意味着专门的知识和技能。例如，如果翻船了，就需要海岸警卫队实施援救。同样，如果患有心脏病，就需要去心脏内科重症监护室治疗。一个强大的财务部门必须处理复杂的收入、费用、税收和法规遵从等问题。强大的筒仓不仅能够培养熟练地应对复杂工作环境的能力，还能令人感到安心和舒适，尤其是在巨大压力或危机面前。

所以，筒仓本身并不是问题，问题出在各环节之间缺乏沟通和联系。筒仓鼓励对内在的专注，极力阻止公开透明以及与其他筒仓的合作。作为元领导者，你欣赏筒仓，因为它能创造价值，同时通过更广泛的参与为更大的成功创造动力。连接并授予筒仓一定的权力是元领导者在跨部门和拓展领导边界时追求的目标。影响力是你必不可少的工具。

通过我们在国家应急领导力项目的工作，在领导者之间以及组织的不同部门之间建立联系，这已成为一种策略，减少了筒仓思维和行为造成的损害。例如，从 2007 年到 2012 年，我们举办了由美国疾病控制与预防中心、疾病控制与预防中心基金会和罗伯特·伍德·约翰逊基金会共同主办的应急元领导峰会。这次活动把美国的 32 个社区的政府机构、私营企业和社区组织召集在一起。由于峰会参与者欣然接受合作，新的机遇显露出来。

在应对飓风或恐怖主义事件的大规模行动中，建立连接的益处尤为明显。个体领导者不知道如何做出全面的应对，也没有拥有足够的资源，因为在一个地方没有足够的资金、专业知识或能力。我们意识到，当你掌握全局并了解各部分之间的联系时，新的能力和才能就会涌现，连接成为我们的核心战略。

我们还意识到，应当通过创造机会（包括认可和奖励），克服筒仓带来的对抗，鼓励共享来解决问题。这些激励措施使元领导目标更易于实现。通过认可跨仓绩效来补充筒仓内嵌的典型激励结构，并从中获得价值。无论是问题还是机会，当你用共享企业的收益来取代传统的竞争和冲突时，你可以提高所能实现的目标。

随着元领导模式的成熟，我们将这种联通力前提扩展到商业组织、政府机构和非营利组织的日常工作中。因此，连接成为一种实践，以增强个人、部门或办公室作为更大整体的一部分的功能。这是元领导的一个基本前提。

◎◎◎

沃尔特·厄普顿是Upton and Partners（厄普顿及其合作伙伴）公司的首席执行官，这是一家总部位于波士顿的房地产开发和项目管理公司，负责监督大型公共建筑的规划和建设。

厄普顿拿下了一份合同，他将担任著名的波士顿美术博物馆分馆“美洲艺术之翼”扩建项目的开发和施工总监。这是一个世纪以来这座享有盛誉的博物馆迎来的最重要的扩建，是一项重要任务。这座引人注目的20万平方英尺（近1.9万平方米）的新楼连接着现有的建筑，修建这座建筑期间既没有关闭博物馆，也没有挪动任何无价之宝。这项规划雄心勃勃，但是预算有限，而且最后期限是固定的，所以施工就成了工程和后勤保障的重中之重。

另一个细节是，厄普顿实际上是在扩建开始前18个月里被任命的第四位项目经理。四名担任该职位的经理中已有三名被解雇。当厄普顿接手时，他从一开始就知道自己面临着艰巨的挑战。他说：“这个项目是公开的，而且非常引人注目。项目涉及一名位高权重的董事会成员，他既是博物馆馆长，也是一位著名的建筑师，他的主要办公地点在大洋彼岸的伦敦，是世界上最重要的艺术收藏地之一。项目工作人员既有来自意大利的工匠，也有来自工会的钢铁工人。项目在物质、政治和经济领域都广受关注。”

该项目也是一项重要的元领导任务。厄普顿责任巨大，权限也最高：通过影响力来展现他的优势。他必须向捐赠者和博物馆馆长介绍情况，这些捐赠者为该项目的建设贡献了巨额资金。他相信他能带领团队中的同事和他一起工作，尽管他知道他们必将遭受异议，而他必须支持他们，以协调复杂且容易发生冲突的操作。他找到了建筑设计师、建筑公司和供应商投入这份工作中来，其中一些人并没有直接与博物馆签约。

他的项目管理和施工资质使他得到了这份工作，厄普顿对此充满了感激。然而，决定成败的是他的元领导能力。他必须领导——让人们同时从各个方面跟上他的步伐。

他告诉我们："你不仅要管理后勤，还要懂得人的心理。"早些时候，他创建了一个庞大的组织结构图，包括他的团队、主要捐赠者、博物馆董事会和管理层、政府官员，以及他最终需要支持的所有人。

"我希望能够看到所有的参与人。"他解释道，并描述了在这种情况下他是如何建立联系的。他告诉我们他每天都在"执行任务"："如果你被别人看到，尤其是被其他公司的人看到，人们会认为你了解事情的整个过程。你得学会倾听。每个工作都是不同的，所以你必须一直学习。在解决'人'的问题时，你必须心怀宽容。你必须学会在解决问题的过程中建立自信。该做决定的时候，你必须做出决定。而且你偶尔也得认个错以保证工作进行下去，因为你不总是对的。"

他在这一过程中学到了至关重要的元领导经验教训。"明确权力级别，这样你就知道随着事态的发展，底线在哪里。"厄普顿说，"你想知道谁拥有权力，你拥有多少权力，以及你的上级拥有多少权力。当与分包商打交道时，你没有全部权力，所以你必须小心合同的方方面面：范围、成本和进度。你必须见见他们，去他们的店里——观察他们的态度和能力。”

他领导的强有力的项目执行委员会由 6 位有影响力的受托人组成，领导的关键是要建立一个清晰的流程，让他们明确事情的进展。在这个项目中，他们每两周至少见一次面。

“如果你有一个问题没有解决，你就有麻烦了。”厄普顿说，“要创造一个安全的环境，将所有问题公之于众，然后做出决定。”

还有一个“匿名”捐赠者——他的身份是众所周知的秘密——有他自己的议程。到了挑选总承包商的时候，厄普顿知道谁最适合这项工作，然而，他希望这个决定也是他们的受托人和匿名捐赠者的决定——只要这是正确的决定。他推荐的承包商（最终被选中）从未被项目业主起诉过。这是影响人际关系和工作质量的关键因素。厄普顿有意寻找一家具有悠久历史的总承包商，这个总承包商倾向于建立伙伴关系，而不是敌对关系——换句话说，是一个很好的联系人。这不仅对项目有好处，也让厄普顿的元领导更容易。

许多问题需要厄普顿运用社交手段进行沟通，比如建筑物的外墙选择什么样的石材，这是引起广泛争议的话题。他们走遍全球，采集不同的石头样本。他们建造了 10 个模型，众说纷纭，各有所爱。建筑师首选的方法（也是最昂贵的方法）是重新启动一个封闭的意大利采石场，以开采当地的黑色大理石。在某种灯光下，这种黑色大理石看起来令人印象深刻，但在另一种灯光下，则显得不祥和可怕，有人对此表示担忧。不过建筑师团队坚持向受托人提出他们的建议。

厄普顿不想卷入这场争论中，即使结果与他有明显的利害关系。但他还是为建筑师团队安排了会议，向受托人讲解他们的选择，并组织讨论来确认受托人是否赞成。厄普顿知道决定权在受托人手中，他也清楚自己想要的选择，以便按预算和计划进行工作。然而，直接倡导自己的意见会使他与建筑师对立，会对项目的其他环节产生负面影响。即使受委托人尊重建筑师的远见和专业知识，厄普顿相信受托人一样关心财务和时间安排。他相信他们会在权衡所有相关因素时谨慎行事。

在建筑师团队展示完之后，董事会决定使用来自缅因州迪尔岛附近的灰色大理石。它很美观，价格合理，交货也不成问题。这是一次虽小但意义重大的胜利，也是对厄普顿项目管理能力的一次重要考验。

对于是否要在顶层画廊中安装百叶窗也存在争议。项目建筑师始终保持坚决的态度。建筑团队坚持使用百叶窗，匿名捐赠者的团队则表示“坚决反对”。厄普顿知道优柔寡断会严重耽误工作，他还意识到不用百叶窗将给项目带来重大改变，这种改变要多花费 100 万美元。捐赠者的代表不想使用百叶窗，甚至不想承担改变计划所增加的费用。厄普顿作为决策者感到为难，他最终给出了保留百叶窗的方案。从建筑师角度来说，厄普顿支持他们的设计方案，并为他们赢得了尊重。从捐赠者角度来说，厄普顿监护预算，赢得了捐赠人的信任。他使双方都很满意，设法使项目正常运转。

厄普顿为元领导人提供了政治建议：寻找并与懂政治的盟友建立联系，尤其是在你不了解政治的情况下。他说："我结交了一些懂得当前形势的盟友。如果没有他们，我在政治上就会盲目行事。因此，我得以保护自己。通常，你需要这些盟友提供大量信息来做出判断，而从局外人来看，你的判断可能过于武断。作为领导者，你必须向许多相关人员提供指导，然后承担后果。诚实面对自己的优缺点，建立自己的团队来弥补自己的不足。最终，在这样的工作中，你必须负起责任。"

他还说："作为一名领导者，你应该平衡决策行为。告知利益相关者将要发生的事情，把它摆到桌面上来谈，同时也要承认所有的决定不全是对的，有时最坏的情况可能是没有决定。"

2010 年 11 月 20 日，拥有 53 个新画廊和 5 000 多件艺术作品的"美洲艺术之翼"新馆开幕，好评如潮。厄普顿和他的团队成功地完成了项目。

地图 – 差距 – 给予 – 获取

你的元领导项目可能不像厄普顿的项目那样受到公众瞩目或雄心勃勃。不过他的故事还是很有启发性的。为了完成这个项目，他努力建立起必要的联系。在一项庞大而复杂的活动中，他目睹了每个人的积极参与过程。他参与其中了解情况，并在此过程中学习、教导，从而获得影响力。厄普顿能够本着对项目有益的原则做出决策，虽然他经常不动声色。他尽其所能，以他的方式进行管理。他掌握重要的人际关系，以及一个人如何影响他人，利用这些知识和关系在需要他关注和支持的地方发挥作用，他清楚地觉察到了一些障碍。

厄普顿承认许多利益相关者有时会有不同的动机，他能够形成相互接受的——或者至少是相互容忍的——解决方案，来指导项目克服障碍。最重要的是，在他的协调下，他认识到一组活动与其他活动之间以及一群人与其他群体之间的联系。他还意识到每个决定和行动对整个企业的影响。正是这种敏感性和理解力（元领导思维模式本质），使他继续从事这个项目，并确保项目正常运转。为了帮助其他领导人取得类似的成果，我们开发了“地图－差距－给予－获取”工具，用于建立联系。这个“地图”勾勒出形势发展轮廓（包含正在发生或即将发生的事情）。厄普顿的详细项目计划结合包括所有利益相关者在内的一张扩展组织结构图，以此来创建一张他将要面临的形势图。

厄普顿经常待在工作现场，并定期与主要成员会面，他能够发现“差距”（本应发生的事情与实际情况之间的差距）。他没有权力命令人们满足他的每一个要求。相反，为了解决外墙大理石和画廊百叶窗之间的冲突，厄普顿巧妙地以利益相关者能够接受的方式妥当地解决了矛盾。他仔细剖析“给予”（既有实实在在的东西，如金钱；也有形而上的东西，如美学），这使利益相关者有机会探索各自愿意给予的东西，而“获取”（交易）是为了推动项目进行下去（“我会保留百叶窗，因为我将避免增加100万美元的预算”）。

“地图－差距－给予－获取”使用四个简单的词组成，是一种复杂而关键的推测工具。你运用超越权威的影响力说服其他人联合起来。无论是翻修一座著名的博物馆，还是准备应对一场重大危机，你都可以将人员组织起来，利用他们多方面的能力。当你领导一个新成立的综合性卫生系统时，你可以更好、更有效地满足患者的健康需求，而且通过连接不同的部门、专业和服务来控制成本。如果你的企业正在装配一个复杂的全球供应链，你将与供应商和其他影响货物流动的人建立联系，包括政府、非政府组织、托运人、贸易组织和当地社区。

◎◎◎

国土安全部部长珍妮特·纳波利塔诺任命海岸警卫队司令萨德·艾伦上将担任墨西哥湾深水地平线原油泄漏事件的高层指挥官，此后不久，她又任命海军少将彼得·奈芬格担任艾伦的副手。

我们观察了2010年5月7日奈芬格在新奥尔良就任时的表现。当时奈芬格正准备上交他的第一次每日简报，报告海上和岸上发生的事情。

第一场“会面”是上午10点的“州长电话”，这将成为整个响应过程中的日常惯例。直面危机事件的州长通过电话会议连线联邦机构的相关领导和负责领导应急响应工作的白宫工作人员。奈芬格每天都报告海岸警卫队掌握的情况和现场的情况。第一天有人告诉他四个州长将会随时待命，因此他做了相应的准备。接下来他开始点名，三个州的州长回答“到”。

在 40 分钟的时间里，奈芬格介绍了有关情况，并就相关问题做了回复。他概述了墨西哥湾原油泄漏的最新情况，每个州为防止泄漏而聚集起来的资源和资产，以及为限制对沿岸地区造成的损害而做的努力。鉴于情况紧急，覆盖范围很广，而且吸附泄漏原油的物资有限，有必要进行一次地图－差距－给予－获取模式的推演。

突然，一个响亮的声音气势汹汹地从扬声器里传出来："我就知道，你们又这样！"一阵令人不安的沉默之后，奈芬格开口问道："请问您是哪位？"总统高级顾问瓦莱丽·贾勒特作为白宫代表旁听，她在电话中听出来那个激动的声音是谁，便说道："欢迎第四名州长接听电话。"州长开始了长篇大论，怒斥发言人在讨论每个州的努力时没有提到他的州。众人再一次陷入了沉默。奈芬格和缓地说道："对不起，先生，如果我知道您在，我就会谈谈您的州了。"州长回应，他和他的工作人员一直在静静地听着，看看会发生什么事。他说："就像卡特里娜飓风一样，其他州得到了关注和支持，而他的州却被忽视了。"这位州长发现了差距，这会影响他的州，于是他准备争论。

这位州长开始提出对资源的需求，包括在靠近海岸的地方部署螺纹状的防油对策。这些要求是他获取的。奈芬格尽力概述了这位州长所在州目前所做的努力，不过他指出，最初的努力主要集中在那些面临更紧迫危险的州。州长怒不可遏，要求奈芬格给他打电话进行一对一的谈话。奈芬格同意了，电话会议结束了。

指挥中心长时间沉默。奈芬格看起来筋疲力尽。

“上将,”伦纳德说,“您现在心情很糟糕吧。”

“你说得对,”奈芬格表示赞同,“我现在感觉非常糟糕。”那位州长也是。

◎◎◎

奈芬格的经历提供了一个有用的参考框架——地图(多个利益相关者受到不同影响的情况)。这四个州面临不同的风险。各州州长狭隘地关注各自的管辖范围和选民(他们的差距和收获)。然而,奈芬格广泛地审视了海湾地区应对措施的总体要求和资源分配情况。考虑到有限的资源,他能给谁什么东西呢?

在华盛顿,地图－差距－给予－获取的公式则大不相同。官员们既关心漏油事件的政治影响和表面影响——选民和媒体如何看待,也关心漏油事件应对方案的技术细节。因此,他们在讨论漏油事件时求助于政治顾问和主题专家。奥巴马政府不希望这次活动成为“奥巴马的卡特里娜飓风”,这一结果将使新政府蒙受损失,并对他们的政治未来产生短期乃至长期影响。

地方官员则持务实、脚踏实地的观点。在应对原油泄漏的过程中,路易斯安那州普拉克明小镇镇长比利·农格塞尔每天都接受美国有线电视新闻网安德森·库珀的采访,每晚都指责联邦政府玩忽职守(一个全国性的广播和令人尴尬的差距)。当海岸警卫队最终派出一名联络官与他合作并回应他的担忧时(一个“给予”),农格塞尔与库珀分享了他新获得的满足感。这不再有新闻价值，每日的采访就此结束。农格塞尔的沉默是陷入困境的联邦官员的一个收获。

后来，奈芬格回忆说，与州长的一对一电话完全改变了他对这种情况下领导角色的看法。他抵达新奥尔良，准备处理墨西哥湾漏油事件。在那里的头几天，他意识到漏油事件本身只是许多需要他注意的情况中的一个。奈芬格必须区别看待和理解每一个独立的事件——包括政治事件——既要分开来看，又要视其为整个事件的一部分。奈芬格的元领导挑战的本质是处理这些相互关联的情况，并在可能的情况下，使事件朝积极的一面发展。

态势连接图

对于同为元领导者的你而言，你可能面对的是首席执行官而不是州长，是部门领导而不是小镇镇长。然而，态势是相似的：在事态扩大时，谁发挥了怎样的作用？你如何指望他们表现良好？他们感知到的风险和潜在回报是什么？他们的动机是什么？他们的基本倾向是什么？你将如何引导他们？你一旦开始深入地考虑这些因素，就越来越不会对事态的发展感到惊讶或心烦意乱。驱动思维与行动闭环以了解各种情况。使用“立方体中的锥体”来从不同角度看问题。应用地图 – 差距 – 给予 – 获取的实践，构建联通的交流平台。运用最终结果来捍卫令人鼓舞的前景，激发共同努力。

在推动联通方面，你的挑战是要了解不同的利益相关者如何保持一致、有何差异以及如何竞争。信息越准确，你分配有限资源的效率就越高。越善于理解不同的动机和兴趣，你就越能明智地引导自己和他人，从而达到最佳效果。

考虑到奈芬格在墨西哥湾原油泄漏事件中的经验，我们开发了态势连接图，以帮助领导人应对复杂性。它是一种可视化且适用于多个子场景的方法，能够确定每个子场景中的涉众，并识别它们之间的联系。墨西哥湾的原油泄漏不是个例。它涉及许多情况，包括政治、环境、经济、卫生和文化等。作为一名元领导者，你的工作是查看和绘制利益相关者的完整地图，并建立必要的连接，以满足当前的情况。

◎◎◎

要创建你的态势连接图，请以主要事件为核心画一个圆圈，并用子情境包围它（见图 8.1）。为每种情况添加涉众。寻找联系、联盟和冲突（地图 – 差距 – 给予 – 获取）。当你向地图添加内容时，假设有一个广泛的元视角，直到你捕获了一系列关键主题、压力点、不断发展的问题以及可能的解决方案。

创建地图后，请暂时将其放在一旁。当你重新了解它时，你可能会发现还有许多要添加的内容。在做了几次这样的练习之后，你会发现自己在实时追踪大脑中的关系链条。它将成为你的第二天性。

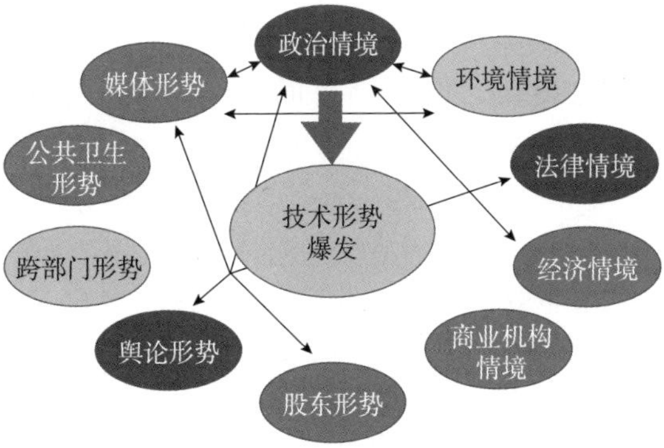

图 8.1　危机中存在多个独立的子场景

你和其他人的目标是感知核心模式，这将帮助你预测下一步可能发生的事情。应用思维与行动闭环。如果你的感知是正确的，即使信息不完整，你也将处于领先地位。如果你落后，事态的发展将会超越你。作为元领导，你要具有前瞻性。预测并指导活动，以保持自己和追随者领先一步。

在此过程中，重要的不仅仅是识别你熟悉的模式。你要积极参与发现和熟悉新事物。通过接受新的经验，获得新的技能并吸引各种各样的人来组建新的模式。如果危机发生在其他地方，最终你要亲自去查看。

◎◎◎

当你考虑给予和获取时，请考虑建立连接的基础：连接是建立在组织协议、个人关系、共同利益、共同价值、合同或结合这几方面之上吗？评估对这几方面的安排：这些安排是正式的铭记，还是非正式的了解？评估这些因素的素质：你是否在正确的时间，用合适的方式，与正确的人、组织和资源建立了联系，从而使你们能够为共同的理想结果而一起奋斗？判断连接的坚固性和适应性：这种联通力会通过人员变动或市场变化而持续下去吗？

这不是非此即彼的问题：联通力的颜色沿着光谱会出现阴影，反映出更强和更弱的联系。在你的人际网络中，无论是组织关系还是个人关系，谁是你较强的关系，谁是你较弱、较不可靠的关系？

联通力不仅仅局限于人际关系，它也是一个给予和获得的交易过程——一个旨在创造价值的市场。你希望通过你的连接获得什么？为了实现它，你愿意付出什么？你的人脉可能会提供有形的东西（金钱、空间、设备、数据）和无形的东西（认可、支持、介绍其他可能的关系）。在发现你可以提供的东西以及你希望获得的东西的过程中（潜在的付出和获得），你既要学习，又要告知他人。预期的交易重点、意图和结果是什么？你建立的融洽关系和形成的联通力激发了对新价值的追求：更深入参与企业中获得利益。

这些问题也有另一面。你不可能和每个人都有联系。你为公司带来的价值越大，就有越多的人希望与你建立联系。太多的联系会让你分心，让你偏离轨道。样样都做，你就会失去自己的使命，也不会照顾好自己。

要有策略地对待那些与你有联系的人（以及没有联系的人）。从网络的角度来考虑，你与其他组织的联系可能不直接承担着责任，而是通过中介、联系网络或专业协会的间接联系。清楚自己和他人的优先事项，并据此做出决定和采取行动。你的“态势连接图”可以成为构建策略网络的有用工具。

实践中的联通力

联通力首先是个人和社会的微妙暗示和沟通过程。在元领导的第一个维度中能够发现很多东西。个人的品质和选择倾向表明了个人对联通力的态度，而这种态度往往根植于个人的情商中。如果你天生擅长与他人建立联系，其他人会察觉到；同样，身为连接者的人也会很有兴趣地回应你。此外，如果你发现自己不擅长或抗拒人际关系（也许你是内向的人），别人会察觉到你的行为，不太可能让你参与其中。当你注意到其他人的暗示时，你也会传递这些暗示，你们彼此心领神会。

另一个因素是情境，即元领导力的第二个维度。联通力取决于多种因素。发生了什么事？什么因素会刺激行动？还有谁受到影响？他们如何看待这种情况？这种情况将如何影响重要的关系？参与方对每种情况都有不同的看法，他们可以推动事情的发展，也可以阻碍事情的成功。

在建立联通力方面，你有很多选择。确定你真正或潜在的朋友和帮助者，与他们建立积极联系，培养与他们的关系。

警惕那些可能会破坏或挫败你的努力的人——那些“反对”你的力量。但是，请不要与对手完全割裂。与他们交谈，你可能会学到重要和有意义的信息。记住中国军事学家孙子的一句话：“知己知彼，百战不殆。”

“竞争者”是一个相对的术语，在这个世界上，个人和组织在这一条战线上是彼此对立的，在另一条战线上则是合作者。例如，鞋类制造商耐克和阿迪达斯是零售市场上的激烈竞争对手。然而，它们通过安全工厂交流中心积极分享信息，以确保生产其产品的工厂遵守高道德标准。因为同一分包商经常为两家公司服务，所以每个工厂都将从协调的标准制定、报告和绩效审核中受益。

互联互通的一个重要方面是建立战略伙伴关系。仔细评估你拥有的连接关系和你需要进行的连接，以便完成你的优先事项。调查你的市场。可能你的竞争对手正在建立战略联盟，削弱你的价值或市场份额，考虑你可能采取的对策。将自己与潜在盟友隔离会使你和你的组织边缘化。将你发现的战略优势与你和其他人的目标连接起来并加以利用。

联通力的潜力无处不在。如果老板或下属之间存在友谊、同盟、恩惠关系，或有共同的经历，那么会对你和其他参与人的关系十分有帮助，请加以利用。如果你得到了老板的全力支持，你可以利用这一优势来刺激行动或增强紧迫感。这些财富会给你的努力带来额外的重要意义。

正确对待这一点对你的成功至关重要。建立协作和促进联通力是元领导能力的核心。元领导总是根据战略和情况不断地重新匹配目标。随着环境的变化，今天的竞争对手可能会成为明天热情的盟友，你要灵活应变。

◎◎◎

联通力具有价值。有时可以用美元来衡量，而在其他时候则以信誉和社区利益来衡量。施伦贝格尔（Schlumberger）公司青少年健康安全环境计划就是一个例子。它说明了地图－差距－给予－获取连接在起作用。

施伦贝格尔是一家全球性的能源服务公司。该公司在 85 个国家开展业务，员工超过 10 万人，来自 140 个国家。施伦贝格尔认识到 HSE（健康、安全和环境）对员工福祉和公司声誉的重要性，因此将 HSE 功能列为优先事项。虽然许多公司将 HSE 视为服从问题，但施伦贝格尔将卓越的 HSE 表现——从现场操作到行程监控和网络安全实践的所有方面——视为一种自律的心态，使其在市场上与众不同。

自 2014 年以来，我们一直与 HSE 高管合作，将元领导力融入公司的危机管理能力中。通用的词汇、工具和培训经验可以促进企业之间的联通力并保持一致。在掌握技能的同时建立了人际关系，所有这些都有助于公司的 HSE 工作建立联通力，并使施伦贝格尔的管理人员能够更好地在逆境中发挥领导作用，从自然灾害到他们所经营地区受到的地缘政治干扰。

在与该公司的合作中，我们遇到了一位初露锋芒的领导者，她分享了自己对联通力的广泛思考。缪丽尔·巴尔涅尔以实习生的身份加入施伦贝格尔公司。在这个岗位上，她帮助施伦贝格尔开发了青少年健康安全环境计划，以此与所在社区分享施伦贝格尔对 HSE 的承诺。现在她是一名全职员工，她对这个项目充满热情。“作为一个组织，我们在 HSE 方面拥有深厚的专业知识，”她指出，“我们认为，这些知识对于员工以外的普通人的日常生活也有用。”面向全球员工和非员工子女的青少年健康安全环境培训，针对有关 HSE 的主题进行教育，例如驾驶安全、艾滋病毒 / 艾滋病、疟疾保护、网络安全实践和人身安全等。每年，青少年健康安全环境计划为约 5 000 名儿童开设多达 200 个讲习班。

青少年健康安全环境计划促进了一系列利益相关者之间的联系，包括地方政府、社区、员工和公司管理层。在俄罗斯，尽管该计划必须得到政府的批准，但官员们在看到一个试点计划付诸实施后，热情地批准了该计划。该计划产生的商誉具有光环效应，有利于企业。巴尔涅尔说：“青少年健康安全环境计划使我们能够展示公司的核心价值观，以展示我们专业知识的各种方式与关键群体接触，激励了我们的员工，让人们更安全。这对每个人来说都是一场胜利。”

然而，最大的好处是对现实场景的影响。巴尔涅尔向我们介绍了阿布扎比的一项驾驶安全计划，该计划是专门为施伦贝格尔员工的子女制订的。阿联酋的校车座位上装有安全带，但是孩子们很少系上。不管来自哪里，孩子们似乎都喜欢挑战权威。在参加了青少年健康安全环境计划后，一个女孩让她的朋友们意识到系安全带很酷。几周后，她乘坐的公共汽车出了事故。“这原本可能造成一场灾难，”巴尔涅尔说，“但是，由于他们系着安全带，所以没有受到严重伤害。”

施伦贝格尔在计划中利用志愿者及其配偶作为培训师，建立了更多的联系。巴尔涅尔说，配偶的加入"在他们和施伦贝格尔之间创造了一种特殊的纽带和尊重""就像为孩子、孩子的朋友和整个社区举办青少年健康安全环境讲习班一样"。

巴尔涅尔着眼于更开阔视角下的 HSE 教育和培训，并从与儿童的合作中汲取了教训，继续探索改善公司的 HSE 项目的方法。其中一项变化是，为员工提供的成人 HSE 培训从教师指导、繁重的会议与 PPT 演示，转变为更具有吸引力的发现式练习和虚拟现实结合的交互式研讨会。

接下来是什么？巴尔涅尔想把"所有权交给孩子们"。她设想了一个青年领导力项目，通过这个项目，年轻人可以开发和设计项目，把 HSE 带到他们的社区。

青少年健康安全环境计划不仅是一家对公共关系感兴趣的大公司做出的"感觉良好"的姿态。事实上，施伦贝格尔对这一举措相当低调。他们确定了业务中的关键参与人，考虑了如何将他们联系起来，并采取了切实的、有意义的步骤来共享利益。高管们重视从与社区成员的元领导力连接中获得社会资本。这是他们在地图 – 差距 – 给予 – 获取中得到的锻炼。青少年健康安全环境计划只是这些努力的一个组成部分。

多方共赢

作为元领导，你知道你的成功与他人的成功是相互依存的，从下属到老板，从同事到外部利益相关者。你判断结果的标准是你是否成功，以及你身边有多少人成功。

今天的工作越来越注重团队合作。它更加复杂、相互依存和充满活力。信息流更加开放和民主。随着这些变化，组织变得更加平坦化和网络化。问责更快、更透明。员工敬业度越来越多地与整体绩效挂钩。组织中的人员流动频繁。情况变化得更快。团队迅速形成。

考虑到这种演变，联通力可以带来巨大的好处。允许他人对其共同完成的事情进行全面的投资并分享自豪感，会创造出一个更高效、更有弹性的企业。成功很少仅仅与一个人的付出有关。通常，它是许多人和组织精心校准的努力的结果，这些人和组织相互联系，能够为了一个共同的目标而共同努力。

领导力是动态的。这不是简单的选择，而是与他人建立连接或者与他人分离的问题。人及其处境会根据环境、关系和目标的改变而改变。元领导是一个不断调整的过程，平衡你的利益，你下属的利益，你所报告的人的利益，以及其他利益相关者的利益（详见第 11 章）。你会问道：“我们每个人都想要达到什么样的目标？”当这个问题有一个交叉的答案时，我们如何才能在战略上协调我们所做的事情？如何才能最好地实现这些共同的目标？

在接下来的两章中，我们将深入探讨两个不同的联通力条件：第一，受到权力关系影响的上下级关系；第二，在你的直接层级之外的关系中，正式的权威不那么重要。

自我发问

- 在你的许多领导活动中，联通力是如何变化的？你会做出哪些调整？你将如何实现这些改变？

- 抓住你遇到的一个问题或机会，应用“地图 – 差距 – 给予 – 获取”工具进行练习。你发现了什么？
- 你可以做些什么来提高你的个人能力以优化联通力？你是一个天生的交流者，还是说这是你需要努力去做的事情？

9

维度 3-2:
运用联通力

YOU’RE IT

社群，包括非人类社群，是存在等级秩序的，个体借由这一点理解他 / 它周边的环境，想一想办公室里的官僚制和亚马孙丛林中的猴群便能理解。个人相对于其他人的社会地位，是由他的实力、年龄、知识结构、专业能力、正式职位、冷静的品格或人格魅力来决定的。等级秩序受到不同的族群、文化、组织结构、团体动力学和价值观的影响，而且会代际传递。总之，等级制度有助于人们理解关系和生产力。

大部分研究将领导力归置于正统的组织系统中，在单一的组织体“四壁”范围内做出系统性的安排。在这种正统的组织框架中，最高层负责提高员工的工作效率、合规性和服从性。

尽管等级制领导有其重要性，但它只是开发联通力的一个方面。特别是在应对变革和危机时期，大部分领导活动是在正统的指挥框架之外进行的——你可能要和权力管辖范围以外的人员打交道，你面临的情况更多受到非正式因素的影响，而不由你的地位和权威来决定。要想做到控场，你得运用技巧，还得发挥灵活性，特别是在驾驭其他职权和权力结构时，更得如此。总之，你得全览大局，在元领导时懂得把握“元力”。

作为引导，我们将联通力划分为四个方向：向下领导你的直属下级，你对他们行使正式权限；向上领导你的上级，他对你行使正式的权限；在组织内部领导跨部门机构的利益相关者；以及我们在下一章将要讨论的，领导组织以外的人员。这是你可以发散的四个方向的领导力，如果情况需要，你也可以只强调一个方向。

◎◎◎

制度权威的形式正在发生变化。不同社会都在经历等级关系、劳动与生产关系以及社会期望的转变。有些变化是代际更替的（从长辈到晚辈），而另一些变化则反映了对数字化的热情与对模拟的忠实。人们现在更倾向于远程或者在共享空间办公，组织结构也更加扁平。既要应对变革，同时又要保证效率，对此人们应该有充分的认识。

通过元领导视角观察新的变化，以前的工作方式可能已经不适用于现在了。组织结构肯定与将来有所不同。并非每个组织或职能部门都会同步发展。在一家科技公司，一位富有远见的创始人具备使企业加速增长的“新”技能，尽管他缺乏“老派”的经验和专业知识来指导大公司建立所需的结构和纪律，但仍可能保持最高职位。归根结底，让合适的人做合适的工作是很重要的一件事——一个建立全面的人际关系网络的人，以高效的方式指导公司的工作和发展。

尽管我们的工作方式发生了变化，向下领导、向上领导以及跨部门之间的许多组织关系仍然由正式的权威、有序的沟通和建立决策结构来管理。即使是其他组织形式，也有描述各自职责的协议，如自我管理的分散的合同制度。每个组织中都有非正式的关系网和流程结构。无论你领导的是正式的组织关系，还是非正式的组织关系，相关人员之间都会形成一定的等级关系。这些等级揭示出谁更有影响力，谁更受尊重，谁能获得重要的资源。当你观察到不同的人及其对关系和决策的影响时，寻找机会，充分利用你的身份和所做的事情建立联系，共同努力。当你与其他人接触时，你所联通的环境会发生变化，所以结果也是动态变化的。

在组织内部，无论职位头衔大小，它都蕴含着权威，并以法律、政策、协议、组织结构图、合同和文化来支配你可以做什么、不能做什么。有时候你会更积极地行使那些特权，掌管一切，发布命令，成为指挥官；有时候你会完全支持追随者的意见，并让他们参与广泛的讨论。

◎◎◎

作为元领导者，你用“立方体中的锥体”的比喻来引出、整合并最终连接到不同的视角。每一个选择，无论方向如何，都是为了富有成效的过程并产生积极的结果。你不断地在服从与说服、速度与包容、法令与指引、权威与影响力之间维持平衡。最后，你要为自己的决策和结果负责，它们是你为了更好地联系和利用工作与人际关系而做出的努力。

要有制约和平衡机制，如制定决策的权力和规则，以确保一致性和避免伤害，限制任何人单独做事。大型组织分为业务部门、协作部门和综合部门等，每个部门都有各自的职能，有助于整个组织的运作。这些分工明确了各自的职责以及如何做出决策。“我也是”（Me Too）活动的一个教训在于，在许多组织中，这些制衡系统无法确保员工的安全和个人判断力。男上司（少数情况下也包括女上司）利用职权来掩饰（在某些情况下是制裁）性骚扰。向权力讲真话需要极大的勇气、毅力和领导才能，这样做可以提高义务感、责任感和个人安全感。

许多企业高管的错误之处在于，将性骚扰的报告或披露视为危机。其实不然。性骚扰本身就是危机，尤其是对当事人而言。首先从立方体中的窥视孔查看，其他事情都只是从原始事件叠加而成的。以公正、坚定、同情和透明的态度迅速解决第一个危机，从而更有效地处理随后的问题。否则，你会造成一个恶性循环的负面后果。

◎◎◎

社会正处于从工业时代到数字时代的演变过程中，许多组织的运作方式是两种趋势的结合。在数字网络里，新经济是基于知识、商品、服务和资金而不断流动的。因此，组织以及指挥系统内部的领导形式正在发生变化。流程变得更加动态，价值链变得更加复杂。今天的领导者通常是有远见、有创造力的人，他可以与他人建立联系并协作把控大局，推动事件的发展，根据变化的情况调整操作。你应该思考一下元领导。

今天，组织继续变得越来越复杂。大卫·克拉克哈特和杰弗里·汉森的研究表明，组织中的许多工作都是人们避开正式渠道，通过私下的关系网完成的。客户甚至竞争对手都参与了运营的多个方面。市场和新闻瞬息万变。创新和敏捷是很重要的。服务外包和战略联盟很常见。

作为领导者，你依靠无法完全控制的人员和实体来执行你可能无法完全理解的复杂技术。你评估何时部署严格控制的线性流程，何时依赖紧急的自我组织。你要学会适应下属的独立决策。你希望你的老板也这样。

你工作的一部分就是帮助别人解决问题。作为当今时代的元领导，你对权力的看法更加细致入微，而且运用起来更加灵活。在此我们再次看到，即使在正式的组织结构中，这种元领导力在解决现实中的挑战时会比权威应用起来更强大。

领导下属

通过一系列的命令，“领导下属”描述了你作为老板的职责。如果你创立了自己的公司，你就是老板，因为你的公司已经起步了。然而，大多数老板的工作都是别人给的。

随着领导事业的发展，你可能会发现每次升职都有越来越多的人管你叫老板。最终，你的直接下属会监督他们自己的下属。随着你的职责和工作范围的扩大，你的管理范围也在扩大。最后，在等级制度中你可能会领导数百甚至数千人。不断扩大的责任为你提供了发挥重大影响力的机会。你的员工会成为你完成任务的强有力武器。

老板有很多种：好老板，坏老板，以及介于两者之间的老板；有放任自流的老板，也有监工似的老板；有些老板只关心下一次的晋升，而有些老板为了保住目前的职位，除了处处设防，什么都不做。

作为老板，可以根据你的个性、培训、经验、从前任老板那里学到的教训与上级（比如首席执行官、董事会）的指示，以及你所处的大环境来制定领导下属的风格和策略。不过最终是通过你做出的决策来抉择你将成为什么类型的老板。

员工会追随你。在理想的世界里，你要精心挑选你的团队，确保他们拥有技能和态度，从而使你的工作令人满意。他们明白公司的重要事项，认真对待任务，提供新的想法，保持充沛的精力，甚至在工作过程中即使是吃力不讨好但必要的工作也欣然接受。然而，很少有老板会遇到如此完美的下属。在任何现有的组织中，你至少继承了团队的一部分以及遗留的文化。你要面对现实，积极处理。

当你领导下属时，你的元领导的一个目标是鼓励沟通，建立和发展你的团队以充分发挥他们的潜力。作为一名元领导者，可能会问：我如何才能将我们正在做的工作联系起来并加以利用，使其对我的利益相关者来说最富有成效、最令人满意？我如何帮助团队的每个成员取得成功（考虑到每个人的独特能力），然后我们一起取得成功？我如何支持我的下属，提供适当的独立性，在必要时进行干预，并允许他们在合理的范围内犯错误？我怎样才能最有效地激励他们的工作效率，并在出现问题时给予他们支持?

你的工作是向你的下属证明你重视并欣赏他们所做的工作，无论是个人还是集体。因此你鼓励他们每个人，重视并欣赏他们一起做的事情以及团队每个成员的独特贡献。因为在一起完成任务时会有更大的满足感和成功感，所以你们会完成更多的工作。你塑造了你的团队。

◎◎◎

埃里克·麦克纳尔蒂担任过许多管理职位。其中一个职位是在一个较大的组织中领导一个内部创意服务小组。他刚上任时，由于要在较短的时间内提出更多的产品创意而面临持续的压力，士气低落。下属们不得不把工作时间花在内部客户身上，而内部客户反过来又会因为维护公司的低成本而得到奖励。考虑到大型组织的管理费用，内部的费用高于与埃里克团队相竞争的外部自由职业者的费用，要在这场比赛中获胜是很困难的。

这个团队在公司内部几乎没有得到认可。获得荣誉的是他们的客户，因为该组织奖励带来收入和利润的行为，而不是奖励创收之际的附属品。

该部门的生存取决于为客户提供高质量的工作，而这一目标需要吸引和留住有才华的设计师。这些设计师是大单位中不起眼但又很关键的组成部分。当埃里克的一名最富有创造力和生产力的下属，在一次令人沮丧的客户会面后扬言要辞职时，他的心情糟糕透顶。如果埃里克不能勾勒出一个令人信服的愿景，为下属重新规划形势，让客户满意，那么他们很快就得开始寻找新工作了。

埃里克本可以向上级抱怨，争取更多的内部认可。然而他知道，任何这样的认可都是被迫的，对他的团队不会有太大帮助。在这种情况下，公司内部有明确的等级制度：创收业务部门在上层，支持部门在下面，这种情况不太可能发生改变。因为埃里克对上级领导的选择权有限，他必须用他所拥有的资源和想法来领导下属。他采取了双管齐下的方法来提高追随者的士气和积极性。

首先，他拿出一小笔预算，让团队提交作品参加外部设计大赛。他的团队将与外部自由职业者、广告公司和设计公司竞争。他们只参加以成绩为评判标准的比赛。这为参加竞赛提供了坚实的商业理由。

这样做有很多好处：他的员工和他们的工作受到了同行的评判，不受公司政治的影响，而且当他们获胜的时候（他们已经赢了好几次），团队会感到胜利的欣喜。获胜对设计师的职业生涯也有好处；让他们的作品参赛表明埃里克关心他们的下一步发展，无论是在公司内还是在其他地方。与此同时，他们的内部客户（他们的同事）也可以分享这一荣耀。它为团队赢得了亟须的信任，该信誉帮助建立了超出计费时间和期限的关系。为此，组织内部对他们的看法有所不同。

他的新方法的第二部分是一个非正统但耐人寻味的尝试，目的是改变团队的思维模式，建立成员的自信。埃里克引入了角色扮演的比喻——表演者的工作总是很出色，但却没有获得最高的报酬。小组谈到了仅仅从做好的工作中就能获得满足感。他们讨论了手工艺的重要性。他们分享了被合作者高度评价是多么令人高兴的事。他们开始建立自信，这种自信基于他们知道自己有多优秀，而不是基于他们在公司通报中获得了多少荣誉。

当这个团队探索这个想法的时候，演员布莱恩·丹内利出现了，成为他们都喜欢的某个角色。原来，丹内利是百老汇戏剧《推销员之死》的主角。埃里克决定带员工从波士顿到纽约去看演出。他还写信给丹内利，解释了他的目的，征询丹内利演出结束后能否与他的员工见面。值得高兴的是，这位演员同意了。

“对整个团队来说，这是伟大的一天，”埃里克回忆道，“我决定让公司为这一天的假期出资，但每个人都要自己支付看演出的门票钱，并承担去纽约的客车租金。丹内利在剧中扮演威利·洛曼，他演得很出色。每个人都被他的表演感动了。和他一起在后台待上几分钟对每个人来说都是一件幸事。虽然他表演完已感到筋疲力尽，但却分享了关于表演的独到见解。”

埃里克说：“它把我们凝聚成一个团队，发自内心的满足感变得鲜活起来。它巩固了我们团队的文化，使我们成为一个重视彼此贡献的集体。这次旅行也有点儿像非法冒险，因为我没有得到官方批准。这给了我‘老板的信誉’，让我成为一个敢于支持员工的人。”

让他的团队的设计作品参加比赛，带下属去看百老汇的演出，这不仅仅是用权威领导下属的例子，也证明了埃里克的元领导能力。他利用有限的权力帮助团队对他们所做的事情形成一种新的态度。因此他们在彼此和公司之间达成了新的平衡。工作效率随着工作满意度的提高而提高，团队成员（包括老板）重视并关心彼此。

◎◎◎

领导下属时遇到的最麻烦的事是下属故意捣乱、言谈不恰当、工作效率低下或行为不端。一旦发生这样的事，你作为老板最终是要承担责任的。你在自己的职权范围内工作，遵循程序和合同协议，包括通知、文件和申诉程序。

经过全面公正的审查后，你合理地决定终止与此人的雇佣关系。记住，评判你的标准不仅仅是一个员工的表现。你的所有其他员工都在关注你的反应，老板和同事也一样。你是公正而明智的，还是轻率和易怒的？你是否及时、清晰地意识到问题的存在？你对一名员工的行为如何影响了你与他人的关系？看到麻烦制造者离去，他们是松了一口气，还是觉得自己更脆弱，想知道自己是否会成为下一个离去的人？记住，要展示你的性格、价值观，以及你如何应对这种情况的优先权。

在形势好的时候，你和下属相处时会透露出很多信息。在形势糟糕的时候也一样，此时，你需要更多关注你的行为。你做的每件事都会影响下属的士气和工作效率。

◎◎◎

在向下领导员工时，你的言行会影响下属，为下属的行为、关系和结果定下基调。人们会注意到你做了什么，怎么迟到的。然后，他们以微妙和显著的方式模仿这些行为。同样，你制定的政策、程序和协议是由你的下属执行的。如果它们是清晰的、协作的、透明的，其他人在执行的过程中就会复制这些品质，每个人都能更好地协同工作。活动符合规定的目标。如果策略、过程和协议不清楚、存在冲突或不明确，那么你的下属传递的信息也是如此。不管是好是坏，这种“阴影效应”都会影响整个组织。

创建协作环境的第一步是在你的内部以及领导同行之间设定协作的基调。协同工作的开放性不断增加，为互动、政策和协议提供信息。作为元领导者，你说到做到。联通力成为组织内和组织间交易的期望，这种期望扩展到与客户的关系中。

在第 2 章中，我们提到了西南航空公司高管们设定的合作和支持的基调。这种态度一直延伸到空乘人员和登机口工作人员，并渗透到乘客的体验中。西南航空的日常工作和解决问题的表现都是由这些行为和政策决定的。没有哪家航空公司的表现总是完美的；然而，西南航空始终保持着良好的合作态度。

相反，当领导者设定了一种敌对和不信任的基调时，这种情绪同样会在整个组织内与组织外传播。冲突成为组织内部和组织间竞争的预期。政治姿态和小争斗可能会爆发。这种摩擦以及不和谐会在与客户、供应商和社群的关系中产生影响。从你的旅行经历来看，西南航空公司与其他一些航空公司形成了鲜明的对比，其他航空公司的空乘人员都很粗鲁，登机门的工作人员也很冷漠。他们不良的态度通常不是从他们开始的。相反，他们是阴影的延伸，因为从上层就传播着冲突和不信任的基调（见图 9.1）。

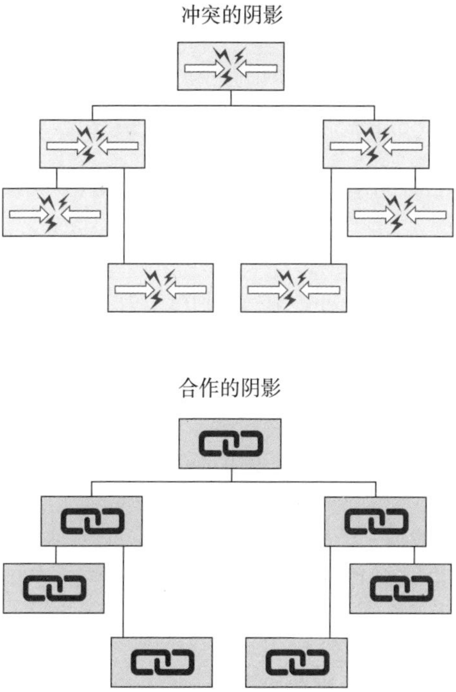

图 9.1 冲突与合作的阴影

当你领导下属时，你要为下属的持续就业和晋升设定条件。他们想要取悦你，想要得到你的接受和认可。他们复制你的行为、联系和表现。

领导上级

另外，你要对你的老板负责。如果你是一个中层管理者，你的老板可能还有一个老板。如果你是最高层老板，你仍然要向这些人负责：董事会、客户、全体选民。如果你在矩阵型组织中工作，你可能有多个老板。虽然你领导了许多人，但你只对一个或几个人负责。因此，你负责的那些人在你的职业生涯和成功中显得很重要。老板不同，你和他们的关系也不同。

你可以通过多种方式领导老板。你提供有关你负责的工作的报告和简介。如果你是一名主题专家，你可以就战略和业务优先事项提出建议。如果元领导力是“人们追随你”，通过这种关系，你的老板有时也会追随你，接受你的指导和引导。当你的老板处在低谷时，你是那个帮助他走出困境的人，你已经提供了一个潜在的职业拯救引导服务。

有些老板非常优秀。这些老板会把富有感染力的热情、动力和正直带到工作中，为他们工作是一件乐事。他们每天早上醒来都致力于想办法帮助你取得成功。他们做事公平，支持工作，鼓励他人。他们提供了有益的指导，并明确你的贡献和更大的使命之间的联系。一个好的老板重视你所做的事，并希望听到你的意见。不幸的是，这种类型的老板往往难以遇到。在很大程度上，你不能选择你的老板，你要适应担任这个职位的人。

为什么在引导上级时需要联通力？你的老板支持你实现目标，理解你对公司整体的贡献，这样你就能更好地利用你特定的权力。你的老板帮助你成功，你也反过来帮助你的老板成功。如果所有人都朝着相似的方向努力，那么整个企业都会受益。

这种关系在一定程度上是由你和老板之间的责任和直属关系决定的。你没有权力支配你的老板，而你的老板对你有支配权。然而，你可以找到一些方法来积极地影响这种关系，以促进工作的凝聚力。

◎◎◎

你对老板所做的事情感到困扰怎么办？它可能涉及优先事项、行为、决策或结果。不管原因是什么，你要敢于讲真话。

你觉得有必要表达相反的建议，提出异议或就不当活动将老板召唤出去，或者你选择不这样做。这是引导领导最敏感的一面。你打算开诚布公地交流从而加强与老板的关系，而不是以对抗的方式结束交流。

当你向老板表达相反的建议时，你要谨慎和深思熟虑。你要准确、恭敬地表达你的担忧、反对和其他意见。思考一下你的行动和建议，怎样才能改变这种情况。你应该敞开心扉倾听老板的解释，因为你可能不了解老板所知道的一切，比如其他的商业考虑或明显的个人因素。你要注意肢体语言，尽可能准确地了解情况并帮助老板也这样做。

如果一个重要的承包商付钱给当地官员以获得优惠待遇，那该怎么办？如果该公司将不合格产品从一个市场出售到另一个监管标准较低的市场，那该怎么办？如果你是政府主题专家，而你负责的当选官员在危机期间不负责任地行事，那该怎么办？如果你发现你的老板和直接下属有暧昧关系，那该怎么办？这些例子都是有实际案例的。所有这些情况都会带来某种后果，如果可能，你要确保这些事情不会发生。

当你意识到行为非常不妥时，作为一个追随者，你的义务是什么？如果有人违法，而你顺从，那么你可能是法律意义上的同谋。“我只是奉命行事”不能免除道德责任或法律起诉。如果他们尊重你，诚实正直的老板会欣赏你的直率。赞同更广泛的目标与简单地按自己的方式行事是截然不同的。

挑战当权者并不一定会被解雇。事实上，它甚至可能对你的职业生涯有益。关键在于方法。如果你做得正确，就能委以重任。当你表现出承担风险的勇气时，你会做出很多承诺。你的坦率可以使老板和组织避免一个代价昂贵的错误。

有些老板希望你在任何情况下都能保留自己的意见。对这位老板来说，个人忠诚胜过组织责任。如果这是你的老板，那么对你来说，明白处境中潜在的冲突至关重要：你不仅为你的老板工作，也为组织工作。工作中请记录你的问题、建议和想法。你以后可能需要一份你所做承诺的记录，以及你对此事的反应，尤其是在可能面临法律后果的情况下。

考虑这些问题需要思考你的价值观、公平感和核心信念。它迫使你思考，作为一个下属、一个有道德的人、一个养家糊口的人，这种情况对你来说意味着什么。如果你家的生活不需要靠你这份工作来维持，那么说真话就容易多了。如果你家庭的经济安全受到威胁，你可能会闭上嘴巴。这是一个强大而敏感的理由，值得关注。但是它不能成为逃避决定的借口，不管决定有多么困难。

面对当权者，你很可能会陷入困境。站起来，走出去。仔细权衡选择和后果。提醒自己为什么真相是重要的。找到并画出一条线——平衡你认为重要的事情，你与面对的人的关系，以及对所有利益相关者的影响——这是你作为元领导者的责任。

从长远来看，采取最好的行动方案。讲出你看到的事实，确信它在短期内会让你感到不舒服。当回忆在特定情况下你是否做对了事情以及是否达到了预期的效果时，回顾过去，评估你所做的事情以及如何去做就变得异常清晰。

首先看看你自己，这是第一个维度。反思一下什么是良知。还困惑吗？在前面的章节中，我们建议通过抛硬币来揭示潜意识想要走的路。抛硬币时留意出现每个选项时的情绪反应。

现在扭转局面，以老板的心态重读最后几段。你希望你的下属如何表现？这个练习可能会让你不舒服，会心情郁闷。然而，如果你想要下属和外部承包商是直率的、透明的，如果你喜欢在问题还在起步阶段时就解决它们，如果你重视了解真实的情况，那么你必须准备好并愿意倾听别人对你说真话。

詹姆斯·邓恩是投资银行桑德勒·奥尼尔+合伙人（Sandler O'Neil+Partners）公司的高级总经理。你将在下一章更详细地了解他。在与我们的讨论中，他清楚地表达了他对向当权者说出真相的看法："我希望坏消息快点找到我。我想让大家都知道，快速告诉我坏消息实际上让我心情很好，这会让我有更多的时间来解决这个问题。搞砸一次不会让你被解雇，但掩盖事实会让你每次都被解雇。隐瞒坏消息只会让事情变得更糟。"这种态度需要力量和勇气。当你成为领导者的时候，你就会集中这些特质，成为那些勇于说出坏消息的人的榜样。

◎◎◎

马克·马蒂厄是一名充满活力的营销策略师。他曾为几家大型企业工作，包括法国食品集团达能、全球饮料制造商可口可乐、英荷消费品公司联合利华，还有电子产品制造商三星。作为一名精明而有经验的权威和权力的观察者，他知道拥有它们（不拥有它们）时该如何工作。

“在未来的十到二十年里，”他告诉我们，“企业将不得不放弃高层的领导，拥抱底层的领导。”使命、愿景和方向都来自高层。“能量、想法和主动性都来自底层。”他看到权力正在发生转变。

他还说：“有两种人：一种是为了获得影响力而管理的人，他们愿意被解雇；另一种是为了获得投入而管理的人，他们希望自己有一份工作，因此他们只有在得到寻求和赞赏时才会投入。”

在早期的一个职位上，有人建议马蒂厄说：“在这里，你不必为难你的老板。”这个组织重视的是谨慎的投入，而不是大胆行为。他在那里干了 12 年，茁壮成长，必须接受自己不能选择上司的事实。他明白需要与他们合作，而不是与他们作对。

随着时间的推移，马蒂厄逐渐相信，对他来说，组织影响力是唯一的选择。他愿意坚持自己的原则。这种思维定式伴随着活力和动力，并不总能很好地融入企业权力结构中，因为在这种结构中，大胆的想法是受到质疑的。他继续前行。

在职业生涯的后期，当他被选择去负责企业营销，重振可口可乐品牌时，他给了未来老板两页纸的初步想法。他列出了工作中最重要的十个基本信念。要改变的是战略战术。对团队合作和品牌影响力的态度则不需要改变。马蒂厄想要确保他和老板的意见一致。如果不一致，他就不想接受这份工作。他凭借自己的能力成为有希望的候选人，并挑选自己的老板。他认为，在接受任何新工作或同意成为新老板之前，这是一个值得讨论的话题。你要弄清楚你的工作核心价值观和老板的是否一致。

然而，当你的工作对全球企业产生影响时，仅仅与老板保持一致可能是远远不够的。“我被请来重振品牌形象，部分原因是我是一个‘不受规矩约束的变革者’，我在工作中运用变革性的原则。”马蒂厄说，“然而，我没有充分意识到革命活动和态度疏远了制度权力。在未来的工作中，我越来越意识到要让高层人士（而不仅仅是老板）参与进来，不要疏远他们。”

马蒂厄的灵感来自那些为理想而非权力奋斗的人，比如马丁·路德·金和圣雄甘地。马蒂厄说：“为理想而战激励和感动了人们。为权力而战只会为领导者服务。”

马蒂厄可能不会为权力而战，然而，他清楚地知道如何使用它。利用对上级领导的深刻了解、对市场的洞察力以及对他的价值观的坚定承诺，他培养了保持真实自我的能力，带来了一股变革的力量。

跨部门领导

内部组织联通力的第三个方向是跨部门和其他领导——那些领导是组织内部其他部门、办公室或科室的负责人。这些人不在你的指挥范围之内，但在你的工作范围之内。你不能控制他们，他们也不能控制你。与他们在一起，你可能会有相同的老板和治理结构，这会影响你们所有人。这些都是打造跨部门连接的强有力的理由。

最好的组织通过调整“力量”来增强协作和生产效率。然而，当各个部门为了预算、认可或权威而相互争斗时，一个部门的成功就变成了其他部门的“对抗力量”。内部无情的组织在外部竞争力较弱，因为它们的大量努力和潜力都被内部竞争消耗了。

跨部门领导与越级领导不同，因为可以利用组织的内部权限来强制协调工作。老板可以命令中层管理者会面和合作（尽管他们有很多微妙的方式来抵制）。尽管人们期望同一个组织中的人在同一个团队中，但问题是，鼓励不同组织单位之间努力相互连接的最佳方式是什么？鼓励连接的工具包括行政法令、合作奖励、超越权威的影响力和简单的诱惑。例如，在会议上提供的免费比萨是一种方便的参与诱惑。非正式的聚会对协作的威胁较小，随着时间的流逝，协作会逐渐发展为更正式的跨组织工作。

正如前面描述的，跨部门领导是组织内的地图－差距－给予－获取活动。元领导者为跨部门的工作联通力提出了一个令人信服的战略案例，令人信服地阐明了做这件事和不做这件事的好处和成本。用实际的话来说，就是可以利用什么来整合跨企业的力量。当组织中的不同部门协作时，可以共享知识、资产和专业知识，从而使整个企业受益。你可以指出造成漏洞或错过机会的差距。例如，当相关的政府、执法部门或情报机构不适当地共享有关恶意行为者的活动和下落的关键信息时，攻击可能会增加。

组织越复杂，就越难在企业范围内建立工作的联通力。在卫生保健组织内，鼓励“人口健康”的工作要求不同的护理人员、诊所和门诊部门协调患者的信息和服务。与昂贵的“按服务收费”医疗相比，这些“按质量收费”战略促进了健康的可选方案，降低了整体医疗成本。然而，要使医疗保健组织的不同部门协同工作，需要改变做法和奖励结构。这些努力在外部政策和补偿激励的刺激下，往往会遇到根深蒂固的内部阻力。

在企业部门，有抱负的跨国企业领导者需要在不同的职能和地区之间调动，这样，当他们达到最高的企业职位时，就会更好地了解公司的全部范围和规模。他们将会看到公司的许多部门将战略、运营和供应链联系起来并加以作用。

尽管整合的跨部门工作可以在指挥链中强制执行，但它们也需要各级领导人利用工作协调的优势。跨部门领导的目标是取得平衡。正如构建组织内工作协作有许多战略优势一样，也有潜在的不利因素。这些问题包括：没完没了的委员会会议，在任何事情完成之前都要做一长串的收尾工作，或者当你试图让太多的客户满意时注意力不集中。

把跨部门领导当作一种投资，建立你的预期回报时间和努力。在评估潜在合作者和竞争对手时寻求平衡，权衡利弊。一方面是活动，另一方面是生产力。问题不只是是否应该有联通力。更好的问题是：如何组织和定向连接以实现效率最大化（在本例中，以最少的活动获得最大的生产力）？你将元领导其他组织的利益相关者，将重点放在共享的优先事项和方法上，只有通过协作努力才能实现。你希望从联通力中获益。它本身并不是一件好事，而是一种既有领导又有管理的工作。

管理层在向上、向下和跨部门领导中的作用

日常管理如何适应这种向下领导、向上领导、跨部门领导的平衡？为了完成工作，需要有秩序和责任感。

作为老板，你要对下属的行为和产出负责，你也要对你的老板负责。如果你是一个跨组织工作组中的成员，你对生产的产品负有集体责任。权力和责任都在管理职位和汇报中。

关于管理和领导力之间的区别和重叠，在领导力领域有很多争论。实际上，你的工作要掌握这两种技能。领导和管理在某些方面是相互依赖的，这一点很重要，但令人费解。一个简单的区别：管理关注你"所做"的努力，而领导更关注"原因"。

元领导者建立并阐明企业的目标（是为了什么）。他们给活动赋予意义。他们设定了全局性的方向和目标。他们传达了从主动性中获得的价值。他们帮助员工了解他们的努力是如何有助于公司任务的完成并产生重大影响的。除了遵从性和秩序控制之外，元领导还会找到激励创新的方法，以使企业更好地适应不断变化的环境。这些都是人为因素。

没有管理的领导力使人失望。元领导的管理最终对成就负责。管理就是制定目标、解决问题并产生成果，这些成果对人员、组织和服务都有价值。如果没有实质性的进展，你只是一个空想家，充满了不切实际的想法。创造愿景是一回事，实现愿景是另一回事。领导者不能忽略管理层对方程式的估算所建立的顺序和基准。

没有领导力的管理也会产生一些活动，这些活动除了日常工

作之外几乎没有什么成果。管理者最终要对生产力负责——组织的平稳运行、高产出和最佳质量。然而，当人们缺乏动力，对所做的事情缺乏使命感时，是不可能保持最佳表现的。那些对重大的任务没有共同承诺、贡献不被重视的下属，不会在工作中投入自己的精力。管理人员不能忽视这些人为因素以及由此产生的参与和承诺。

如何解决领导力管理的难题？设想与之相关的技能和能力处于一个连续体，一端是管理，另一端是领导。被困在一端或另一端会限制你的范围和效率。相反，根据你面临的问题或机会、所涉及的人员以及激励你和其他人的目标，努力在这两端流动。在某些情况下，管理技能将占主导地位；在其他时候，领导能力将更加重要。

我们将领导和管理的挑战划分为三个区域：愿景和使命、策略和执行、影响和评估。你的“愿景和使命”（你的原因）必须对你的追随者、老板和盟友清晰而有说服力。你的“策略和执行”（你的所行）应该是有作用的和高效的。最后，你的“影响和评估”（成功的衡量）应该是切实相关的，并随着时间的推移而不断改进。

把成就看作生产力除以活动的结果（见图 9.2）。你的目标是通过合理地花费精力、努力和资源来达到或超过预期的生产力水平。例如，你用 10 个单位的活动创造 10 个单位的生产力，很好。如果你花费 100 个单位的活动来达到同样的生产力，结果会怎样呢？不太好。

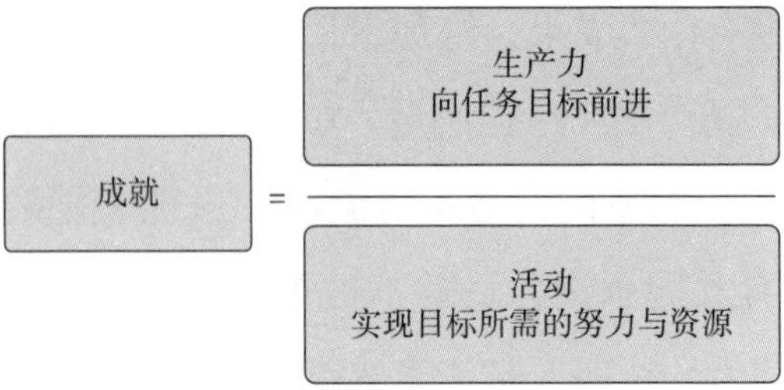

图 9.2　把成就看作生产力除以活动的结果

不明确的任务、构思欠佳的策略或缺乏适当的衡量标准会导致高活动率和低生产率。同样地，如果你的任务是支持一项社会事业或应对一场危机，需要付出怎样的努力才能实现关键的目标？过多的会议、烦琐的报告和内部冲突会使活动升级，对生产力贡献甚微。你的目标是提高每个活动单元的生产力。

避免陷入一个区域。相反，在这三个区域中寻找价值和联系。根据需要在不同的区域之间转移注意力，调整和重新校准你的决定和行动，以利用资源和活动来改善结果。一个有意义和重要的愿景应该产生重大和可衡量的影响。在这三个领域中推动学习可以提高绩效、改善反馈，并增强责任感。你既可以激发变革，也可以展现反映成就的进步。

◎◎◎

在危机或重大变化时期增加了不确定性，个人和组织的地位可能受到质疑，自主性可能受到限制。当人们感到失去了控制，情绪糟糕时，你领导实践脱颖而出的时候就到了。

大卫·罗克和其他人的研究表明，这种社交痛苦是由大脑以类似于身体痛苦的方式来处理的。注意这件事很重要，能阐明为什么你的活动对你的追随者重要和有意义。创造一个团结的故事，通过透明的过程恢复确定性。给过程的信心带来稳定，即使人们不同意它的结果。让人们相信他们的地位："我们可以做到这一点。"你对团队很重要，让人们做自己的工作。走出低谷、重回工作，这是证明自己能力的必由之路。你的目标是努力和实际结果达到统一。

相反，在一定的时间内（当组织及其人员处于稳定状态时），你管理内部系统以优化性能。你"让火车准时运行"。这是你对外部环境——市场、政治环境或客户偏好——以及内部流程的稳定性都充满了信心。相同的动作和条件日复一日地重复着，几乎没有变化。在一个动态的世界里，这种情况很少见；当它们发生时，认清它们的本来面目。别挡路，让别人去完成他们的工作。

对于元领导来说，在管理和领导力之间没有非此即彼的选择：你生活在十字路口，它的平衡总是在发生变化（见图 9.3）。

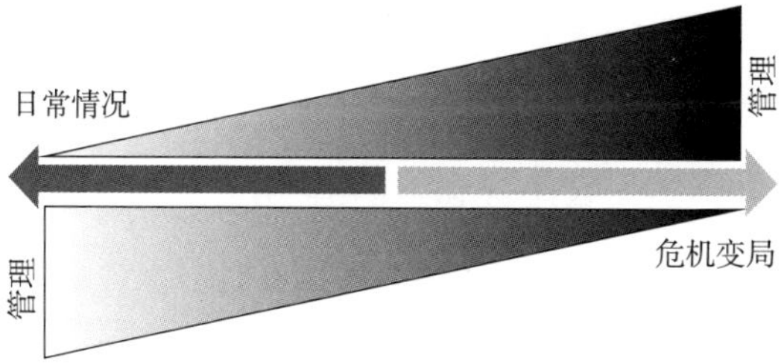

图 9.3 领导力 / 管理统一体

上图说明了在不同情况下，领导和管理之间的平衡是如何变化的。作为元领导者，你将领导和管理分解并融合到无数种可能的排列中。

日常情况通常更加需要重视管理，因此你可以更多地利用这些技能和资源。在危机和变化的情况下，随着模糊性、动态性和风险的增加，你不断转移，应用必要的领导能力和技能。例如，当安全性、保护措施或严格的质量标准是最受关注的问题时，管理中更严格的思想、流程和协议会更好地为你服务。然而，在制定战略、识别人口结构的变化所带来的影响或规划公司重组时，这种精细的控制会扼杀大脑执行回路中必要的提问、创新和创造力。现在是时候利用你的领导能力了。

你如何同时领导和管理？选择成为你人际关系的有意识的设计者。有时你会充分利用你的权威，而在其他情况下，你用得很少。积极主动地设定与你交往的人的期望值。

元领导组织关系

许多人认为他们“拥有”自己的地位和权威，然而他们并没有。事实上，在等级制度中占据一个位置更像是一场错开时间的度假——你旅居一段时间后给其他人腾出空来。在你任职之前，在你离开之后，这个职位一直在那里。作为元领导的工作，在某种程度上，就是把这个地方收拾得比原来更好。记住，当你离开的时候，你的权威还在。

把你的职位当作借来的，你不在的时候它必须是可持续的。你的下属、老板、客户和其他人都应该因为你的参与而过得更好。在你的组织中建立和鼓励领导能力。克服你的追随者可能抢你风头的恐惧，相反，要学会对他们及其成就进行投资。如果你的单位没有你就无法运转，那你就没有做好自己的工作。找到并准备好那些最终能够承担你责任的人。记住，如果没有人能取代你，你就不能得到提升。

在向上领导、向下领导和跨部门领导中，权威在于可以在不同的互动关系中采取的独特措施。“老板下命令，其他人服从”，这句话并不能描述高效的领导情况。

仅仅依靠你作为老板的正式权威和总是服从你的老板的权威都是失败的做法。作为老板，你的权力来自你的职位。作为下属，你把权力交给你的老板。有些决定是你无法做的。作为跨部门领导的同事，你的权威往往更不稳定。了解你拥有的权威的动态，知道如何利用他人的权威对你的成功至关重要。

当你在“现实”和“可能”之间进行过渡时，你的元领导任务（向上、向下、跨组织）就是有意识地运用你的权威和影响力。在你的组织之外，你的权威是有限的，所以你的影响力是你的资本。我们接下来讨论超越权威的领导。

自我发问

- 马克·马蒂厄、埃里克·麦克纳尔蒂和詹姆斯·邓恩在不同的行业工作，面临不同的环境。每个人都证明自己善于运用权威，与他人的权力和权威合作。你怎样才能取得同样的成功？你的工作室应该准备何种工具？
- 你通常会遇到什么问题？你怎样知道自己成功了？
- 如何在组织内分配权限？怎样才能更好地设计和实践呢？

10

维度 3-3：重塑联通网络

YOU'RE IT

在一个阳光明媚的星期二早晨，詹姆斯·邓恩——华尔街投资银行桑德勒·奥尼尔+合伙人公司（简称奥尼尔公司）的三位执行合伙人之一，正在享受属于自己的惬意时光。邓恩正在威彻斯特球场练习打高尔夫球，他准备参加美国中级业余选手锦标赛的资格赛。

奥尼尔公司由三位执行合伙人共同打理，维持着实际运营中的平衡。赫尔曼·桑德勒八面玲珑，是公司员工心目中的导师和领袖；在客户眼里，有他在，就觉得这家公司依然稳固。克里斯·奎肯布什则是一位机敏的谈判专家，主管企业中投资银行方面的业务。奎肯布什和邓恩在做少年球童时相识于高尔夫球场，此后成为挚友，到如今已有近三十年的交情。

邓恩是一位品格坚毅的爱尔兰人，嗓音洪亮，雷厉风行，在公司中以作风强硬著称。公司不得已需要裁员时，另外两位合伙人都会找他来处理此类棘手问题，邓恩也认同这种安排。他非常有主见，想到什么，就去做什么。因为他和另外两名合伙人的关系是平衡的，所以这种管理模式能够发挥作用。

2001 年 9 月 11 日，周二早上 9 点 03 分，美联航 175 号航班撞向世贸中心 2 号楼，该楼的 104 层是奥尼尔公司总部的办公室。公司总部共有 171 名职工，当天到岗 83 名。袭击事件发生后，共有 66 名职工死亡，17 名职工侥幸生还。死难者中就有赫尔曼·桑德勒和克里斯·奎肯布什。

邓恩在高尔夫球场上获知这个消息。他经受着无法言说、难以承受的巨大伤痛。奎肯布什是他最亲密的朋友，其他逝者是他并肩作战的合伙人、朋友和同事。刹那间，这些人都已离他而去，公司也变成一片冒着滚滚浓烟的废墟。

邓恩逐渐接受了痛失亲友的打击，与此同时，他正面临一个抉择：是让公司与大楼一起覆灭，还是让它绝地重生。

对于邓恩来说，答案显而易见：奥尼尔公司会顽强求生。他从绝境中站起来，既要抚恤那些失去至亲的家庭，也要安慰生还的员工。他逐渐意识到，本·拉登决意通过袭击华尔街和世贸中心摧毁美国的发展之路。邓恩树立起了凝聚人心的目标和敌人——本·拉登，这个狂魔绝对不可能赢得这场战斗。

这是邓恩的“元力”时刻。为使公司重获生机，他需要成为与以前的詹姆斯·邓恩完全不一样的领导人。他知道自己必须采取一种新的思维模式，他说道：“我现在要更‘桑德勒’一些。我现在要更‘奎肯布什’一些。”这些话成了他的口头禅。他想让奥尼尔公司成为三位领导者的最佳象征，在他的领导下延续另外两位合伙人的传奇故事。但是此刻他不能仅仅是那个作风强硬的领导者，员工们此刻还无法承受这种强硬的作风。他还需要其他的风格。改变虽艰难，但却势在必行。邓恩明白，想改变公司，就必须先改变自己。

“压力越大，情况越紧迫，我的状态就越好，”后来他对我们说，“在压力之下，我反而更加冷静。我的同事常说：‘如果詹姆斯很冷静，说明我们面对的是大问题。’你能成为什么人，在于你将自己理解为什么人。危机并不塑造个性，而是展现品格。”

邓恩和奥尼尔公司的生还者们努力地将自己与企业从泥沼中拖出来，邓恩对他自称的“右手事务”和“左手事务”做了区分。“右手”主要负责安抚悲痛的家庭和焦躁不安、悲伤过度的员工，以及应对公司与个人向前发展时会面临的心理考验和障碍。“左手”则主要负责公司的具体业务，譬如找到新的办公地点，雇用新人，接待客户等。

邓恩很清楚一件事：右手事务总是处于优先位置。他和公司要做好必要的工作，去帮助员工渡过难关，发放工资、奖金，为死难雇员的家属购买医保。邓恩发现，妥善处理“右手事务”，将公司幸存的员工团结起来，这为处理“左手事务”提供了良好的前提。

邓恩不仅要团结内部员工，还必须重新赢得客户和华尔街其他公司的信任。作为公司的领导，这次任务是对他的生死考验。公司谱写着一曲悲悯的叙事史诗，展现出团结一致的精神和强大的韧劲，赢得了华尔街其他公司的赞誉，从而获得了其他公司提供的场地和人员。至此，公司得以重新站稳脚跟，其他公司甚至竞争对手都愿意与他们开展业务。

詹姆斯·邓恩后来名声大噪，成为“9·11”恐怖袭击事件后恢复期的重要代表人物。邓恩之所以有如此成就，其中一部分原因是他将自己转变为一个多维度的元领导者。他真诚地表达了内心情感，并且鼓励其他人跟随。他参加了数十场已逝同事的葬礼；资助他的下属，帮助他们逐渐恢复工作状态。不论是对他自己，还是对整个公司，给予支持和帮助都是疗伤的一部分。即便邓恩反感穿正装，但正装成了他特定的装束；确切地说，他就如赫尔曼·桑德勒那般穿得一丝不苟。没有其他两位合伙人，他必须独自平衡元领导的三个方面：他得成为“那个人”。即便遭遇了最残酷的现实，邓恩仍然满怀希望。他将人们团结在一起，凝聚众人，成为人们追随的“榜样”。

就在“9·11”事件发生两个月后，奥尼尔公司开始获得盈利。

2006 年 9 月 6 日，《纽约时报》刊登了这样一段话：“没人否认詹姆斯·邓恩是完美的领导者。公司前副首席运营官迈克尔·拉科瓦拉对邓恩评价道：‘他并非总是一位耐心的倾听者，有时候他也说一不二。就像他认为别人可以做到任何事一样，我也认为他可以胜任任何人的工作。’拉科瓦拉还提道：‘如果在 2001 年 9 月 12 日，他没有做出如此抉择，我们也难以做到今天的成绩。’事实证明，邓恩就是领导奥尼尔公司走出深渊的最佳人选。”

詹姆斯·邓恩改变了自己，使公司没有跌落深渊。这便是成为一名元领导者的含义。全力以赴去争取最大的成绩，这个念头每天都在激励你，让你在最重要的时候做好准备。

◎◎◎

邓恩的传奇故事突出地表现了在私人关系网和职业关系脉

络中发展人际关系的重要性。他每天都在运用这些网际关系，来领导那些不在他的权限范围内，以及那些他不能直接对其发号施令的人。

邓恩通过证明自身信守承诺、踏实可靠、诚实正直，他赢得了他人的信心和信任，重新建立了关系网络。他与由他维护的那些人构建了有益的人脉关系。从他的下属、客户、供货商甚至是竞争对手的行为可以看出，不论是那些正式归其管辖的团队下属，还是那些不归其管辖的业内伙伴，他都擅长与之保持稳定关系。他并没有强迫他人给予信任和尊重，信任和尊重是他应得的。当出现不利局面时，他能够动用大量的支援来增强自身和公司的应变能力。尽管市场面临严峻挑战，这种强大的人际关系网络能让他和他的公司专注于核心任务。

在实践中拓展领导力

在拓展边界的领导过程中，你需要勾勒一幅大的蓝图来厘清各种要素，这些要素包括人员、目标、组织、资源以及超越组织的远大理想。这种蓝图意在说明：作为一家实体企业，大家可以团结一致，共同取得成就，而任何人想要单打独斗，则根本就是无稽之谈。所有人都相信你，相信你所代表的，相信你所追寻的——企业价值。

用什么来激励这些人呢？你该如何满足和平衡他们各自的职业追求呢？他们之所以会加入你麾下，是因为你的团队兼容并蓄。你能在多大程度上延伸自己的职权影响力？这是你预测有多少人会追随你的标准。作为一名元领导者，你的价值在于真实与值得信任。你的进步与成长来自众人给予你的信心，以及众人对你的信任，大家齐心协力，就一定能有所收获。

你成为当下众人需要的元领导者。在拓展边界的领导过程中，邓恩凝聚了所有利益相关者。如果没有他们的支持，公司可能就走不下去了。正是由于运用了多维的“我们”视角，邓恩才能够在较短时间内完成如此多、如此重的任务。他均衡了各方力量，让公司重焕生机。

◎◎◎

如何才能具备多维的元领导者视野呢？这取决于个人的选择。

从元角度来看，你从事的事业属于某个更大项目的一部分。你的行为会影响自身、事态的发展、下属、上司、单位、客户、供应商、社区以及整个社会。对于各种各样的利益相关者来说，你的努力是有意义的。作为一名元领导者，你掌控着这个复杂的系统（包括你在其中的角色，以及你的角色的重要性）。你为团队勾勒充满希望的愿景，赋予其生命力，你所倡导的工作方式不仅能吸引你自己，还能将这种魅力传递给团队其他人。此举亦是彰显元力的自我表达方式，进而获得团队成员的认同，获得他们对于重塑价值观和目标的认可。

你在故事中描述出更大的图景。切记需要向其他人展示共同努力会取得的巨大影响，无论是“拯救生命”“创造希望”“实现销售目标”“保护环境”，还是“保护我们的文化”，总之，让行动具有目标导向和成就感。尽力让你的上司支持你，对你的积极性、活力和你建立的人际关系感到满意。让你的下属更好地通过项目介绍理解企业目标，或理解危机应急预案为何如此重要。共同的目标和集体的进步会吸引其他公司的利益相关者。

你的工作不仅是完成一项任务，更是创造价值并实现预期结果。这就是俗话所说“多走一英里”的真谛。任何非凡成就中出现的创新思维都来源于付出的大量心血和坚毅果断的努力。其他利益相关者，包括公司内部的同事和那些并非由你直接管理的商业伙伴，都会了解并感激他们的奉献。此种领导方式建立了相互连通的、朝着一致方向努力的人际关系网络，这比单纯靠施压或薪酬激励更有效。

宏观愿景已经勾勒出蓝图，接下来就要看具体行动和实质进展了。前进路上哪怕只是小小一步也意义重大。衡量并标记你取得的进展，同时不要忘记标注你遇到的转折点。为成功干杯，并将胜利归功于全体成员——那些与你共同努力的人。记录下来他们取得的进步，比如用办公室业绩图来表彰进步，或者在一个粉丝众多的博客上更新进度；又比如把专注于工作的员工的照片发布到公司网页，加强企业的社会关系网络；再比如，认同和奖励员工做出的成绩。接下来，在需要共同完成的工作中，不断强化团队的观念。思考，行动，进而完成更大的目标。

一群志趣相投的人朝着理想而努力，一同完成目标，这种兴奋感和归属感对每个人来说，也是参与大项目的真正吸引力所在。这是变革和进步中颇有感染力和感性的一面。领导者带领下属建立共同的信念，信念的力量强大到不可估量。

学习型组织

作为一名元领导者，你需要创造这样一种氛围，即一切工作效率和探索欲都能被释放出来。彼得·森格将这种模式称为“学习型组织”。你需要激发、思考并且质疑新的创意。即使犯错，也是一次学习，其间出现的问题也是等待被克服的挑战。允许甚至鼓励下属在条件允许的范围内大胆试错，唯有如此，他们才可能愿意冒着风险去追求突出的成绩。领导者对业绩和工作效率的评估是在释放信号，如此，团队成员们才能知道什么是合格的，什么是不合格的。

你想培养下属，自己首先必须成为他们的榜样。质疑提案、直面陈规和尝试新的路径都是可行的，你要营造这样的企业文化氛围。在这一过程中，团队成员会进一步发挥才智，并且不断影响着对上、对下、对内、对外的所有合作伙伴。元领导力将你的愿景、目标和工作方式拓展到自身企业之外，便于开展更广泛的企业活动。

所有这些并不意味着作为一名元领导者就是成为一个好说话的人。严厉和开明是并存的。清楚客户预期，设定高标准，建立问责机制，严格考核制度。既要制度严明，也要设立公平、透明、合理的奖励机制，更要考虑利益相关者的影响力。这种恩威并重的管理机制会让员工的积极性、忠诚度和努力程度有意想不到的发展。

元领导力不仅有赖于智慧和乐观，还需要你广泛涉猎未知领域，保持勇气和旺盛的精力。从来没有人能对成功打包票。对有些人来说，未来并不乐观。作为一名元领导者，你面对的都是一些宏大而有趣的问题。有时，它来源于一场危机；有时，它与一个前所未闻的新想法有关。当那一刻降临时，请意识到这是“就是你了”的关键瞬间，并据此选择正确的应对方法。

◎◎◎

在采访和观察那些元领导力的实践者时，我们对他们如何拥有敏锐视角、保持动力深感好奇。我们发现他们身上有两个相同的特质。元领导者都热爱学习，他们会研究自己的团队、主管的工作以及经营企业所处的大环境。同时，他们也是热心的教练和顾问，会毫无保留地传授他们的经验，对员工和手头工作做出坚定的承诺。他们满足元领导的三个维度：尽力了解自身，了解所处的大的工作环境，了解工作中的参与者（其中也包括那些超出他们直接管辖权限的人）。

里奇·塞里诺就是一个最佳例证。塞里诺原来是参加我们危机管理与应对课程的学生，如今他是和我们朝夕相处、并肩战斗的同事。我们在前面几章中提到过他，他曾任联邦应急管理局副局长，主管联邦政府关于超级飓风桑迪的应急响应事务。塞里诺践行元领导力的思维方式，并应用于实战。他能不断地提升自己，突破能力极限，并鼓励下属如此做。通过积极倾听，他系统地认识和理解形势，调动下属的参与度；他对待上司的方式与下属对待他的方式并无二致。他也积极寻求跨机构的协作，这些方法后来被其他部门效仿。

塞里诺任职联邦应急管理局副局长期间，北达科他州遭受了一场特大洪水，而洪水又造成持续性的大规模破坏。塞里诺作为联邦政府高级官员被派往该地。临行路上，顾问们提醒他，北达科他州的民众不欢迎联邦应急管理局和联邦政府；像其他中西部人一样，北达科他州人民也反感联邦政府。团队的其他人则告诉他，他要做好受到敌视的准备。一到该地，他就乘坐直升机视察灾区。北达科他州的国民警卫队副官随行做受灾情况说明："那所学校已经不复存在……那座桥塌了……那个社区也毁了……所幸无人伤亡……那个图书馆也没了。"在返回基地紧急行动中心后，塞里诺走进房间，里面坐满了来自当地政界、紧急事务部门和商界的领袖，每个人都怒气冲冲，紧盯着塞里诺，随时准备口伐他。在这种情况下，塞里诺拓展边界，发挥元领导力的时刻到了。

"在我说别的之前，我想先说声'谢谢'。刚才，副官带我去巡视灾区，我看到了所有的受灾情况。当他向我介绍灾情时，他告诉我：'没有人死亡，也没有人受伤。'这是因为有你们在，有你们所做的一切。你们挽救了生命。你们改变了一切。所以，谢谢你们。还有，联邦政府会向北达科他州划拨资金，帮助赈灾重建。届时，我们可能需要一起讨论款项的数额。但是现在，我只想先感谢你们所做的一切。"

房间里一片安静。当大家意识到他们站在抗击灾害的同一条阵线上时，他们对塞里诺个人的敌意消失了。记住，拓展边界的领导力就是：重建联通力。

凝聚众人

联通力指的是凝聚众人、组织和体系，以一致和同步的方式一起工作的能力。除了前面提到的发展元领导力的一系列思维工具以外，还有一种内生的品质——根植于人性——可以激发并培养联通力。

第 1 章描述了群体性的元领导力。面对未知的风险和迫在眉睫的紧急情况，波士顿马拉松爆炸案应急处置的领导者构建了一个互联网络，将政府机构、社区和个人联系在一起。这一网络提供了应急保护信息和资助。人际网络的抗冲击性让这座城市有了必要的恢复力。虽然当时已经有了正式的协议、制度和实操规定来告知如何开展合作，但人们面临的是复杂的跨司法管辖区域的危机状态，考验了现存规范和应急团队的想象力。然而，波士顿应急团队表现出来的团结一致，超过了只靠单纯建立形式上的应对关系达到的效果。即便在没有发生危机的日常情况下，你也可以将这种群体领导力作为联通力的一部分。

与本能的反应一样，人类本能的行为是由人体的神经元连接激发的。这些先天刺激因素和后天习得行为共同塑造了人与人之间的关系。家庭教养方式、家族和社群中的族亲关系是人类本性中所固有的。习得的行为是关于“如何做”的。比如一个婴儿在机舱内哭，大多数人会无视噪声，或者默默忍受——人们已经学会在社交环境中做出适当的反应。相比之下，家长则心慌意乱，本能地选择去喂养和安抚婴儿。

联通力是一种本能。我们很自然地让别人参与到解决问题、寻求机会乃至构建解决方案的过程中来。尽管存在文化差异，但从根本上说，人是社会性的动物。人的社会性冲动推动着联通力的发展。想一想，在温馨的家庭聚会中，在有信仰的组织中，在和谐的音乐团体中，在夺冠的运动队中，在高水平的工作团体中，在关系密切的社区中，那种真正彼此相连、充满关爱的景象。伊拉娜·莱尔曼在一本论述社会正义的书中，描述了这种联通力。

人类也会发生纷争。将上面每个例子反过来看，你将看到人类好勇斗狠的一面。为求生存，一个群体联合起来击败威胁他们的另一个群体。大脑会本能地计算风险和收益，还会决定与谁合作，与谁战斗。大脑甚至会本能地区分敌人和朋友。生存取决于对个人和集体、先天和后天、合作 / 竞争利害的计算。

自我们第一次提出群体领导力的五个原则以来，我们已将它们传授给不同的受众，并观察企业、专业团体和社区在应对危机和日常运营中的应用情况。你可以调整这些原则，以便适应自己所处的具体领导环境。群体领导力在组织内部和组织外部都存在很多变量。这些原则中最具挑战性的形式是，领导你所在机构之外或你的权力管辖范围之外的人。

如何将群体领导力实践的五个原则应用到日常情境和危机情境中呢？我们将在下文详细介绍每个原则的应用场景。

一致行动

每一个团队都有一个共同的目标。作为一名元领导者，你精心准备的讲话能将团队的追随者凝聚到共同的任务中来。讲话可以表达愿景，可以设立鼓舞人心的目标，或可以提供解决复杂问题的方法：你的讲话是将人们凝聚在一起的黏合剂。尽管只是简短的几句话，但它们表达的信息必须意味深长，并能激励那些你希望能将其收入麾下的人。

你身体力行地团结众人。人们会信任你，加入你的事业、目标或组织。里奇·塞里诺告诉北达科他州人："你们拯救了生命。你们改变了一切。所以，谢谢你们。"此番话表达了感谢，这就为双方相互尊重打开了大门，这种尊重化解了敌对情绪，促进了团结。

不论是社会使命、商业目标，还是追求胜利，或是出于信仰，围绕这些因素都能实现同心协力。衡量讲话的标准在于说这些话的目的。人们关心你会把他们领向何方吗？他们相信这些的确能够实现，并且你能带领他们实现吗？这个目标值得他们花费时间和精力吗？共同目标越一致，讲话的吸引力越大，其他人就越能专心地为此拼搏努力。伊桑·佐恩通过他的草根足球组织，为非洲的艾滋病预防工作建立了统一战线。记住，底线就是：人们会追随你吗？

慷慨的精神和行为

如何对集体的努力做出相应的承诺？如果人们和你站在同一

条战线上，他们需要贡献自己的时间、精力、金钱、资源、智慧和声誉——这些都是实现你渴望的目标的必要因素。

与地图 – 差距 – 给予 – 获取轨迹图一致，元领导者希望追随者能够首先对预期回报提出要求。回报可能是无形的，这包括共同参与项目的喜悦，也包括做出改变后的满足感，或者团体中的同事情谊。回报也可能是有形的，包括金钱、机遇、资源、认可，或者对他们自身努力的回报——你用自己的时间和努力换取了他们的努力。

因此，对于你从团队中“得到”的一切，你也应给出“回馈”。人们喜欢参与解决问题，会为集体成就感到自豪。你要在你的评论、行为和认可中表达你对他们的欣赏。

元领导者会通过团结各类成员来改变现状。“9·11”事件之后，詹姆斯·邓恩召集一群人克服困难，重建奥尼尔公司。企业需要这种慷慨大方的精神来开展业务。邓恩对如此多的人表现出了慷慨，并鼓励其他人慷慨宽容地支持他和他的事业。他还带领同事加入对抗本·拉登的战斗中，一起为幸存者及其家属以及更美好的未来而战。他给了很多人属于自己的“元力”时刻。

做好本分，互助互利

大型综合性企业会依据工作、专业知识和职责的不同，划分不同的职能层级：不同的部门、不同的办公室、不同的专业类型。每个人各司其职，负责生产流水线上的一部分。这种工作附加的额外福利是年终分红，受到他人赏识，获得晋升机会。

竞争力强的人才或业务优秀的团队，经常扩大自身的职责范围。比如一些临床医生提出，他们可以去做其他专业领域的事情，就像按照惯例本应由医生所做的工作最后由护士去做了一样。工作领域发生变化之后，紧接着常常会出现收入、威望和控制权方面的冲突。为了捍卫他们的专属领域，医生们声明自己具备促进病患康复的“真正”能力，也“真正”关心病患健康。当信息、知识和专业技能被封锁、资源被垄断时，人与人之间的沟通和交流则呈现出对抗性。看待事情的态度就变成了“非胜即败”。

元领导者克服了这种固守自己领地的本能，指明彼此通过合作可能获得的利益。向下领导时，你要尽力让你的下属获得成功。向上领导亦是如此：你精心建立相关领域的专业网络，让他们在各自独特的工作任务或职责范围内也能互相帮助，使双方都获得成功。在上述医疗领域的例子中，问题应该是我们如何才能吸引更多的病患和资金。我们努力工作，开展宣传并且作为“卓越中心”通力合作，以达到最好和最有效的临床效果。

“卓越中心”这种模式详细描绘了群体成员如何担负起个人和团队任务——这种模式能激发成员们进行必要的付出，以完成共同的任务。

作为元领导者，你应该突出集体成功所能带来的更为宏观的利益，并强调获得成功所需要的协作与合作。密切关注每个人的付出，确保每个人有专属的工作职责，不侵犯他人的工作领地。尽量确保人人满意。如果有人感到沮丧而退出，你的努力可能就付诸东流了。你需要强调为了共同的利益，团队应适当分享已知的信息、已取得的进展和已获得的资源。在正式的情况下，这样的资源共享需要签订知识产权协议，形成保密条款和合同协议。这都是建立一个巨大的付出与回馈网络的一部分。将团队使命拔高：成为“卓越中心”的“荣誉会员”是令人振奋的。

当你身处困境时，这些原则显得尤为重要。迪克斯堡军事基地的巴里·多恩在面临重大伤亡事故时，运用了地图－差距－给予－获取轨迹图。地图：已知面临的情况和所需的东西。差距：“我没有足够的医疗物资。”知道差距后接着获取医疗物资、血源、临床医师、后勤人员。给予：你是救死扶伤的一分子。获取：人们得以存活。任务完成。据此，巴里成功地从管辖范围之外的组织那里获得支援，即刻组织起一个像样的医疗团队来看护伤员。

在观察领导者们践行“坚持自己的道路并帮助别人获得成功”的原则时，我们发现，无论是个人还是集体——网络中的领导者、机构和成员都在付出不懈的努力。他们在做好自己的工作的同时，也深知其他领导者和团队在付出同样的努力。每人都不干涉其他人的工作。他们知道各自的职责范围不同，但愿意互相帮助以取得成功。

在诸如政治运动、社会运动或组织变革等复杂的大型活动中，有许多工作要做，有许多事务要协调。领导者共同运作，让一个复杂系统的齿轮咬合起来，这比任何一个团队或组织单凭自己能够完成的事情都要多。

既不自负，也不责备他人

在世界上大部分地区，航空毋庸置疑都是最需要确保安全的。航空协会领导人在很久以前就采用了一种允许和鼓励飞行员或其他相关人员自报差错与安全问题的制度。只要不是故意过失，航空业内相关人士都会受到一种无责备的纠错式文化的保护，飞行员、航空公司、监管机构和机械师都包含其中。而业内人士积累的经验则被新的政策和实践采纳，用以改善飞机设计，调整通信协议，由此进一步确保安全。当飞机在空中飞行时，这种安全性承诺会让乘客感到宽慰。医疗保健和其他行业也正在采用相似的思路。

要做到"不求全责备"，需要转变思维方式和文化模式。而要做到"不以自我为中心"，则需要改变行为和态度。成为领导者会备受关注和获得额外利益，因此这吸引着那些自大膨胀的人。他们将许多人的努力错归为个人的功劳，只盼着个人声誉提高。他们眼红别人得到的关注，时刻希望以自我为中心。每个人都有自我意识——毕竟，它也有特定的用途——然而当它过度膨胀时，这夸张的自大则无药可救了。

我们需要将态度从唯我独尊转变为荣誉共享；相应地改变行为，承认、欣赏和赞美所有相关人员的共同努力。大家共同的企业（团队整体）能完成的事情比任何人单独做的都要多。这种行为的转变需要元领导者具备高超的情商、足够的自信和相当的老练稳重。

我们发现，在大型的复杂活动中，当采用这种模式时，没有一个团体或个人会把集体的功劳据为己有。尽管在前进的道路上总会有些微错误和失败，但没有人会把责任推到他人身上。

正如第 9 章所表达的观点，这种模式与“阴影效应”一致，高层领导通过自身的行动，将此种模式及其影响力一直延续到下属。在平行单位所有级别的领导者之间采用此种模式，也能营造一种务实的合作氛围。

在波士顿马拉松爆炸案的应急行动中，我们看到“不以自我为中心，也不求全责备其他人”。来自不同单位的领导人和受奖官员共同登台领奖，一起分享荣誉，并推选了应急行动中的代表人物。他们在共事过程中表现出了罕见的高情商。大家达成了一种共识，既没有自负，也没有责备，各单位之间的内讧并没有成为障碍或干扰因素。在形势紧张、情绪激动的时候，领导者并不总是表现良好。但在那一周，自我意识和自我调节发挥了作用。这些品质渗透到社会中，奠定了“波士顿当自强”传奇故事的基础。

建立信任：危机领导的基础

形势可能是未知的、神秘的、具有风险的。在不可预知的情况下，你无法确定结果是好是坏。你得抱最大的希望，做最坏的打算。

尽管形势扑朔迷离，但你得信任你率领的团队：追随你的人和你追随的人。相信他们，你就能预知他们在面临艰难处境时的反应。你坚定地信赖他们，他们支持你，你也支持他们。

无论情况多么难以预测，如果知道身边的人是靠得住的，必然令人感到宽慰。而这些都是你发挥元领导力，走出复杂变局和危急困境的基础。

当沃尔特·厄普顿被任命为项目经理来监督波士顿美术馆“美洲艺术之翼”（第9章所述）的建造施工时，摆在他面前的是尖锐的意见分歧、艰难的抉择，以及数不清的财务上、时间上和设计上的风险和不确定性。尽管存在分歧和风险，但厄普顿的工作是让每个相关人员相互沟通，友好合作。在叙述这个故事时，他认为建立关系、信任和信心是解决分歧的基础。

信任关系的建立在危机领导情境中尤为重要。一场巨大的危机很快就会超出某个单一区域或机构现有的能力承受范围，此时，就需要调动不同单位、地区和专业领域的领导者。我们常听人说：“不要等到危机来临时才交换名片。”要在危机到来之前，就了解其他领导并建立信任关系。演习、专业会议甚至是退休招待会，都可以帮助你认识当你陷入危机时能靠得住的人。

最关键的是，在不安全的情境下，建立良好稳固的信任关系是安全的保证。“我可以相信你。你也可以相信我。”对于手头的任务，领导者应该表现得成熟老练，富有情商，并做出共同承诺。在你塑造团队时，这些关系会成为你建立人际关系和团结一致完成使命的基础。

群体领导力的五个原则为凝聚众人规划好了路径图。2017年，我们与美国红十字会的负责人分享了这些原则，他们拿去应对包括飓风和森林火灾在内的一系列灾害。负责救援行动的美国红十字灾难服务协会的副主席布拉德·基塞尔曼和我们分享了他的想法：“我们正在把‘塑造团队’和‘我怎样才能让你成功’的概念，融入我们每时每刻都在做的事情。我们的团队正逐渐接受它的魔力。”

当群体领导力的对立面——团队开始相互对抗时，又会发生什么呢？

团结的团队和猜疑的团队

群体也有它阴暗的一面：人类天生就会结群，会害怕，会自卫，并且只对部落成员忠诚。面临感知到的威胁，你会自然而然地选择保护你所属的群体：你的职业、家庭、工作单位、性别、宗教、文化群体、信仰或团队。不论目标有多崇高，群体的隶属关系和对群体的忠诚都可能引发冲突和战争，或是进攻性的，或是防御性的。爱德华·威尔逊一生致力于社会生物学研究，其研究范畴就包括群体现象，他警示我们：“我们用石器时代的情感创造了星球大战的文明。我们在不停地折腾。”他还说：“对自己和他人而言，我们才最危险。”

群体的猜疑会导致对抗、争夺和竞争。它可能源于高人一等的优越感和征服欲。利益越大，争斗就越激烈。领导者伪饰争斗的合理性，聚集众人来追随它。

请反思一下你的亲身经验或经历，你见证过哪些竞争和争斗？你的战斗口号是什么？争斗是如何展开的？其他人的反应又如何？

当群体原则被打破时，群体中猜忌型的领导就出现了（见表 10.1）

表 10.1 群体性与猜疑性原则和行为

群体性原则和行为	猜疑性原则和行为
共同的任务	竞争性的任务
慷慨的精神和行为	自私地关注个人的利益
做好自己，帮助他人	扩大势力范围，置他人于死地
不以自我为中心，也不求全责备其他人	自我提升：一切以自我为中心——指责他人
建立联通关系	形成猜忌和要手段的氛围

你与倾向猜忌的领导相处时有过何种经历？诸位不妨思考一下你对某些社会事件和领导者的观察和解读，从而更好地理解群体中猜忌型领导的行为表现。

◎◎◎

群体和猜疑是如何彼此相关的？在任意一个复杂的问题中，都存在“支持方”、“反对方” 和“中立方”（见第 3 章）。人们既可能团结起来，也可能走向分裂。猜忌型领导运用群体性原则来形成“我们” 对抗“他们” 的观念，只建立一个共享的、防御性的安全防护集体，借以对抗共同的敌人。

在组织内部，人们凝聚成为一体，与外部组织对抗。对对方的猜疑和恐惧会激发组织内部与外部的斗争。今天，政治话语、组织内的敌意和文化差异往往反映了这种猜疑。

在实际情况中，群体性和猜忌型的领导方式可以在同一个环境中出现。这两种领导方式都很少以最纯粹、最极端的形式出现。即使是敌人也有善良的一面，即使是好人也有不足的一面。评估领导者把自己放在群体中的何种位置，观察他们的动机、行为和结果。记住，好人和坏人天然都有结群特征。恐怖分子也会拉帮结派。也只有形成集体才能打败它们。在波士顿马拉松爆炸案的应急行动中，当詹姆斯·邓恩面对公司在“9·11”事件中被摧毁时，召集“好人”集体与“坏人”恐怖分子做斗争。

凝聚众人

爱彼迎的凯丽·本茨是私营企业在应急管理领域备受关注的元领导者。她领导着一个团队，利用该组织广泛的发散式客户关系网络，来满足遭受不幸的人的需求，接应身处困境中的人们。在恐怖袭击、自然灾害等一系列事件中，他们都提供了援助。

我们第一次见到本茨，是在她参加哈佛大学国家应急领导力项目时。当时，她是光点组织（Points of Light）灾难服务项目的主管。在入职爱彼迎之前，她在塔吉特公司的危机管理部工作。“我第一次涉足这一领域，”她解释道，“是在‘卡特里娜’飓风席卷而过的新奥尔良进行灾后重建项目。在此之前，我从未去过新奥尔良，也没经历过任何灾难，但我应‘网络之手’（Hands On Network）的邀请开展了一个志愿者项目，组织志愿者自发地完成任务。”

从那开始，她的人生道路就不再一成不变了。“我从新奥尔良的一个网络据点，利用爱彼迎的客户关系网络，发展到全球分布有 191 个站点，这是我从未预料过的。”她说，随着事业的发展，她的角色也从个人贡献者变成了团队建设者。“我对企业结构有一定的了解，对创业环境的活力也有了一定的认识。”换句话说，本茨是一位能够凝聚众人的元领导者。

本茨的个人经历和爱彼迎的发展历程都展现了联通力。就个人而言，本茨利用她的同学和其他人的业务网络来获得同行的支持与帮助。“如果你是某组织‘危机管理’项目中的一人，而这个组织并不怎么关注灾难或危机，那么你面临的挑战之一就是，你经常会从那些想做好事却不理解其意义的人那里听到一些‘疯狂’的想法。你开始质问自己：‘我是不是太谨慎了？’当你与你所在领域或者是其他组织的人联系时，你才确信自己是有能力的，并且提出的是正当合理的要求。”她补充道，“我一直有一点冒牌者综合征（负担症候群）。现在，有了更多的经验和人脉，我很清楚我为什么在这个领域，而且我确信自己知道自己在做什么。”

“阐明我所做的事情，以及必须向那些不完全了解这个领域的人解释，对我来说是一个挑战，从上到下，从里到外，都是如此。”本茨说，“我最有效的方法是不断地倾听和教导人们。过去我常反应过度，但现在我专注于重新构建关系，后退一步，深思熟虑后再做应对。这有助于我将好的计划变成圆满的结果。”

爱彼迎的整体运营都是建构于联通力之上的。该平台将房东和房客联系起来，推出涵盖 191 个国家、80 000 个城市的短期租房服务。“爱彼迎相当注重房东与房客的联通，”本茨说，“我们就是这样涉足灾难应急事务的。”她解释说，2012 年超级飓风桑迪过后，纽约地区的一位房主联系了公司。当时，平台上房屋出租的最低价是每晚 10 美元，而这位房主想免费出租。公司认为这是一个值得支持的想法。本茨解释说，一个工程师团队夜以继日地编写程序，改写平台数据。从那时起，它依据实践经验，演变成为公司的“灾难应急备案”。

经过初步努力，爱彼迎设立了“开放之家”（Open Homes），这是让房主主动或被动地提供免费房间的创新性理念。“它来源于一个伟大的普通人的构想。据此，我们建立了平台，制定了政策，使其持续发展。”本茨说。

“开放之家”只是爱彼迎公司的全球灾难应对和救援方案的一部分。本茨将其描述为危机管理和企业社会责任的结合体。她说：“我们希望利用我们的资源去帮助尽可能多的人。”爱彼迎会监测新闻和天气，24 小时向房东和房客通报重大事件。这填补了一个重大缺口：在以往的危机中，政府官员往往难以接触出行的民众。本茨和她的团队提升了整个公司的跨职能协作能力。例如，为客户预先提供事件报告，创建预警和响应通信网络，这对应对飓风等需要预先通知的事件特别有帮助。在整个企业中，本茨和她的团队作为危机应急项目的专家，为爱彼迎各部门提供支持，促使员工参与到他们力所能及的应急行动中。

随着爱彼迎在危机应对方面做出越来越多的努力，本茨的工作更多的是带领公司以外的人重建公司外部关系。她解释说，爱彼迎为应急行动和救援人员提供旅游信贷，这些信贷来自像“全心全意”（All Hands and Hearts）和“卢比孔团队”（Team Rubicon）等与爱彼迎有合作关系的机构。这有助于解决在重大灾害之后，如何为幸存者和救援人员找到住所的棘手问题。爱彼迎推动“住房热潮”，帮助社区在困境中快速恢复。

“让我感到兴奋的是，我们正在寻找新的路径，在公众、私人和非营利部门之间建立相互依存的关系。”本茨说，“我们正在壮大实力，提升能力。我很高兴我学到了如何以超越职权范围的影响力进行领导。这是每天我做的最多的事情。”

◎◎◎

作为元领导者，你还是一个联通者。要想建立联通关系，你有很多方面需要把握：对下领导、对上领导、跨部门领导，以及对组织以外领域的联动，关注它们的利益、动机和交易。你需要构建的是一个关于人、资源、物料和经验的全景图。你看到了更为宏大的元图景，找到了重构它的办法，从而使它与很多人切身相关。你做到了这一点，你就是那个元领导者。

在危机事件中构建联通力时，你将不得不面对各种冲突和争端。作为元领导者，你需要协调分歧，制定解决方案，解决矛盾。我们下一章的主题就是，如何将必要的分析和技能嵌入元领导力思维方式和应用中。

自我发问

- 将你的思维拓展到组织以外的地方——把那些组织范围以外的企业也纳入你的思考范畴——这对于元领导力至关重要。在更宏大的领域里，你具备哪些经验？通过你的观察，其他领导人在重塑关系方面做了哪些努力？列一个对比名单，列出哪些措施可行，哪些不可行。
- 在家庭、工作场所、团队或者基于信仰的组织中，你有怎样的群体领导经验？是什么把人们团结在一起？其中存在哪些阻碍或者挑战？
- 你有没有被质疑过领导力？引发质疑的原因是什么？其他追随者有没有受到影响？是什么让人们分道扬镳？你当时有没有采取措施来稀释人们的猜疑？

11

运用“林中散步”谈判法协商分歧

YOU'RE IT

元领导者要协调众人，让他们步调一致，朝着共同的目标努力。这并非易事。若要完成此举，需要了解每个人的目标，找到共同的主题，形成集体并建立联系，而且最后还要确保收获的成果不会辜负前期的努力。这听上去很简单，但是其中的问题是，如果很多人围坐在会议桌旁，各执一词，那么实现目标的过程则相当复杂。

尽管困难重重，但化解矛盾是元领导力理论实际应用过程中必须攻破的一道障碍。如果得不到解决，矛盾就会激化并分散凝聚力。矛盾不仅是他人之间存在的分歧。通常，你，也就是元领导者本人，是矛盾的中心。备受瞩目很容易让你成为被攻击的靶子。如果你和他人在信念、战略或策略问题上争论不休，那么冲突就会拖累你，成为你的负担，阻碍你朝着更大的目标前进。这些斗争具有自己的生命力，即便你最终赢得了斗争，你的可信度和影响力也许还是会受到负面影响。

通常，元领导力的目标就是聚集各类利益相关者，解决冲突，并且形成相互依存的关系，以获得最终的优势。在这种情况下，工作的重点是解决矛盾。这个过程并非一直令人愉快的，但这是元领导工作中必不可少的一部分。如果你面临这样的情况，你会做些什么来有效化解分歧呢？

◎◎◎

为帮助你实践元领导力，我们为你开发了一种实用的谈判方法。这种方法几乎适用于处理矛盾的各个方面，可用于推动复杂的谈判、建立跨部门的通力合作以及化解冲突。作为一种相对个人化的行动准则，这种方法可以潜移默化地引导你与下属、老板、同事甚至是家人开展一对一的谈判。

我们称这套行动框架为“林中散步”谈判法，这个方法能帮助利益相关者：（1）确定他们的主要利益；（2）理解不同立场的观点；（3）寻求有创意且成功的解决办法，该方法还能实现双方都可接受的互惠互利的结果；（4）明确双方的利益交换。

“林中散步”谈判法与 1982 年冷战时期削减核武器谈判的两位代表有关。来自美国和苏联的代表团在瑞士日内瓦郊外开会。美国代表团由保罗·尼茨率领，苏联代表团则由尤利·克维钦斯基率领。面对僵局，双方宣布暂停谈判。故事是这样的：尼茨和克维钦斯基在乡村度假中心偶遇，附近是一片树林，他们一致同意去林中散步，他们先讨论了谈判的僵局及其复杂性，接着双方讲述了他们的生活背景、职业和家庭，最后谈到了他们要打破僵局的共同心愿。

随着他们在林中越走越远，两位杰出人物也表达了各自的关注点和目标，其中一些分歧不可避免。然而，他们也意识到，他们在其他问题上的立场其实非常相似。最终他们认识到不断升级的军备竞赛对他们的国家、世界和未来意味着什么。他们意识到，达成协议对双方都有利。与此同时，他们探讨了实现各自国家大规模裁军的意向，值得注意的是，在此之前，尼荻都是以铁腕作风对待苏联的。最后，他们确定了打破僵局的备选方案和解决办法，并在会议中心将这些方案复述给各自的代表团。尽管他们的协议被莫斯科和华盛顿间接否决了，但他们讨论的情景被搬上了百老汇的舞台，佐证了私人谈判和基于利益的正式谈判的各种优点。

通过设计，我们的“林中散步”谈判法增强了谈判过程的透明度，提高了效率，并最终加强了利益相关者的接受度和满意度。此种方法系统地扩大了可纳入协议和解决措施的利益与目标的范围。当陷入冲突时，这种结构化的、由四部分组成的流程有利于重构谈判关系，对那些与谈判过程和结果都存在利害关系的人来说也是一种指导。

◎◎◎

这种“林中散步”谈判法是在正常的谈判过程中采用迂回策略。在典型的问题解决策略中，谈判双方会争先恐后地论证各自倾向的解决办法的优点：“我的方案比你的好。”“我的要求比你的更合理（更强烈）。”由此，意见两极分化，这加剧了双方的敏感性和对立倾向。

这种迂回策略类似当年保罗·尼茨与尤利·克维钦斯基在日内瓦的散步之举，只不过是以不同的方式开始谈判过程。第一步是定义问题，了解相关各方对问题的不同理解，这一过程类似前面讨论过的“立方体中的锥体”。这种更广阔的视角能让每个参与者觉得自己的话是被人重视的。这让他们愿意倾听他人，其目的是缓和紧张局势。谈判双方的关注点更多地转向解决难题，而非赢得战斗。

这种“林中散步”谈判法全程是公开透明的，从多个角度来理解问题，并将各方视作一个集体来重新制定解决问题的方案，这个过程本身就是为探索新观点做准备的。重要的是，它避免了对那些与谈判各方根本利益无关的解决方案的争论。

◎◎◎

“林中散步”谈判法有四个不同但连贯的步骤（见图 11.1），引导利益相关者从问题出发，找到解决方案：（1）利益自述；（2）利益扩大；（3）利益启迪；（4）利益协调。每一步都涉及具体的谈判活动和结果，推动和帮助谈判者为下一步所需的行动做准备。在每个步骤中，将陈述的内容记录在白板上，以展示双方的利益关切点和想法。在对问题进行深入讨论之前，下文将首先对这一方法的逻辑稍作概述。

什么是“林中散步”谈判法

首先是“利益自述”。“林中散步”谈判法从陈述自身利益开始。每一方都以自己的利益为中心来陈述问题——他们希望实现的目标，他们认为公平的结果，以及他们的关注点、动机、原则、担忧和价值观。这一步鼓励参与者积极真诚地倾听彼此。

其次是“利益扩大”。在这个步骤中，人们首先在各方表述的自我利益中寻找共同点。接着他们转向分歧。由于各方的原则和价值观一致，所以往往各方的共识要多于分歧。各方的这种认识重新构筑了谈判框架，促进人们寻找解决分歧的办法。

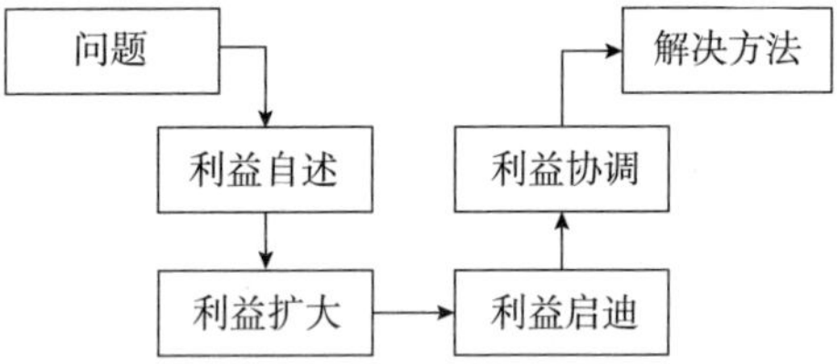

图 11.1 “林中散步”谈判法

在“利益启迪”这一步，则鼓励各方创造性思考，找到解决分歧的新思路和可能性。我们发现，在运用“林中散步”谈判法之前，许多新想法通常难以出现。在这一环节中，谈判团队整理出列表，然后区分可行的想法和不太可行的想法。

“林中散步”谈判法最后一步的重点是“利益协调”，这一步致力于建立解决方案、磋商、让步和获利。达成的协议反映了各方的共同利益和目标，从而促成了大家对谈判结果的认同。制定协议是为了让所有人都能受益。尽管并非每一个问题都得到了解决，但发现共同利益和就一些分歧达成协议的积极经验产生了良好的推动力，为今后的合作奠定了基础，冲突的解决也孕育着进一步合作的潜力。

如果你正在主持或推动林中散步式谈判，提问是你最重要的手段。在每个步骤中，提问会引发讨论，而回答会鼓励进一步的提问，这些都是为了找到复杂问题的共同点以及解决问题的方案。

“林中散步”谈判法的谈判步骤

我们协助各类企业进行了数百次的林中散步式谈判。这些谈判一般都受到保密协议约束，因此在下面的案例中，我们会对其中的描述性细节稍作修改，以保护相关人员和企业的身份隐私。但是，下文涉及的议题和谈判结果都是真实的。诸位可以假定自己是谈判的协调人。

两家科技公司——T-Pro 和 OmniTech 正在走并购程序。两家公司皆声誉良好，利润丰厚。之所以并购，是因为两家公司希望合并后的集团能比业内的“大象”竞争对手更具竞争力，两家公司能在同一保护伞下维持独立经营。T-Pro 和 OmniTech 都担心被那些大企业收购。对未来的担忧以及可能出现的商业危机，促使两家公司走向合并。

虽然两家公司的董事会已达成一项总体协议，但他们决定让双方相应的业务部门在协议的总体指导方针内制定合并方案。支持人们决定自己的命运总归比公司高层强制规定更有效果。他们邀请我们去协助推进两个研发部门的合并。这次合并的主要原因是双方期待能开展合作。

在出现分歧时，你的首要任务便是让关键人员，也就是那些认为自己在这件事上有发言权或那些会受到结果影响的利益相关者，坐到谈判桌前。在这个案例中，谈判双方皆由六人组成，其中每个人都被邀请尝试“林中散步”谈判法。T-Pro 的研发部门由比尔领导，他是一位受人尊敬的资深人士，也是一位忠实的创新推动者。OmniTech 的研发团队则由温迪领导，她是刚踏出大学校园的高才生。比尔相信，严格的规范能够让项目维持正常运行。但是温迪是一个天马行空的叛逆者，她以最简单的结构维护团队的日常运行。这两位领导人互不相让，此前在行业活动上也曾多次唇枪舌剑，业内人士对此多有耳闻。

双方人员到齐后，林中散步式谈判正式启动。作为协调人，你要欢迎他们，并回顾促成会面的原因，表明希望达成的目标。

你要向他们解释，“林中散步”谈判法的目的在于使各方之间建立信心和最终的信任，希望他们学会不要将彼此视为要战胜的敌人。你向双方提问：“你们认为，如果你们的问题得不到解决，那么是否有损失？”谈判双方普遍认为：“的确有损失，而且最好要尽量降低或规避它。”然后，你简要地概述接下来的具体流程：每一步如何操作，以及如何从一个步骤过渡到下一个步骤（请参阅前面提供的简要说明）。你要确保每个人都明白谈判过程中产生的任何协议均是由谈判者自己提出的。如果进展顺利，此时谈判小组将开始确定合作的可能性和共同利益，同时发现解决分歧的原因和动机。

从一开始，你就确立和营造了合适的基调：严肃，但是真诚且贴心。为了鼓励谈判者表达自身的利益诉求，你要说明“林中散步”谈判法是彼此尊重、彼此认可的可靠办法。人们听到和学到的，往往比他们表达的更为重要。谈判的过程中必须避免攻击。这样做的目的是以一种别人能理解甚至能产生共鸣的方式，在谈判桌上表达自己的看法。

第一步：利益自述

你可以逐个询问参与谈判的人员：“你对正在谈判的问题有什么看法？”你也可以问：“你希望通过这次谈判达成什么目标？”开场陈述三到五分钟就差不多了，别做冗长乏味的演讲。

在林中散步式谈判的开始阶段，也可以提出一系列的问题和利益诉求。有一个问题从一开始就相当尖锐：双方团队都希望自己的领导能统领合并后的团队，因为比尔和温迪象征着他们各自独特的团队文化。

还有薪酬问题。在 OmniTech 公司，工程师和程序员的创意一旦转为商用，他们便会得到销售奖励。T-Pro 公司的员工则根据制定项目的成本、交付目标以及获得的专利获得奖金。尽管两家公司的园区相距不到两英里（约 3.2 千米）且建筑风格相似，但双方团队都强烈主张，用自己的办公室做合并后部门的办公室。

双方在分配工作的方式上也存在分歧。T-Pro 公司根据每个人的经验和专业知识来分配工作项目。在 OmniTech，主管温迪认为，在做项目选择时，最好的项目自然会吸引最优秀的人才。

看起来双方之间的问题似乎难以协调，他们存在巨大的差异。

事实上，在这些问题上存在巨大的差距一点儿也不令人感到意外。如果从一开始就能达成一致，那也没必要采用“林中散步”谈判法了。然而，通过尊重和分享不同的意见，双方的谈判防御会出现松动。通过柔和的语调和更放松的肢体语言，你可以判断出谈判双方开始认识并欣赏彼此的共同点和合理的差异。即使他们可能不同意对方的观点，但他们还是在交流，并开始理解不同观点背后的理由。前面提到的“立方体中的锥体”，在他们看来恰当地反映了林中散步式谈判的第一步，互相了解各自立场。你甚至可以用图像来使这一点更加具体明确。谈判双方开始更好地理解他们对问题的不同看法。

第二步：利益扩大

刚开始林中散步式谈判时，双方很难想象彼此间存在（甚至有很多的）重要共识。现在是发现这种可能性的时候了。谈判协调人把谈话过渡到第二步——利益扩大阶段。“现在，与会的每个人都清楚地表达了他们的利益点，让我们来寻找一致和具有争议的地方。”之后是片刻的沉默。你把“共识”和“分歧”两栏写在房间前面的白板上。

沉默过后，一名与会者发言：“我们有什么共识吗？我怎么没发现。”

你提示他们：“质量是不是共识？”双方团队都表示他们重视质量。你在“共识”的白板上写下“质量”，当更多的共识出现时，你就继续记录。

“还有什么？产品发布是不是？”双方都说，他们努力保证产品发布没有失误。双方团队都奖励创新上的突破，并很乐于赶超更强大、更成熟的竞争对手。虽然仅有 Omni-Tech 的团队能直接获得商业盈利，但两家公司都很看重商业上的成功。双方团队也承认无论他们乐意与否，合并是势在必行的。他们有三个选择：要么找到和睦相处的方式，要么等着双方关系势同水火，或者离职去找份新工作。

然而事实证明，他们已经达成了很多共识。尽管双方依然存在分歧，但考虑到这些深刻的共识，眼下的局面已不同于最初的紧张对峙。一方附和重申另一方所说的话，这为双方达成一致奠定了初步基础。

寻求共同点的做法改变了当事各方对谈判内容的理解。在林中散步式谈判开始阶段，谈判双方抱着“单维 / 我为我”和“二维 / 我对抗你”的心态，认为这是一场人人为己的争夺赛。而在利益扩大这一步中，这种心态转变为一种更广泛、更多维的“我们在一起”的观念，并以此来看待他们面临的问题。重构的目的就在于形成这一观念。

一旦各方接收到谈判桌上其他人的利益诉求，新获得的信息就会改变他们对谈判过程和预期结果的理解。他们认识到双方的许多利益诉求和动因是重叠的。有了这种认识，他们找到达成协议的可能，从而形成共同的动因、价值观和利益点，并对谈判内容有了新的理解。这种重构创造了一种可能性：林中散步式谈判将带来意想不到的机遇。

在这个案例中，双方相同的观点几乎总是多于不同的观点。

你可以把争议点——办公位置、领导者选择和激励方式——写在白板上。尽管这些争议值得注意，但从新近形成和扩大的一致意见来看，这些争议看起来与最初大不相同了——它们已经变得不那么重要，甚至也更容易解决。当各方对共同的问题有了新的看法，并对找到解决办法产生新的动力和希望时，重构过程就完成了。

一旦实现了这种重构，就要鼓励各方探索共同的解决方案，而不是仅仅制定策略来制衡对方。这是一个突破性时刻，谈判基调的变化促使各方进入下一个阶段。这一阶段之后，双方谈判的基础则是共同的观点，以及共同树立的新信心。

第三步：利益启迪

双方进入林中散步式谈判中最具有创新性的阶段，此时，谈判的基调正在发生巨大变化。元领导力和基于利益的谈判，充其量都是通过探索新的选择和发现新的解决方案来找到和利用机遇的方法。发挥创造性思维需要大家同心协力。为什么？

在生活和事业的压力下，人们会累积一大堆“包袱”：偏见、不愉快的经历、对改变的抗拒、好斗心和彻头彻尾的偏执。时间限制和压力迫使我们选择阻力最小的道路，乐于接受不太理想的结果。企业的激励机制常常偏向自私自利而非慷慨合作。这些因素阻碍了创造性地解决问题，也使创新的可能性变小。创新需要摒弃习惯性的自利性盲目。

正如在利益扩大阶段，有效的活动是列出各方一致和相悖的观点，利益启迪阶段的核心活动则是鼓励创造性地解决问题，达成一些小的协议。

去看看白板上保留的供大家查看的“共识”和“分歧”。你为利益启迪的推进设定了基本规则：这是发挥创造性的“非承诺区”。告诉所有人不要担心因为自己在这个环节中提出了一定的观点，就要负责后续的执行和落实。你引导谈判各方进行头脑风暴，鼓励他们集思广益。你会问这样的问题：“如果你试着……会怎么样？”“想象一下……”“你愿意考虑……吗？”不要对个人所讲的内容进行评论、编撰、判断或提出异议，鼓励谈判者释放不受约束的创造力。

也许是因为产品开发人员本身具有内在创造力和独创性，这一阶段的头脑风暴成效显著。这些人喜欢解决问题。你把他们的新想法记录在白板上，以便在随后的分析过程中提供参考。

显然，尽管这两个团队竞争激烈，但他们也彼此欣赏。温迪团队的一些成员想要更有条理性的流程，而比尔团队的一些人则想要更多的时间来进行沙盘推演。

比尔团队的一位工程师提出了一个“两步走”系统，在这个系统中，可以用一种松散的结构将项目开发到某个特定程度，而一旦项目发展到了这个程度，就可以将其过渡到一个更为正式的流程中。人们将自愿贡献 25% 的时间来完成第一阶段的项目，后续项目的完成则根据他们剩下的时间进行分配。如果第一阶段按计划进行，并且最优秀的人才提出了最好的想法，那么分配工作就不会像征兵一样艰辛。在谈判桌上，大家纷纷点头赞同这个建议。

根据双方团队现有模式而提出的奖金结构如下：50% 基于

商业盈利，25% 基于交付和预算目标，25% 基于专利保护。他们一致认为，这种结构有效结合了短期和长期措施，让他们的工作与公司合并总协议中所概述的总体目标保持一致。

在这种积极势头和刚刚形成的信任基础上——此时仍然处于利益启迪非承诺阶段——温迪迈出了一大步。她问道："你还要干多久，比尔？"比尔停下来思考她的问题。"我想是两三年吧，"他回答，"我想在正式退休前做一些教学工作。譬如，去世界上某些真正需要发展专业技术的地方教书。"

"如果是这样的话，我认为应由你来领导这个部门，"温迪提议，"我能从你的经历中学到很多东西。"

比尔表示："我一直坚信，我们部门也应该有个二号人物，这个人应该至少跟我一样聪明。所以我非常希望由你来担任这个职位，并且帮助你在未来全面接管工作。我觉得我也有一些地方需要向你学习。"

房间里的气氛明显激动了起来。分歧有了解决的可能，人们都看到了光明的未来。随后，比尔的一位同事提出了一种解决空间难题的新办法：最近，在离两家公司园区不远的地方，一栋翻新的砖砌厂房正在寻求出租。为何不在一个完全不同的新设计的环境里开始崭新的公司生活呢？

在完成了头脑风暴列表之后，你可以设置一个群体行动，其中每个想法都被拿出来单独讨论，并被分配一个类别（如一类、二类、三类）。如果谈判各方都同意某个观点或者相信它是可行的，它就是一类观点。如果各方对其存在明显分歧，则被归为三类观点。如果观点尚且模糊，不太明确，那么这个观点就被归为二类观点。在讨论完所有的想法后，你对这些二类观点做最后一次回顾，询问谈判各方是否可以修改这些观点，从而将这些观点升到一类或降到三类。一个二类的方案可以进行修改，或者用其他方案来替代，以便把它变成一类观点。因为利益启迪过程仍处于非承诺阶段，谈判各方畅所欲言。

一类观点有助于达成协议，三类观点则是达成协议的阻力。在谈判过程中知道哪些观点有助于达成协议非常重要，而知道哪类观点不可能使协议达成也同样重要。一类观点将被带入“林中散步”谈判法的下一个阶段中，开始进行实质性的谈判。

第四步：利益协调

利益启迪阶段所激发的可能性被引入“林中散步”谈判法的最后一步，即利益协调阶段。在前三个阶段中，谈判各方找到了可能性图景和需要填补的空白。这个过程是达成协议的前奏——实际获益和付出成本。在第四步中，会推敲在利益启迪阶段得到一致赞同的想法。达成共识的提案将被提交给公司高层。在合作的气氛中，各方共识会更加具体明确。

调整优先级，每一方都要描述、定义和排列“获益”的优先级，即每一方在谈判中想要得到的东西。他们各自决定哪些是“必须得到的”，哪些是“可有可无的”，哪些又是“不需要的”。每一方的“获益”清单都不一样，这在复杂的谈判中很常见。以同样的方式，每一方都阐明他们渴望、愿意和不愿意“付出”什么，以达成协议。例如，温迪愿意让比尔主管这个部门，但她想要什么回报？

如果最终的协商结果（即协议本身）满足一个理想化的利益集合，这一阶段的讨论鼓励各方调整他们的清单。显然，要达成协议，方法的灵活性不可或缺，一些原本排在清单前列的条目有可能会落到后面。

要知道，此时达成的协议如果要保证长期有效可行，就必须经受数次考验。它必须得到每个成员的认同。它必须清楚地表明每个利益相关者得到什么（获益），以及每个利益相关者提出的条件（付出）。然后，温迪、比尔和他们的团队必须一起履行谈判协议，并说服他们的老板，他们的方案将有利于双方企业合并后的发展。每一方都根据谈判总体上是否符合公平原则来评估。如果谈判符合公平原则，谈判各方就会支持、主导和捍卫商定的协议，如果这种协议是外部强加的而不是内部产生的，则任何一方绝不可能支持和拥护它。任何协议只有能满足未来发展的需求，并且得到团队内部的支持，才更有可能经受住时间的考验。

◎◎◎

T-Pro 和 OmniTech 两家公司在进行林中散步式谈判时，双方对“谈判成功”的定义各不相同。这次谈判的目的是帮助谈判双方获得共赢，而不是仅仅一方“获胜”。通过“林中散步”谈判法，将多维的协议方案扩充进来，这是两个团队一开始都没有想到的。他们重新定义了双赢。

这次“林中散步”谈判法达成的协议，最终定稿为首席执行官和高级管理层的一份提案备忘录：它概述了申报结构、拟议的薪酬、设施和工作流程安排。报告还简要描述了谈判进程：不同的观点、共识和分歧、同意和否决的新想法，以及促使协议达成的协调和交流。

几天后，仅仅做了一些小修改，双方高层就通过了这个提案。

“林中散步”谈判法的形式和过程将一个僵局转变为双方共赢的局面。与第 3 章的掰手腕练习相似，谈判者从对抗性的你争我斗变为一种面向共同处境的状态。谈判结果达到了合并公司、研发团队和参与人员的要求，并且能发挥良好的作用。

运用“林中散步”谈判法

以下是一些可以运用“林中散步”谈判法的情形。

1. 在会议中，特别是正在考虑有争议的、复杂的或战略性的问题时，这种方法能确保每个人的意见都被听到，能够确定共同的主题，会议结果能得到重要利益相关者的支持。不管是静修、战略规划会议、员工会议，还是召集了不同选民的会议，“林中散步”谈判法都是具有建设性的方法。在你对下领导时，这是一种有效的手法。

2. 当发生了高风险、情绪化、敌对的分歧时，“林中散步”谈判法创造了一个系统地描述问题和试图解决问题的过程。如果你与分歧本身或分歧的结果有直接的利害关系，不妨聘请其他人来主导谈判，比如从你的圈子外聘请一位公正的调解员或调停人。

3. 防止冲突升级。“林中散步”谈判法可以成为企业专有思维模式和文化的一部分。一旦出现某个问题的苗头，就有人提议说：“我们去那儿‘走走’吧。”这种方式委婉地表明目前存在一个需要关注的问题，并提示人们在不指责、不高声争论、不让问题恶化到相互对抗的情况下解决这个问题。这种方法可以帮助你与其他部门人员进行沟通。

4. 在筹备谈判时，如果你或你的团队正在准备一个重要的（尤其是艰难的）会议，你们可以通过琢磨“林中散步”谈判法的每一个步骤，来预测会议中有可能发生的事情。即便“林中散步”谈判法不是用来组织会议的，你也可以这样做。如果你预料到对抗将是不可避免的，预先演练谈判步骤可以帮助你预知别人的利益点，从而制胜。“林中散步”谈判法是建立情景感和找到合适对策的手段。

5. 对你的老板来说，“林中散步”谈判法的步骤是完成报告或简报的有效方式。这个报告将代表谈判双方，其中包括他们的利益点、同意和反对的观点、提出的新观点和能接受的观点。仅仅报告结果而不叙述过程，只能说明一部分问题。经过全面考虑，领导者将能提出更好的议题进行讨论，并确定最终的意见。“林中散步”谈判法是你准备向上领导的技巧之一。

6. 深陷大脑思维的“空洞”时。当某人或某事让你陷入困境，用一个词来激励自己走出困境，爬出深渊：“走”。不要在大脑深陷困境时轻易发表意见或做出反应。“林中散步”谈判法最重要的技巧是提问。提出最相关的问题：为什么？是什么？谁？整合你能想到的答案，并且计划下一步的行动。就个人而言，“林中散步”谈判法是修炼情商，让自己和他人走出困境的一种有益训练。

◎◎◎

你已经明白，“林中散步”谈判法是如何在一个大型的、促进式的会话中发挥作用的。再举一个来自医护关系谈判的实例。同样地，为保护隐私，案例细节有轻微的变动，但谈判议题和结果都是真实的。

一位老妇人去世了。在这位老妇人死后，她的女儿得知她母亲是癌症晚期，但没有得到积极的治疗。她投诉了长期为她母亲进行治疗的医生，并威胁要对这家医院提起诉讼。医院劝她进行调解。此时我们运用“林中散步”谈判法，帮助患者女儿和医生进行磋商。

在利益自述阶段，患者女儿说她想要为她母亲遭受的病痛和现在她自己承受的困难讨个公道。医生说他的意图是为病人提供最佳关怀。就在这一阶段，医生透露是老妇人主动决定放弃治疗的。但是女儿不知道她母亲的这一决定。

在利益扩大阶段，很明显，患者女儿和医生都关心高质量的医疗服务并尊重父母的意愿。女儿提到，她母亲曾在多个场合给予该医生高度评价。女儿的愤怒现在有一部分转向了她的母亲，因为母亲并没有和她分享癌症诊断结果。医生透露，癌症的治疗方案不能保证一定会见效，治疗过程中她的母亲也会感到极度的不适。他还坦陈，他本可以极力劝说患者把诊断结果告知家人。他还说，在讨论患者的死亡问题时，自己可能对患者的女儿表现得有些缺乏同情。在这一阶段，先前紧张的局面得以大大缓解。

在利益启迪阶段，双方讨论了医生当时本应该采取何种举动来安慰患者女儿。或许，在拿到诊断结果时，患者不方便和家人沟通，但医生可以主动与患者女儿谈谈。虽然患者女儿仍想做点儿什么来讨回公道，但她现在已经不想打官司了。

在利益协调阶段，双方同意医生以老妇人的名义向一家致力于癌症研究的慈善机构捐出一大笔款项（在捐款具体数额上，双方又讨论了一番），并且医生本人需要参加一个医患交流培训班。双方还同意，如果医生在三个月内做到上述两条，患者女儿就不会向医疗委员会提出正式投诉或向法院提起诉讼。

“林中散步”谈判法为谈判各方提供了一个表达自己和倾听他人的机会。它缓和了矛盾，为提出新的解决办法提供了可能。最后，双方都满意而归。一个充满争议的局面得到了妥善解决。

使用“林中散步”谈判法应该注意什么

熟练掌握“林中散步”谈判法的最佳方法就是运用它。首先，将该方法作为一种特定的对策，应用于解决问题和谈判。随着你越来越熟悉该方法的运用前提和具体操作，你可以用它来开展会议或解决更复杂的冲突局面。

每一步的具体目标、方法和预期效果为下一步的实施奠定了基础。在每一步开始的时候，简要回顾一下要讨论什么，为什么需要讨论，以及希望在这一步达到什么目标，这是相当有用的。在每一阶段结束时，对于已经讨论和解决的问题，以及如何进入下一阶段做一个简要的概括也是有益的。

开展林中散步式谈判需要机动灵活。虽然我们说“林中散步”谈判法是一种严谨的、条理清晰的、循序渐进的方法，但在实践中它并不总是按部就班地按照流程发展，如有需要则可以返回前面的步骤。这种方法是一种参考，不应过于死板地套用，以免限制流畅而有价值的交流。

要把一些关键人物请到谈判桌上是很难的。使利益相关的部分群体，进行一些战略性、小规模的“预”散步式谈判活动，以便做好准备，逐渐解决后续问题。一次林中散步式谈判必定会引来下一次林中散步式谈判。就像你在元领导中所做的一样，为了达到渴望的目标，需要重复进行这些过程。

◎◎◎

“林中散步”谈判法最大的效果就是双赢。由于参与者制定了他们的方案，即便最终结果和他们想的不一样，他们也愿意看到方案达到效果。在第一步利益自述中，谈判者既认识到他们拥有的机会，也意识到他们受到的限制。在利益扩大阶段，谈判双方建立必要的联系，以共同制定方案。随着局面的转变，他们在利益启迪阶段提出了一些在其他时期可能不会出现的方案。利益协调阶段的“给予和获取”的谈判过程提供了一个平衡、务实、可行的方案，覆盖了谈判各方具有共识的利益点。这是一个他们精心设计并认同的方案，所以方案的结果会是各方共赢，这种共赢会促使各方诚信地执行协议。

有的谈判没有产生分歧对抗，谈判者也能达成一致。但相比较而言，“林中散步”谈判法避免了说话夸张和装腔作势，用坦率和灵活的话语代替了哗众取宠。各方需要重新调整他们的预先判断，否则就不能从中获利。这是一个易操作的办法，能达到事半功倍的效果。

“林中散步”谈判法是帮助你做出决策，形成共同目标的元领导指南。最后要说的是，把控过程和结果对项目是否成功至关重要，这不仅对利益相关者有利，也对引导他们完成步骤的协调人有利。

“林中散步”谈判法的实施步骤也可以应用于第 4 章描述的思维与形动闭环：在利益自述和利益扩大阶段，学习并了解各方立场，让他们共同应对挑战和机遇，并预测他们可能愿意聚在一起的原因。利益启迪和利益协调则是行动阶段，在这个阶段，大家根据各方提出的观点做出决定，然后制订计划来实施和沟通新达成的协议。这些步骤可以在处理高风险矛盾时一起使用。

元领导力是从现实生活中升华出来的。具体来说，要在高风险、高压的危机环境中取得成功需要具备一些必需条件，元领导力的三个维度——人、情境和联通力就是必需条件。在下一章，我们会探讨元领导者在关键时刻如何把握航向。

自我发问

- 试着在工作中和家中运用“林中散步”谈判法。思考它的四个步骤以及运用策略。它们如何影响你的思想和行动？你问了什么问题来引导这个过程？当你引导谈判者时，他们的反应如何？谈判过程怎样影响结果？
- 你是否遇到过用“林中散步”谈判法完成谈判或解决问题的情况？比较一下实际结果和预期结果。
- 你可能会发现“林中散步”谈判法中的一些实践和原则已经是你解决问题的方法的一部分。如何将你正在学习的东西用于你已经在做的事情？

12

破除经验主义，及时决策转向

YOU'RE IT

在危机或系统性变革到来时，元领导者需要准备就绪，同时他们还要具有改变行为和前进方向的能力，你需要把握航向。

危机的形式和规模多种多样，并且每一场危机都会造成严重破坏。现实生活中既有造成大规模人员伤亡和重大财产损失的大危机，也出现过让整个公司一蹶不振的市场失灵，常常发生规模较小但影响重大的个人危机，如亲人的死亡、疾病、离婚或失业。现实生活有飓风和暴风雪这些可以提前预警的危机，也存在根本没有预警或预警并不显著的危机，例如恐怖袭击或工业事故。所有危机都需要适当的应对措施，而当这种应对措施达不到要求时，结果可能是一场又一场的灾难。

当危机袭来，你采取的每一个步骤都涉及一次“转向”。你从日常遇到的现实转向思维的洞穴，你将要面临的情况不明朗，恐慌不断涌来。接着你开始搜集信息，然后转向“经验脚本”，借助习得行为或有意行为来重置你的大脑。最后，你开始践行思维与行动闭环回路。借助每一个转向，你在应对危机时，系统地从无意识和无知觉状态转变为有意识和有知觉状态；从毫无目的且依赖与生俱来的特质，转变为训练有素且目的明确，这就是掌握危机元领导力的过程。

当你系统地扫遍这些关键点时，你的思维、行动和方向都会发生转变。你的处事风格也全然不同——警觉性增强，注意力集中。你将自己和他人从思维的“地下室”拉了上来。你既可以看到宏大的现状的图景，也能迅速厘清优先级事项。

由于此种思维和行动已成为解决日常问题和小规模危机的常规操作，因此在面临重大危机时，你对应采取的措施已经有所了解与实践。这恰好是采用元领导思维方式最有利的条件之一。

我们永远无法确定危机降临的时间。当你身为领导者时，危机突发之刻也恰是“就是你了”的时刻。人们会依赖你，下一步你要怎么做？

做好转向的准备

在以色列，“韧性”是危机应对的主题。在恐怖袭击、战争和地震期间，这种韧性在国家的计划和议程中处处可见。对于一个位于敌对地区的小国来说，保持韧性有着重要的存在价值：这就是以色列为何“随时做好应对”。该国在战争时期系统地进行策略转向，在面对恐怖袭击时应急响应系统立即就能发挥作用。随时转向已经融入这个国家和人民的血液中，变成了一种文化。

我们对以色列充满好奇，并多次调研该国的应急响应措施、危机领导方式和在危机来临时表现出的韧性。为了调研，我们会见了科比·皮莱格教授。他在格特纳研究所（Gertner Institute）建立了以色列国家创伤和急诊医学研究中心（Israel National Center for Trauma and Emergency Medicine Research），并在特拉维夫大学共同建立了应急与灾难管理硕士学位课程。他在紧急灾难救援以及恐怖主义所致大规模伤亡事件等领域做出了开创性的研究。他参加了以色列向亚美尼亚、卢旺达、印度尼西亚和海地提供的国际人道主义援助工作，并以联合国专家的身份被派遣参与菲律宾和尼泊尔的灾害响应协调工作。

皮莱格说："恐怖分子的目的是说服民众不能信任当局，并激起民众的恐慌和焦虑。因此，我们所做的一切皆是为了减轻人们的恐惧感。"出于这个原因，在遭遇恐怖袭击后，以色列官员总是尽最大努力迅速恢复日常工作（以减轻人们的恐惧感）。

标准的操作程序用于恢复秩序，并且每个程序都对关键过程有所帮助。大规模人员伤亡事件发生后，幸存者尽快撤离现场，这被称为"抢先逃跑"训练。出于对现场辅助设备的关切，应急响应者已经学会了不要犹豫不决。皮莱格解释说："这也有助于挽救受伤人员，因为相比较现场救助，他们将在医院得到更好的护理。"

在对现场进行快速勘探之后，玻璃装配工、木匠和焊工将损坏的区域迅速恢复到原来的样子。社会为受伤者和遇难者亲属提供足够的心理支持，以帮助他们重获健康（包括短期的康复和长期的康复）。通常，本着"生活继续前进"的精神，恐怖袭击现场很快就会恢复到以前的人流量和活动水平，迅速恢复正常状态（这是从危机状态到固有常态的系统性转折）。该地区恢复平静后，有助于个人和社会整体秩序感的重塑。

“经验对韧性的养成也起着重要作用。”皮莱格教授指出，“如果某事反复发生，人们就会对此习以为常，并在某种程度上学会通过使其‘正常化’来应对它。”例如，我们研究了以色列股票市场在经历了恐怖袭击后的波动情况。在早期恐怖袭击频繁发生的时候，股票市场在袭击发生后头几天都会出现大幅下跌。但是，久而久之，随着人们对此类“爆炸性”新闻越来越习惯并相信社会的适应力，股市的下降幅度就变得不那么明显，市场回暖的速度也开始变得更快。

在增强社会的复原力和韧性方面，以色列拥有丰富的经验。我们请教皮莱格教授，该国最近是否有新的发现。“2015 年尼泊尔发生大地震后，我们奔赴受灾现场提供援助，发现了一个趣的现象。”皮莱格说道，“包括以色列在内的世界各国都派遣了搜救团队。76 支队伍中有 2 248 名国际救援人员。即便有如此庞大的救援队伍，却只有 16 人最终获救。我们在观察其他国家的地震救援情况时也发现，从废墟中幸存下来的人数非常有限。经过进一步调查，我们发现有文章指出，大多数获救人员是由家人、邻居和志愿者救出的，而并不是由专业应急人员救出的。我们与民防系统 Home Front Command 分享了这个发现。在以色列，地震经常发生。因此，我们面向 75 000 名以色列高中学生教授简单易学的搜救方法，例如，如何使用汽车的千斤顶举起杂物，救出被困在瓦砾下的人。我们在培训前后都进行了调查，高中生们在接受培训后对灾难应对知识有所了解，灾难应变能力也有所提升，这让我们备受鼓舞。经过培训后，高中生掌握了在紧急情况下自救的知识。如果我们向人们提供必要的知识和技能，我们就能增强他们乃至整个社区的应变能力。当人们感到无助或不知所措时，他们的坚忍力就会下降。”在这里，皮莱格描述了一个从孤立无援到协调有序施与帮助的转变过程。

“在帮助伤者时也是如此，”他补充说道，“如果你遇到一个大出血的伤者，而你知道如何止血，那么你能为他提供基本的护理，而且在之后自我感觉也还不错。否则，你就会感到非常恐慌，因为自己不能施救而又会感到内疚和羞愧；如果这个人因此而丧生，这种愧疚感会更明显。”

皮莱格强调了类似的专门技能在协调各种应急机构工作中的重要性：“我们准备了计划，举办了相关的培训，并与参与应急响应的许多机构做了多次演练。如果你也来参与训练，那么就能认识其他机构的人（他们说的都是同样的专业语言）。我们通常很难对认识的人说不，而对不认识的人说‘不’则相对容易一些。我们并肩作战时，能够预测到我们的工作需要什么。甚至在我张开嘴之前，你就知道我的需求，并且已经准备好为我提供服务。”

“领导力在坚忍品格的养成中起着关键作用，”皮莱格继续说道，“领导者首先必须相信自己。他们必须做好准备发挥自己坚忍不拔的品质，因为其他人正看着呢。这里我们所说的其他人可能是团队中的人员，也可能是同事甚至整个国家。如果领导者不够坚强，也将会降低团队其他人的韧性。”

练习转向

你如何把本书中学会的经验放置到自己的危机领导力工具箱中?

第一步，练习。

你每天都会面临小型危机。

去参加重要会议，你却突然发现自己的钥匙不见了。随后一系列琐碎但有启发性的“转向”接连发生。你大脑中的声音或许会是“不好了! 一定要准时到达才行”。但是，此时你需要从思维的洞穴走出来。深呼吸，在脑中回忆昨晚回家时的路线；记住，恰是心神不定你才无意间将钥匙留在房间内。再继续：你不会再这样做。

还有另一种小型危机：收到同事发来的令人讨厌和满是指责的电子邮件。思维转向：你首先想到的是愤怒以及毫不留情地进行回击。但是，不要这么做。认识到此时是所谓“杏仁核劫持”时刻。你需要有意识地将自己带出洞穴，不妨通过数数让自己平静下来。花一点时间承认自己的愤怒，然后将思维转到自己的应对工具箱，想象自己根本没有收到电子邮件。只不过此时，你需要把自己的想法写下来，作为眼下的危机应急反应。现在你已经镇定下来，开始试着解决问题，以“林中散步”谈判法为思考的基点。他在想什么? 你在想什么? 你们的想法有什么区别? 你们的分歧和一致性分别又是什么? 你有什么新思路吗? 是否有合作的潜力? 多给自己预留一些时间，这样可以更好地想清楚如何修复与他人的关系。

你打开晨报，然后在头版中发现了公司和自己的名字。此时，你又面临一个“这是什么鬼东西”的转向。新闻是从哪里来的？你的思维又一次下沉到洞穴，发泄心中的怒火。随后，转向开始了。“一步一步来。”你在大脑中重复思维与行动闭环，然后召集整个团队，了解全部信息。接下来的情形开始明朗起来。你可以采取什么措施来解决这个问题？你制定了一个应对策略，但是也要确保这一策略具有前瞻性。告诉自己“我可以做到”，而且一旦采取行动，你将能恢复常态并且继续前进。

当你通过实践，使自己的实践能力和分析能力更优秀时，你会变得比本来的你更聪明。

如果做不到有意识地转变，又会发生什么？答案则是你永远找不到你的钥匙，而且还会因缺席会议而错失重要的合同；收到邮件时，你点击“回复全部”痛斥你的同事，结果不仅让自己难堪，还让其他人逐渐将你孤立；你对报纸文章的激烈回应人人皆知，不仅无益于解决问题，还给坊间传闻增添了更多的“猛料”。由于种种错误原因，你现在“出名”了。

对相对较小规模的困难采取此训练措施，能帮助你在危机真正来临时做到有条不紊。然而，设想如何克服危险并不是一件容易之事，当你陷入思维的洞穴时，这更是不可能之举。在危机化解之后，务必要反思自己的举动，反思自己可以改进的地方以及如何处理好这样的状况。不要忘记内省并吸取教训，如此才能从容应对下一场危机（见表 12.1）。

表 12.1　从容应对下一场危机

【2】 承认自己深陷思维洞穴 获得个人自我意识 获得情境意识	【4】 意识清醒且可控 尝试使用思维与行动闭环 思维活跃且清醒
【1】 思维下沉至洞穴 “杏仁核劫持”时刻 陷入被动且无序之态	【3】 激活“经验脚本” 求助于思维工具箱 帮助其他陷入思维洞穴的人

在危机与变革中转向

此外，我们还需要评估无法自控时会发生何种状况。当身为领导者的你不受控制下滑时，你的追随者的焦虑也会加重。他人的反应如何反映你的自我反思？你如何抓住其中的窍门？

当你带领他人进行富有成效的应急响应时，整个团队整体的评估和行动能力也会相应提高。人们就会追随你。如果你选择继续前进，团队成员也就会继续追随你的步伐，并坚信你将团结大家朝着更好的局面迈进。此时整体的秩序感会远胜于控制感。

◎◎◎

你也完全可以因个人事宜而做出领导力转向，但依旧能以引导和启迪他人的方式表现出来。

每年，在我们举办的国家应急领导力项目中，学员们都有机会聆听风云人物的演讲，这些元领导者的身影都曾出现在近期发生的飓风、大规模伤亡袭击或流行病等国家性的危机事件中。2018 年 6 月，我们非常谨慎地改变了授课方式，邀请了一些危机幸存者来到我们的课堂。这些幸存者如何实现不一样的危机领导力呢?

四个月前，在位于美国佛罗里达州帕克兰市的斯通曼·道格拉斯公立高中，尼古拉斯·克鲁兹枪杀了十四名学生和三名教职员工。枪击案发生的时候，伊登·希伯伦正上着英语课，在她的教室里，有八个人被枪杀，其中三人死亡，死者中有她最好的朋友。伊登在母亲妮科尔·库克博士的陪同下，来到我们在哈佛大学的教室，加入了我们的讨论。

对于一个十五岁的年轻人来说，在哈佛演讲厅里面对高层危机领导者发表演讲，的确要鼓起巨大勇气。像许多经历过“帕克兰枪击案”的年轻人和他们的父母一样，伊登和妮科尔也正在执行她们的使命。对某些幸存者来说，这个使命就是枪支管制。对其他人而言，这是一场政治变革。对伊登和妮科尔来说，这是一场响应系统和韧性系统的改变，她们在剑桥镇找到了合适的听众。

伊登说：“那天是 2 月 14 日，我在 1216 房间。整个枪击过程持续了六七分钟。首先是走廊上有枪响，那时，我们教室里的第一个人被击中。我藏到和门同侧的桌子后面。枪手从未进过教室。所有的子弹都是从走廊穿过门打进来的。我最后躲在桌子后面。我不知道面对一个疯狂的枪手时应该怎么做，我从来没有接受过这方面的训练。我一开始以为这是假的，后来我看到每个人都在奔跑——沿着墙或桌子奔跑。我直接去了离我最近的地方，躲在一张桌子后面，周围也没有其他同学。离我最近的人就是我的好朋友，因为她躲在门对面，所以被子弹击中。桌子后面，老师有一个专门放纸的文件桶。枪手两次来到我们的教室，所以我拿起了那个文件桶，把它挡在我面前。桌子上有一块桌布，我不希望枪手看到我的脚或脸。我不知道为什么，但是在那一刻，我认为那块桌布和那个文件桶能在如此危险的情况下给我最大程度的保护。”伊登躲在枪手视线之外的地方，最终在惨烈的枪击事件中幸存下来，没有受伤。她所在的教室里满是鲜血和玻璃碴。她对着演讲观众说：“我们班上共有三位同学丧生。”

在分享完发生的事情后，伊登将我们的注意力转移到她的任务上：“帕克兰市的执法机构存在着很多系统性的失误。我们的学生资源主任（斯科特·彼得森先生）拥有持枪权，他可以在现场回击枪手，但他却没有这样做，而且似乎学校或执法部门都没有一个考虑周全的协议或计划能够攻击或回击枪手。他们花了很长时间才进入教学楼。在枪手攻击的最后阶段，很多人在三楼被杀害。如果我们的执法部门知道如何正确地防范枪手，那么所有遇难的学生本都可以得救。我们有许多系统性失误需要整改。也许我们无法阻止枪击事件的发生，但是我们可以防止受害人数上升。”

“而且由于他们没有有效地应对，所以当警察终于来到我们教室的时候，他们一遍又一遍地大喊大叫。我们当时以为他（枪手）第三次回来了，我们不知道那些人是警察。如果当时他们能告诉我们‘现在你们很安全，这是警察的位置，枪手的位置在那边’之类的话，或许现场情况会更好。然而，他们却把玻璃打碎，门也被徒手击破了。现场的警察们不够温和，而我们对他们充满不信任，因为他们没有给我们任何安全感，但那却是当时的我们最需要的东西。我们当时什么不知道，我们能看到的也就只是一把枪而已。而现场警察们说的唯一一句话就是，‘站起来，快跑’。

“我一直非常信任警察，但是在那一刻我们却感到不安全。那一刻枪手还在教学楼里，警察还没有抓到枪手就疏散了所有学生。当他们把我们送到走廊的时候，我们对现场情况一无所知。现在，在阅读了所有报道和其他枪击案件后，我知道有针对枪击事件的其他更为高效的方案。当我们想到纽顿市的枪击案（2014 年 12 月发生在康涅狄格州纽顿市的桑迪胡克小学的枪击案），以及那起案件与我们这起的间隔时间，我们认为时至今日，学校的官员和当地执法人员理应受到更多的训练，应该有人告诉他们面临枪手，他们要去做什么、如何做。”

然后，伊登的母亲说：“我们有成千上万的学生曾置身于这种危险的情形，或者曾经通过观看视频目睹这一切。我们有成千上万即将成年的学生，他们对执法部门几乎是零信任，或者对大规模枪击事件的自我保护一无所知。我无法想象现在有多少学生在患有 PTSD（创伤后应激障碍）的同时还要应付自己的学业。但是，目前我们也没有任何系统性的方法可以帮助治疗这种创伤，现在很多心理服务都来自民间的慈善行为，而这其中很少有人关注精神疾病或者很少能提供持续性的医疗救助。学校没有针对 PTSD 进行筛查，也没有对幸存的孩子们做持续性观察。从安全的角度来看，校方为重塑信任所做的努力依旧很少。如今他们还在期待学生认真学习，按时参加 AP（大学选修课程）考试！现在这些孩子都还在为自己的生命安全担惊受怕，根本没有能力聚精会神地学习，这是一场悲剧啊！我们可能会因此失去这一代人。”

伊登呼吁大家采取行动：“这是真实发生在我们身边的事情，如果我们对此不做点什么，未来遭罪的可能就是你自己的孩子。我祈祷没有其他孩子再次看到我所看到的一幕，我的一位好朋友在我眼前活生生被枪打死。我们感受到了所有的痛苦，也经历了这些事情，我们不希望其他人再经历这种痛苦！但是，如果我们现在不做点什么，这种事情就很可能会发生在他们身上。”

我们问伊登和妮科尔，她们期待看到什么变化。伊登希望学校能有更好的应对流程、更好的培训，以及执法人员应该更好地做好应急准备，及时阻止枪手的活动。她还提倡学校也为学生提供相应的应对训练，以便学生知道在发生枪击事件时应该怎么做。她补充说：“任何有精神疾病、暴力倾向或攻击迹象的人，都不应该被允许拥有枪支，枪支需要受到监管。而且许多有暴力行为且对其危险后果不自知的孩子，也没有引起校方和当局的注意，他们应该知道这些孩子长大以后或许会给其他人带来伤害，如果孩子表现出暴力行为，那么他们需要承担相应的后果。”妮科尔希望看到制度性的改革，以便为幸存者和家属提供及时的创伤后护理。目前一些幸存者和家属已经开始合作推动州政府和联邦政府针对枪支安全进行立法。

伊登和妮科尔将信息传达给危机应对专家，她们能够把斯通曼·道格拉斯公立高中的悲惨经历转化为切实的变革。安坐于哈佛大学教室内的课程参与者也承诺把这些经验运用在自身机构的流程改革之中，并且把伊登的呼吁传达给更高层的领导者。

走出危机，美好的事物就会出现。我们知道伊登的坚毅很大程度上被她寻求真正改变的承诺所驱动。后来她给我们写信说："老实说，当我对某个人或某件事产生自己的影响时，我会感觉心情舒畅并且内心满足。在我离开波士顿时，我就有那种感觉。"对一个表达能力清晰且成熟的十五岁孩子来说，这是一项崇高而勇敢的元领导任务。

做好情绪管理

脆弱、恐惧、无助，这些是你在危机中感觉到的令人不安的情绪。回想一下自己被那种感觉困扰的时刻。这些感觉可以激励你，也可以唤醒你。如果此种感受能引领你寻找更安全的保障，它们就是"支持的力量"本身。这些情绪还促使人们与感知到的真实威胁做斗争，这是一种情绪上的"对抗性力量"。危机塑造了"待办事项"清单。

这些"力量"覆盖了从团结到质疑的过程。他们到底是盟友还是敌人？我应该防卫还是攻击？他们是我们的保护者还是破坏者？由此界限被设定，亲和力建立了起来。结果关乎谁输谁赢。

在波士顿马拉松爆炸案反应期间，危机领导者们、他们所效力的机构和整个社区凝聚一起。人们团结在一起是出于“波士顿当自强”那句口号带来的强大力量，这使人们获得了安全感、保护感和认同感。波士顿人全都在与坏人（那些发动恐怖袭击的作恶者）斗争。

就像陷入思维的洞穴是很多人面对恐惧时的先天反应一样，团结与质疑也是一种集体的先天性反应。在一个群体（指与你亲近的人，例如家庭成员、同胞或具有同样的政治倾向的“同志”以及同事）内，人们会产生团结之情。此种团结感为人们提供劝慰，同时还是安全的避风港和团结的堡垒。人们聚集起来，与危险的外部群体进行对抗，共同对抗那些他们认为会带来道德、文化、身份或身体危害的人。

作为元领导者，你与追随者结盟的方法应当符合团结的本性与团结的原则，譬如齐心协力、慷慨大方、行动一致、拒绝自负、拒绝责备，以及信任。

在波士顿马拉松爆炸案的响应中，好人和坏人的阵容清晰可见。然而，并非所有危机都有这些明显的区别。在 2005 年的卡特里娜飓风应对行动中，由于错误估计灾难、行动缓慢、应对过程不够友好，并且未能及时灵活地采取行动，政府机构成为人们眼中的坏蛋。同样，在墨西哥湾原油泄漏事件中，坏人既是负责监督钻井作业的英国石油公司，又是负责监督危机应对的政府机构。领导难题中更难解决的问题之一，便是使各个机构的领导者保持一致，以便他们可以共同提供最佳的协调响应策略。领导者需要努力把人们的质疑心态转变为团结之情。还记得前面提到的普拉克明小镇镇长比利·农格塞尔的故事吗？一旦海岸警卫队响应了他的要求，他就从一种反对力量转化为支持力量。

快速启动危机响应

危机及应急处置对策容易引起人们的关注。然而，通常危机中充斥着各类冲突、不良后果，以及各种偏离规范的反常之态。新闻媒体报道危机是因为它们新颖、充满情感、有趣，并且通常具有实时性。作为危机元领导者，你的“转向”本能地把你带到万人瞩目的风暴中心。

根据定义，在一场危机中你需要做很多事情。如果你领导着一家危机应急响应机构，你的追随者包括专业人员和志愿者，专业人员已经习惯了危机应对机制，例如事件指挥系统（ICS），该机制可以将那些志愿者拒之门外。通过你的元领导力，你可以提高专业人员和非正式人员（即志愿者）之间的联通力，以此来补充和扩大 ICS 的优势。我们在波士顿马拉松爆炸案的危机处置措施（第 1 章）和超级飓风桑迪的紧急应对措施（第 2 章）中看到很多类似案例。

关注活动缔造了意志坚定的、富有成效的团队，人们通过共同努力来缓解危机。人们渴望跟随你并与你一起调整实施策略：许多人深陷思维洞穴，等待你的指导和指示。你要去安慰他们，抚慰他们的情绪，并且让他们再次精力充沛。这就是元领导力的魔力。这就是人们信任你、对你充满信心，并且愿意听你调遣的原因。

无论你是领导一些人、一个机构，还是像在波士顿马拉松爆炸案中那样领导整个城市，你率领的队伍都需要你鼓舞他们，让他们团结起来，共同完成你们期待的“壮举”。“就是你了”时刻，严格来说是由你本人实现的，也是由所有共同领导者来实现的，其中包括那些追随你的人，以及你追随的人。

◎◎◎

在前文中，我们讨论过海军少将彼得·奈芬格的经历。他是 2010 年墨西哥湾原油泄漏事故的现场指挥官。泄漏事故发生五年后，奥巴马总统任命他担任 TSA 的领导人。2015 年 6 月，在奈芬格宣誓就职之前，有消息透露说，在国土安全部监察长要求进行的一项测试中，检查人员携带的 95%的模拟炸药和武器成功通过了安全检查员和安检仪器，这表明国家公共安全存在显著威胁。

上任后，奈芬格得知，筛查力度不足是困扰该机构的众多缺陷之一，此外机构内士气、培训、监督、管理、内部联系和外部关系也存在诸多问题。广大公众都对 TSA 不屑一顾。正如奈芬格后来向我们反映的那样：“TSA 每天都在提醒人们警惕恐怖主义，而这个系统却失败了，并且是一种侵入性的失败。当人们面对一个普遍不喜欢的系统时，如果你相信它确实可以保护你，那么你会忍受这个系统；可是当你发现它无法做到这一点时，你对系统的信心也会随之崩溃。”

奈芬格决心调查整个系统失灵的原因，并修补其中的不足与漏洞。首先，他了解到TSA人员不足。在美国排名前30位的国内机场中，TSA仅能满足乘客高峰需求的60%，从而导致安检等候时间较长。为了克服这个问题，该机构在奈芬格到达之前就实施了一项名为“有管理的包容”项目，该项目允许随机选择大量乘客以绕过标准的安检程序。然而，事实上，乘客们却被引导到更精简的TSA预检查队列。筛选人员还获得了财务激励以减少等待的时间。尽管该程序解决了后续问题，但是并没有挽回安全筛查任务本身的失败。

上任十周后，奈芬格领导了第一次机构改革。他将机构的危机整理成报告，以此作为改革的导火索，宣布终止这个所谓“管理式包容”项目。然后，为了重新定位该机构的核心任务，他要求所有的TSA机场负责人、经理和一线安检人员参加新的培训，新培训的使命为“回归任务本质”。奈芬格的目标是加强机构的信心，特别是强化前线TSA人员的信心。“我希望将他们与任务联系起来，希望他们意识到，他们才是这个机构中最重要的人，因为他们一直处于任务的终端。”奈芬格表示，只有在相关人员接受了专业培训，彼此密切配合，深度参与工作并且感到自己被赋能的前提下，他们的共同使命才能实现。新的问题是要进行更仔细的筛查，但是他们又面临筛查人员和筛查设备的不足，导致机场排队人数激增。

在这一复杂的背景之下，2016年3月22日，奈芬格抵达布鲁塞尔，与欧盟航空领导人举行会议。他的航班晚点了二十分钟才到达机场。而就在飞机距离停机坪只有几米远的地方，飞行员采取了一系列猛烈制动举动，因为在驾驶舱里，飞行员目睹了一场震惊的灾难性事件：两枚炸弹在机场的预检查区被引爆，致使现场十七人死亡，八十多人受伤。

航站楼内的恐慌慢慢散播开，与此同时，奈芬格的飞机在停机坪上停了好几个小时。他说："我盯着窗外看了很长时间，就这样看着。机场和航空公司的员工、急救人员和乘客都在四处逃命。显然，机场发生的事情是灾难性的。"

布鲁塞尔事件促使奈芬格采取下一个行动转向。第二天，他回到华盛顿，更加坚定地推行 TSA 的航空安全强化工作。"对我来说，最主要的教训就是，我们必须避免在美国的任何地方发生类似案件。为了做到这一点，我们绝对不能再把安检等同于一系列的检查站和限流设施，"奈芬格说，"我们总是试图从安检起点开始让人们有序排队，开始安检。但是，安检点却与直通安检点的通道大不相同。这些通道通常暴露于公共区域，而爆炸则多在这些区域发生。我们后来得知，引爆炸弹的恐怖分子起初并未计划通过安全检查。他们的目标是公共区域，炸弹就是在这块区域爆炸的。"

这其中的尴尬之处则是人群在安检线外逐渐聚集，安检的队伍只会越来越长。这些人是暴露在公共场所的软目标，是明显的安全隐患。在西雅图、明尼阿波利斯、达拉斯以及亚特兰大，有成千上万的乘客因此耽误了登机，航空公司和机场运营商经常为此暴怒。

两个月后，在芝加哥，安检等待线成了另一种危机。乘客们在奥黑尔国际机场的安检等待区站立了长达四个小时。每个人

（包括市长、航空局领导和公众）都愤怒无比。2016 年 5 月 20 日，奈芬格飞抵芝加哥，这是一个他必须出现的时刻。奈芬格说："我知道我必须站到那里，这将是一个关键点。"他的一些高级职员警告他最好不要去：他会在负面新闻的循环周期中陷入困境。奈芬格却希望亲自了解情况，希望能与芝加哥的领导层会面，以确定 TSA 是否正在提供前线所需的资源和培训。奈芬格说："我想，只有我亲自去调查才能发现问题所在。"

芝加哥机场的安检等待线问题引发了媒体的狂热报道，奈芬格则被置于公众的质疑与争议的旋涡中心。《华盛顿邮报》报道说："TSA 局长彼得·奈芬格可能出了点麻烦。"航空公司的高层正不断给白宫和国会施压。公众的怒火已经被点燃。

奈芬格上将抓住了这个机会，将人们的质疑转换为团结之情。如果航空公司、机场和 TSA 共同努力，确保人们的飞行安全并且提高安检过程的效率，舆论会不会好转？他出现在混乱的机场，向航空行业伸出橄榄枝。他担起重任扭转局面。当他制定出一个大规模的集体行动转向，激励所有相关人员将"奈芬格"的问题转变为"我们"的问题时，最终这个行动奏效了。

航空公司和他做了同样的决定。他们提出购买和安装更有效的安检设备。为了加快速度，机场提供了人员协助人们完成非安检任务。国会批准了新的资金，用以支持延长安检人员的工作时间。航空公司、机场和 TSA 添加了新的每日状态通知，以共享有关预期载客量的数据。这样安检人员可以在乘客预期高峰期适时出现在安检区。

数据显示，在阵亡将士纪念日的那个周末，安检等待线任务超载，警报升级。此前，这些安全等待线从未被数据化。奈芬格运用了他的元领导意识，推进各方通力合作，加强联系，共同解决机场错综复杂的安全问题。

四个月后，这项合作演变为有史以来的首届TSA公共区域安全峰会。尽管TSA长期以来受到航空业的歧视，但该机构现在被视为备受尊敬的活动召集人。来自各大航空公司、货运公司、行业协会、执法机构和机场的安全负责人齐聚一堂，共担使命。奈芬格和他的TSA领导团队凝聚了团结的力量。

◎◎◎

奈芬格团队的一位高级领导者杰里·阿格纽在出面协助应对芝加哥局势之前，刚刚参加了我们在哈佛大学的元领导力课程。他后来写信跟我们说：

“上周，刚刚结束我们的元领导力课程急训，我就被派往芝加哥，协助TSA恢复正常运行。我可以直接告诉你，当我的大脑下沉到思维洞穴开始思考后，我突然明白了。我发现，认识到自己身处思维洞穴时最有用的一件事，便是记住我正处于生存本能的模式，而摆在我面前的问题比我本身的问题还大。

“我运用了在哈佛学到的知识。我试图在各个方向发挥我的领导力，寻找可以将我们所有人调动起来的协调力。我与航空承运人、城市官员以及员工运用‘林中散步’谈判法（一天几次），我与任何你能想到的人一起‘散步’。他们都愿意跟我边走边谈，为我们面临的多维问题寻找解决的方法，并且我相信这种方法

奏效了。因为我坚持运用你们教给我们的理念：‘我如何使你成功？’

“我没有企图在谈判中实现目标，而是寻求一种基于共同利益的解决方案。在某些情况下，这意味着我可能只获得了我想要的30%，有时甚至更少，他们可能已经获得70%甚至更多，但这是有用的。我不断使用领导力的三个维度来取得成果，尤其是在战略和执行方面，因为它包括我在树林里所走的路（我们的提议）以及他们认为可行的想法。我寻求我能获得的最高水平的合作。

“你知道吗？当这个方法奏效时，我一度不敢相信。我尝试了思维与行动闭环，尽我所能地停留在循环中，而那些干扰领导力的因素开始消失，就好像周围的人都不知道自己在做什么，你就占了上风。在发生改变时，你根本不知道我在对话中听到了多少次‘我们做不到’这样的话。可是后来，这些话逐渐都不见了。我在循环回路中获得了满满的能量，我能够带领整个芝加哥走出思维洞穴。直到我让所有人都朝着正确的方向发展之后，我才开始看到群体领导的综合动力。之所以说是‘综合动力’，是因为他们还不完整，但是我确实发现他们开始了解自己的角色，并在合作中发挥个人的作用。”

正如温斯顿·丘吉尔所说：“永远不要浪费一场危机。”从定义上看，一场危机是关键点。当然，它通常会朝着更糟的方向发展，当然也有向好的可能。作为危机的元领导者，危机是你塑造奇迹的机会。这是TSA带给我们的经验。

◎◎◎

你永远无法知道危机何时到来。当危机真的到来时，要有条不紊地从一个转变跨向另一个转变。执行你已学到并且付诸行动的事情。随着情况的发展来调整你的工作。由于熟练性增强，你将会为大脑工作室开发出更多的方法和工具。而随着时间的推移，你的适应能力也会增强，从而建立起信心。你的经历越多，这些前所未有的经历就越有可能内化为一种习惯。在处理突发的状况时，你会收集熟悉的模式和行为供现实应用。

例如，救护车的随车医护人员接受过专业培训，可以在可怕的现场为伤势严重的患者进行医疗救助。对受害者来说，这可能是一场改变一生的危机。对围观者来说，这是一个令人痛苦的事件。对医护人员来说，这只是又一个工作日而已，这是他们之前已经看到并且会再次看到的悲伤之事。他们知道如何去处理。他们要做的就是履行常规。

唐·博伊斯是哈佛管理层危机领导力课程的校友，也是一位高级别的危机应对官员。他此前曾在纽约做医护工作。在早期担任这一职务时，每当他接手一起事件，他首先会调查情况以评估他和其他人必须要做的事情。无论现场多么令人震惊，他都对自己所面对的创伤泰然处之。打开医疗袋或气袋，迅速评估库存，确保自己拥有所需的所有医疗物品。另一个转向时刻则是，他有一套自己的方法，使自己脱离思维洞穴，并且有效地挽救生命。这些转向的瞬间为他提供了短暂的停顿，可以自我恢复并制订相应的行动计划。这些例行举动增强了他的信心，让他可以应付出现的任何情况。尽管他已经改变了工作阵地，但他保留了此前的元领导作风——让自己的心理准备与面对的实际工作保持同步。

◎◎◎

危机元领导力的最后一点：领导者通常不愿意自己照顾自己。当你照顾他人时，别忘了照顾自己。在恰当的时机要适当休息，尤其是在严重的危机中，适当的休息更是不可或缺的。随着时间的推移，你的工作状态也会下降，超出极限的工作对你自己和他人都是不利的。

休息片刻，此时你的大脑其实也还在工作（忙于消化处理你在危机中经历的一切）。受到眼前景象和经历之事的冲击，你可能需要一些时间才能走出思维洞穴。独处一会儿，暂时忘记你的职责，顺其自然。如果想哭的话不妨就哭出来。此刻，你孤身一人；此刻，你不是其他人的领导者。当你重新回归自己的角色时，这些独处的时刻可以让你的内心更加坚强。

记得照顾好自己，并且让身边的追随者以你为榜样，这样可以提高团队绩效。身边的团队成员也可能筋疲力尽，情绪激动，但却害怕在你或同伴面前展露自己的情绪。在接管 H1N1 疫情紧急应对工作三周后，美国疾病控制与预防中心前代理主任理查德·贝瑟宣布自己要请一天假，他还鼓励其他人也这样做。暂时离开并“满血”回归其实也是一种信任票，这一票投给了在元领导者暂时离开时代理工作的其他人。

在危机中，做一个细心、专注且努力的元领导者榜样。你的工作是带领你的追随者走出危机。照顾好自己也是照顾他人的一个重要组成部分。

自我发问

- 反思你经历的危机。你做得好吗？你能做得更好吗？在危机时期如何提高自己的能力和洞察力？
- 工作转向是一个非常个人化的过程。对别人有效的方法，可能对你无效。你需要什么样的经验脚本？如何才能适应和扩展它们以应对危机（这些危机包括你以前经历的危机以及对你而言未来将出现的新危机）？
- 将危机视为机遇的想法其实很少见。在你的经历里，危机激发了哪些机会？发生了什么？领导者如何利用这一时刻？结果如何？

13

运用有限的时间和资源

YOU'RE IT

本书的主旨包含“在最重要的时刻如何领导”这层含义。“何时”是一种动态的时间概念，指的是“人们是否跟随你”。时间元视角的中心是时间运筹，即把握时间，与时俱进甚至未雨绸缪。我们在本章向读者呈现的既是一种思考时间的方法，也是一种运用时间的工具，使其成为元领导力的一部分。

人们通常将危机看成时间长河中的一个瞬间，但事实却不是这么简单。危机的形成、爆发与演变需要经历一段过程。其间危机的转变是逐步进行的，而时间却似乎飞快逝去。相较之下，当危机处理过程中挫败感多于成就感时，我们的感受就会变成度日如年，甚至有回溯之感。你的元领导责任是在危机或变革期间保持平衡和韧性。实现这个目标需要理解并应对时间的复杂性。

领导力的执行成果通常以有形的操作性指标来衡量，譬如赚取或累积的资金，受影响人数、遇难人数或获救人数，受损财产、挽救财产或捣毁财产的数额。此外，无形资产同样也会处于危险之中，其中最重要的无形资产便是时间。我们看不到时间，也无法更改时间；我们无法超越时间前进，也无法在时间中后退。作为元领导者，你感知时间与影响时间的方式常常感动乃至激励自己的跟随者，但同样，你处理时间的方式也有可能分散追随者的注意力。

时间之弧：过去—现在—未来

我们应对时间的方式包括利用、节省、浪费以及调整。你可以走在时间前面，也可以被时间抛在后面。时间和时机是元领导者最为有力的指标和工具。

危机发生的时机和危机本身一样重要。机动车遭遇交通事故，造成严重伤亡。救护车紧急奔赴现场。如果救护车到达现场的速度相对较快，伤员就可能活下来；如果来得太迟，人就会失去生还的希望。虽然救护车最终抵达了事故现场，但是带来的结果却大相径庭，因为时间因素至关重要。黑客袭击了你所供职的公司的网络，因此你请来信息技术人员维护网络。如果网络能够被快速修复，公司数据就能保存，公司运营也能在短时间内恢复如常；但如果技术人员回应速度很慢，那么数据将面临丢失的可能，并且公司运营也会崩溃。公司即将推出新的产品，市场对此反应良好。但是，新的产品并没有取得预想中的成功，因为竞争对手的产品更早上市。

随着你逐步了解、预测并专注于时间，你便可以利用时间来实现自己的预期目标。在对事件有所期望并形成观点之余，元领导者还能影响事件的进度，并能够沿着相对灵活有弹性的“时间之弧”，感知事件进展并把控相应的进度。当你负责为大型且复杂的问题寻找解决方案时，利益相关者会感受到不同程度的紧迫性。人们对于在何时采取何种方案解决问题持有不同的看法。

“谁”在“什么”时间做“什么”事情？如果有人拖拖拉拉，那么其他人的工作就会受挫。作为元领导者，你的职责就是协调不同的人、不同的期待以及不同的行动，以设计一个最适合当前情形的时间线。时间的复杂性源于不同的工作局面、轻重缓急之异以及不同的工作流程，为我们解决问题带来很多疑惑与困扰。领导者需要“付出”和“获取”时间：赶时间，拖延时间，以及总是衡量时间。

时间之弧可以调整、改变以及重新定位。熟练的元领导者会用时间来加快问题解决的进度，或者放慢速度以缓解寻找解决方案带来的压力。元领导者的决策、执行和沟通工作都以时间轴为基准而配置。思维与行动闭环亦是一种指南，可以用于权衡评估、调整步调、序列设计以及为事件过程排序，其中，不同的模式识别可以转化为对未来可能之事与必然之事的预测。

归根结底，时间已经过去了。人的一生亦是极为有限的，稍纵即逝，因此请善用时间。

◎◎◎

美国官方所称的“飓风季”出现在 6 月到 11 月。2017 年共有 17 个已命名的风暴于 4 月底至 11 月初活跃。大自然有其安排。在所有已命名的风暴中，共有十个是飓风级别的风暴，它们在美国境内持续登陆，大西洋盆地遭受重创。2017 年的飓风季给美国带来了有记录以来最为惨重的损失，直接经济损失高达 2 800 多亿美元。其中，大部分损失是由三个相继登陆的风暴（飓风哈维、飓风厄玛和飓风玛利亚）造成的。

2017 年 8 月底，飓风哈维席卷美国，这是美国 12 年间第一个第五类风暴。飓风哈维在休斯敦停驻，给这座大都市带来了超过 51 英寸 / 时（约 130 厘米 / 时）的降水量。休斯敦城市周边地区全部被淹没，整座城市的建筑都浸泡在洪水之中。当地居民一直在请求援助，当地的应急响应部门及其领导者被突如其来的危机和求助搞得晕头转向。一群人涌向休斯敦的大型避难所，但是该避难所已经被洪水淹没，附近并没有救援物资和志愿者。休斯敦无奈之下出动军用车辆运送物资。当地领导者与人道主义机构、商业机构以及联邦政府、州政府和当地政府机构协同办公，向民众发放救援物资，提供救援服务。

布拉德·基塞尔曼，我们在前面的章节提过他，他担任美国红十字灾难服务协会的副主席。他负责监控为灾区提供的帐篷和食物等救援物资的运送工作，在当时的情况下，这是一个极具元领导力挑战性的工作，要知道，那个夏天多场飓风席卷美国东南部和加勒比海地区。

2017 年 9 月 7 日，星期三，我们观察到，布拉德接连召开了三次会议。第一次会议是与休斯敦的领导者讨论如何收拾飓风哈维过后的残局。第二次会议的参与者是圣克罗伊市的市民代表，当时飓风厄玛正在这个城市的上空呼啸。第三次会议则是和佛罗里达的领导者一起，当时飓风厄玛的前进方向仍然不明，因此他们决定在该州的东部、西海岸以及中间地带设立多处避难所。每次会议布拉德都在与当地领导者讨论迫在眉睫的未来：飓风何塞和飓风玛利亚已经形成，即将来袭。大自然的飓风正沿着自己的时间之弧不断向人类袭来，而美国的危机应急处置领导者则努力地想走在飓风的前面。

位于弗吉尼亚州费尔法克斯郡的美国红十字灾难医疗队和协调中心则依照时间之弧，把所有事件按序排列："过去"、"现在"和"将来"。飓风哈维已经"过去"，飓风厄玛"正在"圣克罗伊肆虐，而佛罗里达是飓风厄玛"将来"的登陆地。在他们的统计数据中，每个地区的时间之弧也有所不同。

布拉德的元领导力任务是借助这种独特的时间差异来协助每个地区的救灾服务。布拉德把握住了整体局面，他也通过时间之弧努力克服每一个复杂的挑战：在很多同时出现危机的地区，该如何分配救援物资。例如，休斯敦的洪水逐渐退去（这是一个已经发生了的"过去"的危机），因此可以关闭设立在休斯敦 NRG 中心的大型市民避难所（这里本来是一个大型的会议中心），并且允许其产权所有者恢复正常的运营。同时，得克萨斯州的红十字应急车辆仍然奔波在该州各地运送物资，佛罗里达州的应急能力和救援物资暂时供不应求（当地即将面临的危机）。针对佛罗里达州的物资分配问题，他们需要做出一个艰难的选择，因为红十字会并不能为当地提供所有的必需物资。在圣克罗伊，避难所竟然是一副令人诧异的空旷之景，当地人担心飓风过后会出现抢劫现象，因此他们宁愿待在自己摇摇欲坠的房中忍受风暴的袭击，也不愿意去政府提供的避难所。尽管不同地区情况不同，但是这一切都在同一时间发生。

你领导的任何局面都存在初期、中期和终期三个阶段，然而遗憾的是，在不同地区以及不同的人员身上，危机从来都不按照这种既定顺序“按部就班”地出现。我们通常面临的情况则是“一波刚平，一波又起”。顺着时间之弧履行元领导任务，实质而言则是察看万物发生时更为广阔的时间框架。你不能控制时间，但是你可以通过把控节点运筹帷幄，这其中无一不会涉及次序、人力、决策、调配和任务的轻重缓急。将大局置于心中，这样其他人也可以安排好他们的大局。

把握时间节奏

时间之弧在一个相对（较长或较短）的时间框架内测量相对的活动。在坐标网格上，水平 X 轴代表时间的流逝，垂直 Y 轴则代表相对活动以及所投注的注意力。

要回顾一个事件，请确定该事件的起点和终点，然后评估介于两者之间的相对活动。注意要区分阶段。如要掌握一个事件的发展脉络，可借助思维与行动闭环，察看并推动其向前发展。

例如，如果你所在的办公室里共有十位同事，他们以十天为周期解决一起网络黑客攻击。请估算一下，每天人们为解决这一问题共花费多少时间，投注多少精力。在攻击到来之前，这种时间和精力耗费较少：IT（信息技术）专家的工作常规，而且标准的反网络钓鱼预防措施已经就绪。在发现黑客攻击你的网络并将造成网络瘫痪后，网络的防御活动升级而工作能力开始下降。人们识别出受到破坏的数据，重新组合了相关的记录和文件。随着网络状态逐步恢复正常，人们对攻击所投入的时间和精力也开始下降。时间之弧罗列了人们对于黑客攻击所花费的精力和时间，并且折射了这十天之内被干扰、零产出的网络状态，这两幅图表的弧线均是由低至高的，在爬升至巅峰之后开始下滑。

绘制时间表本来就是一项管理任务。元领导力的目的是指导塑造时间之弧的过程。

在大多数情况下，你使用的是相对度量而不是特定的数量。有一个相对活动的峰值，它随着事件的增加而增加，达到峰值后开始下降。飓风（可以事先预警的预测性事件）就说明了这一点。当天气预报员对即将来临的风暴发出警告时，应对台风活动峰值的准备开始启动。人们开始囤积物资，加固门窗，准备撤离或寻觅庇护场所。在下一阶段，即飓风来袭时，所有注意力都集中在挽救生命上，此处为飓风应对活动的顶峰。在飓风危险消退之后，人们的应对行动将集中在破坏最严重、最需要帮助的地方。久而久之，在恢复阶段将转向损坏评估和修复活动。该地区最终恢复正常，飓风救援相关活动减少。由飓风引发的时间之弧可能跨越三年乃至更长的时间。上升、峰值和下降期间的活动水平与受灾最严重的地区直接相关。

领导者通过时间之弧来塑造活动并累积经历。通过评估境况，你可以缩小眼下之事和未来需要完成之事之间的差距。当你领导众人横跨这些不同的阶段时，你的精力、行动、计划、跟踪和评估等相关活动会增加。借助思维与行动闭环，你努力在需求和行动之间找到一个合适的位置。

眼下，你评估何时需要采取行动并投注精力。你可以将需要立即行动的紧急措施与随着时间发展而投入的长期措施区分开。拿出“情境协调性地图”，对所有相关活动进行排序，以便团队的利益相关者按照协调一致且同步的时间表展开工作。你需要管理人对于时间和地点的期待，要知道危机中唯一一去不复返的便是时间。

各个阶段的顺序取决于你对时间的把握情况。对于预测到的飓风，其活动顺序应是“将来—现在—过去”，换言之就是，飓风预报—飓风袭击—灾后重建。对于破坏性的网络攻击，其活动顺序则是“过去—现在—将来”，即攻击已发生——公司处于危机之中，数据重建将使其在未来恢复正常运行。对于我们所面对的状况以及诸多利益相关者而言，时间与我们息息相关。

◎◎◎

本书前几章所述人物通常将时间视为一种动态变量。时间对人们必须做的事情、必须完成的节点以及所采取的措施等方面都有影响。人们对时间之弧做了独特的考量。

海军上将萨德·艾伦和项目总监沃尔特·厄普顿都严格遵照时间表开展工作：每项工作都有强制性的最后期限。艾伦要封堵油井。在实现这一目标之前，每一天以及每一次的延误都会对海湾生态系统和当地经济及生产带来更大规模的破坏。他既要加快工程师的工作速度，又要处理公众和政客的期待。当原油不再流向墨西哥湾时，这个紧迫的时间之弧终于走向尾声了。厄普顿团队成员较为复杂，每个人都对博物馆增建最重要的内容抱有不同的看法。他必须领导他们，同时还要协调项目中相互关联的复杂部分（不同的时间弧）同时完成。

美国疾病控制与预防中心的理查德·贝瑟博士必须争取时间充分了解 H1N1 致病力的多维度信息，然后才能发布明确的公共卫生建议。与此同时，疾病控制与预防中心宣布了旨在减轻传播和避免经济中断的临时措施。频繁发布的公告和各类工作的及时调整赢得了公众的信任。相比之下，在欧洲的可口可乐污染恐慌期间，可口可乐首席执行官道格拉斯·艾夫斯特的等待之策却适得其反。由于推迟了公开露面的时间，他被消费者和官员们视为麻木不仁，这种看法损害了公司的声誉和盈利。

派睿电子的哈丽雅特·格林在工作的第一天就营造了一种紧迫感。她所传达的信息（公司必须迅速变革才能有所发展）使一些员工不满，但却激励了其他人。在接下来的几个月里，这种态度上的区别揭示了员工们谁去谁留的决定。里奇·塞里诺面对愤怒的北达科他州人迫不及待要寻求资金以帮助当地社区的灾后重建，在那一刻，他的一席话缓解了紧迫的时间压力：“你们挽救了生命。你们改变了一切。所以，谢谢你们。”他的一席话挽救了所有的沟通和救援工作。在那时，这正是人们想要并且需要听到的。

最终，在“9·11”事件之后，奥尼尔公司的詹姆斯·邓恩学会了在两个时间弧之间谨慎地权衡与协调：所处境况的敏感性要求他必须不急不缓且极富耐心地照看公司以及公司遇难员工的家庭；与此同时，他必须让公司业务迅速回归正轨。邓恩将自己变为时机所需的领导者，并以此改变了公司的命运。“9·11”事件之后的两个月，该公司不仅重新恢复营业，也重新获得了盈利。

◎◎◎

时间是一个强大的参数，既能促成工作的完成，也可以妨碍目标的实现。细想以下这些反应：“我们有 10 周时间来完成该项目。太棒了！”“我们只有 10 周时间完成该项目了？哦，不会吧！”时间的价值以及用时间所能酝酿的成果因“情”而异。当你需要统揽全局时，通常要去平衡诸多时间之弧并使其相对有序。

元领导力的思维定式、实践技能和经验有助于感知对时间的使用和运用。当你这样做时，时间本身就成为一种宝贵的工具和财富。例如，如果你远离痛苦的事件，那么时间可以治愈一切；然而，如果一个悬而未决的问题突然升级并恶化，那么时间的推移只会使情况变得更糟。

问问自己，在这种情况下，时间考量因素是什么？面对需要立即解决的复杂问题或者变化，可以通过规定性的步骤（如会议、策略、基准、评估、完成）来计划进度。不同的人有不同的工作节奏。时间本身能帮助你协调并标记下一步策略，跟踪你正在协调的活动，了解何时同步这些活动。在危机中，时间短暂。最好将应对过程精简化。切勿浪费时间。

◎◎◎

在危机计划和准备期间，时间就是你的盟友：你可以利用时间规划流程，检查突发事件并完成培训。借助漫长的时间弧，你可以投注大量时间用以缓解问题，累积所需资源，促进联通力，提供培训和计划实践经验等。在时间最为紧迫的情况下，应急处置系统准备和配置得越好，决定、运作和交流环节就能越熟练流畅。

在一场危机中，时间是你的对手：响应时间越长，更多的生命就会逝去，更多的财产面临损失，而人们的信心和机构的声誉也会“江河日下”。在疯狂的枪击事件中，领导者的应对时间相对较短：奔跑、躲藏、战斗——现在拿下！对于企业运营而言，一场危机会破坏原材料、服务、资金和信息的流动，扰乱相互的依存关系，导致不必要的成本消耗、市场营销失败以及各类事务相应延迟。如果在营销活动中突然缺货，客户势必会极为失望，销售伙伴亦会感到压力，营销目标则无法按期实现。那是一场危机。企业在紧密连接的时间之弧中运作，一旦发生中断，就会造成一系列麻烦。

无论是盟友还是对手，时间都设定了截然不同的元领导力参数、机会和要求。在常规情况下，人员和运营方式会按照既定的方式向前推进（至少方法论上如此）。你的领导力可信度和个人声誉则因此不断提高。

为了发起改革，你破坏了既定活动的过程和节奏。你以精准的节奏推进工作，重塑各个步骤的时间弧。随着风险系数上升，你和机构面临的风险也会逐渐增多。

在一场危机中，时间似乎飞逝而过：人们的声誉和信誉可以在短时间内建立，而高风险度也会放大你所采取的措施与行动。同样，一着不慎，你的声誉可能会一落千丈。就像英国石油公司首席执行官托尼·海沃德在墨西哥湾原油泄漏事故中所说的一样："我希望我的生活回到过去。"英国石油公司的原油平台突然塌陷，致使 11 人死亡，墨西哥湾地区成千上万的人失去了生计，公众冷酷无情的评论也使海沃德失去了工作。

坏消息肆虐之后，人们依然可以恢复声誉。2018 年 4 月，星巴克咖啡发生种族歧视事件。在费城一家星巴克咖啡店，两名黑人男子未在店内消费，但是询问能否使用星巴克店内的洗手间。该店的一名白人雇员随即报警。当警察赶到时，他们以非法闯入为理由逮捕了这两名黑人男子。事实证明，这两人是在等待生意伙伴，计划等对方到达后再一起点单消费。

这个故事几乎立刻就成为全国性的轰动事件。各地抗议活动不断。"boycott starbucks"（抵制星巴克）这个话题标签出现在各大社交媒体，维持了长时间的热度。这导致该起事件的发展越发失控。时间在流逝，而公众对星巴克店员的种族歧视态度则义愤填膺。

为了把控事态发展，星巴克公司的领导者必须赶上社交媒体发展的步伐。星巴克公司的首席执行官凯文·约翰逊立即道歉，公司很快与两位受害者达成和解。几天之内，该公司为客户和非客户都开放了洗手间服务。几周以后，在咨询专家之后，美国所有星巴克商店都闭店一个下午，统一对店员做专门的反对种族歧视培训。

通过在应急响应中有意识地考虑时间成本，该公司迅速恢复其友好形象和原有业绩。当领导者迅速承认错误，真诚道歉并做出实质性回应时，他们会遏制坏消息的发展势头，并引领事态朝着更为积极的方向发展。

预判下一步

时间向元领导者提出了一个基本的要求：避免受困于当下。领导者要在固定的时间弧中看到过去、现在和将来，明晰“过去”、“现在”与“将来”各个状态的差异，同时一并观察到危机的起点、中点和终点。任何事情终将终结，要对此有所规划，并且规划如何结束危机事件的时间之弧。

辨别规律。我们要学会预测事件和人员如何随着时间的演变而变动，学着引导并影响这种演变。在危机处置过程中，有没有可能改变步调来增加一些紧迫感，或者给人们灌输一些耐心？确定哪些事情非明天做不可，务必不让局面进一步恶化；你要优先处理迫在眉睫的事情，并且做到现在必须完成。

人们通常更能清晰地记得领导者对于时间的承诺。当“时间之弧”的现实不及预期时，失望情绪就会出现，冲突就有爆发的可能。对于“期待时间”的制定与管理或许可采取一定的强硬态度。使用具体的细节来表达（“在一小时内”或“下一个星期二”），而不要使用模糊的语言（“立即”或“很快”)，对于不同表达的诠释可能会带来大相径庭的结果。假设每个人都有一只手表和一个日历，并且它们的校准方式各不相同，结果势必会很糟糕。想想 2010 年发生在智利科皮亚波的矿难，一个领导者是如何充分利用时间的。2010 年 8 月 10 日，科皮亚波当地一座煤矿倒塌，33 名工人被困在 2 000 多英尺(约 610 米)的地下。工人们向地面成功发出第一个求救信号，告知自己性命暂且无忧之时，地面救援人员就开始实施细致而复杂的救援任务。煤矿瞬间坍塌和随后的救援工作吸引了全世界媒体的关注。世界各地的人都在声援在地下被困的 33 个人。

在类似的情况下，许多政治人物倾向于做一些即时承诺，譬如“我们将尽快把他们救出来”。不过，智利总统塞瓦斯蒂安·皮涅拉对救援的长期性设定了明确要求。他宣布他们将在特定日期之前，也就是圣诞节前解救出所有受困矿工。这种时间运用上的策略减轻了每日救援活动面临的政治压力和媒体压力，要知道，当全世界的人都在高度关注这场救援行动时，人们的期待也会转化为一种莫大的压力。皮涅拉总统设定的 12 月下旬的时间，为救援人员和政府都腾出了时间。当受困的 33 人在10月全部获救并顺利升井时，人们欢欣雀跃——他们很安全！而且由于“提前完成”救援任务，参与危机处置的每个人(包括皮涅拉总统)都成了英雄。

随着时间之弧接近尾声，将有许多转变需要引领和导航。为了使人们的期望与经验保持一致，细致的协商和沟通不可或缺。例如，结束危机响应既是后勤过程，也是一个情感管理过程。对受到危机影响的人而言，这场危机可能是一场噩梦。在可怕的磨难之后，重建生活是遥不可及的目标，但也是期望中的结果。在他们看来，恢复常态既是一种缓解，也是一项困难的调整。相比之下，在危机事件发生期间，危机响应处置者们可能会感到肾上腺素飙升，使人难免会沉溺于这种快感。从高点撤离既能缓解此种压力，同时或许也是一种失落。

尽管时间弧线相对复杂，但你仍可以引导自己去感知、评估和理解其中的奥妙，灵活地塑造它。

在时间弧中找到平衡

元领导力实践是一项协调时间的复杂练习。并非每个决策、每个人员、每个举措或操作都具有同样的价值。这恰是时间弧上做元领导力计算显得困难重重的原因。你的优先事项是什么？此刻正在发生什么？什么事情可以暂缓？

此种平衡是一项持续的活动，也是一个持续的追求。如果花一天时间做一件事，那么其他活动的时间则相应减少。吸引新客户时你会遇到一个关键问题：是通过雇用员工来增加工作时间，还是通过调整工作量来重新分配时间？你可以在一系列优先事项之间平衡资源、性格特质、不同选项以及不同的投资。

当变革是常态时，你或许需要在复杂且动态的工作环境中发挥领导力。因此，你获得的平衡仅是暂时的。在实践活动接近平衡时，你将再次处于失衡状态。挑战实为对工作的适应、重新校准和调整。你的工作是将所有的优先事项融合到一个可行且平衡的工作计划中。

此种对平衡和平衡工作的理解，为你的元领导思维和实践活动提供了信息。在元领导力的第一维度（即领导者本人）中，你可以平衡他人和自己的情绪、态度、言语和行为。你同样会在第二维度（情境）中寻求平衡。所有动能和反力的速度与方向将如何影响你的工作平衡性？对于第三维度（联通力），你可以连接不同地区的活动。在提高联通力时，你必须协调并安排好时间，确保每个人都能以相同的日程聚在一起。

通过元领导力视角，可以清楚地看到平衡存在与否。当人们的工作与效率保持平衡时，你的互动就会非常顺畅，人们的参与度极高，行动的同一性增强。当这种平衡失调时，人们就会抢夺资源、优先事项和关注度。

TSA 的管理员彼得·奈芬格在如何平衡机场安全问题和安检时间的问题上面临挑战。正如第 12 章中所述，在漫长的安检线上，航空业内部存在着明显的冲突。布鲁塞尔爆炸案发生后，奈芬格意识到时间已经变成了他的对手：机场漫长的等候队伍正是恐怖分子发动袭击的软目标。他将时间变成可依赖的盟友，以此来应对这一挑战。他利用此种危机的紧迫性，推动了航空公司和机场的招募与组建工作，协调它们的力量，共同解决排队等候问题。这种元领导力的成就使对手变成了盟友和伙伴。

平衡目标就是引领人们走向共赢。领导者把那些有意愿的人聚集为一个联盟，凝聚了一些愿意了解当前状态并有匹配的战略和计划可以实现预期目标的人才。目前有哪些漏洞需要修补？还需要完成什么事情？在时间弧上管理你的进展，朝着更高的成就和更为持续、稳定的目标一路高歌猛进。

◎◎◎

生活中状况百出，有些情况非常明朗，另一些情况则很糟糕。胜利和成功的确极为有趣且令人欣喜，而失败也令人失望和沮丧。时间只是众多因素之一，只有时间能揭示什么是持久的，什么是短暂的。

当然，克服逆境要比庆祝胜利困难得多。所爱之人过世；婚姻破裂；做出错误的决定；创业失败；公司破产；飓风和龙卷风肆虐社区；疾病带来严重混乱；犯下错误；事故击碎了梦想，改变了生活……都是我们会面临的困境。但是，随着时间的流逝，处理逆境的教训将培养一种基本的人类品质：韧性。真正的韧性会在逆境中反弹，并且使人比以往任何时候都要强大。这种韧性融合了洞察力，发现了优势，让人开始了解自己和周围的环境。凭借经验之美，等到再次面临冲击时，人们将变得更加强大。

时间赋予人们独特的个性，这取决于年龄。对 20 岁或 30 岁的人而言，时间是值得期许的，他们期待着开始成年人的生活和事业。50 岁或 60 岁的人的生活和职业映衬了丰富的学识和不断增长的传统意识。40 岁的人受限于他们的经验和期望，正处于时间之弧的正中间。这些不同的阶段影响着你的时间观。譬如，你的时间到底是足够多还是有些少？对你而言，什么更重要，什么不重要？作为元领导者，你需要把这些置身于不同阶段的人聚集在一起，并且协调他们不同的议程和各自的优先事项。

韧性通过时间中这些不同的栖息点而发展。无论挑战如何，韧性的养成都需要时间。是时候治愈、学习和改变了。一个人眼中的危机或许在他人看来反而是令人欣喜且可以解决的挑战。一个人眼中姗姗来迟的转变在他人看来或许就是可怕的破坏。身为领导，你的元观点可以帮助你串联成长于不同时代且有不同经历之人的不同观点。

你的生活是横跨时间之弧的一系列过渡：童年、青春期、成年期、退休以及此后所发生的一切。每个阶段都会塑造你并预示你的未来。

在哈佛的危机管理课程中，我们遇到了吉拉尤特·拉特希翁斯克恩（昵称为“纽”）。“纽”在早年便知道了自己的人生目标，并开始将其传递给其他人。严格来讲，是他的人生目标“发现”了他，而不是他找到了自己的人生目标。尽管遭遇了诸多挫折，但他还是找到了继续前进的毅力。

“纽”的故事是一个人们常见的移民故事：个人梦想与公共政策的阻碍因素相冲突。在9岁那年，“纽”和他的父母以及两个兄弟姐妹一起从泰国来到美国。他们搬进了加利福尼亚的一间一居室公寓。他的父母在一家泰国餐馆里做着苦工，但是他们鼓励“纽”努力学习，去追求更美好的生活。

到达美国后不久，这个家庭就面临着一个艰难的决定：是返回泰国，还是冒着签证过期的风险留在美国。尽管这个家庭并不完全了解留下来意味着什么，但他们知道自己想要更好的未来。他们看到自己的时间弧线在美国能够不断向前延伸（特别是对孩子来说)。“将来”胜于“过去”，以及“现在”面临的风险。于是他们选择留下来。

“纽”年纪轻轻但雄心勃勃，他很早就了解了移民政策的争议性和复杂性，这些复杂性给他和家人带来了艰难的选择与重重障碍。借由这些经历，他发现了自己具有当一个领导者的特质。

“纽”在学校里成绩不错，在他到达青年时代之前，他一直享受着一般孩子该有的童年。但当他的非法移民身份给他特有的成人礼造成障碍时，这种平衡就被打破了：因为身份的障碍，他不能考驾照，也不能找工作。由于加州公立大学不对学生设置公民资格的要求，因此他向加州大学的五个校区提出了申请。每个学校都接受了他，加州大学戴维斯分校提供全额奖学金。“纽”又重新获得了平衡感，升入大学。他梦寐以求的美国梦正在他面前逐渐呈现。

在他高中毕业前几个月，移民问题再次出现。就在迈入大学大门之前，加州大学戴维斯分校撤回了他的奖学金，并告诉他只有改变身份才能重新回到学校。“纽”迫切地想要开启大学生活，因此，虽然加州大学伯克利分校没有提供奖学金，但他还是出于无奈而选择了伯克利。靠着坚忍不拔的毅力以及获得学位的决心，“纽”靠打零工支付学费和生活开支。

一个针对无证移民学生开设的创意写作项目引发了他“对于自己移民身份的大量思考和解构”。“纽”感受到了一种使命的召唤，他要参与，并且还要领导无证移民们所面临的一系列问题。他是一名“追梦者”，之所以有如此称谓，是因为美国政府的一项移民政策，即《童年抵达者暂缓驱逐办法》，该政策承认某些移民儿童的无证身份是其父母而不是儿童本人行为的结果。“纽”加入了首个国家《梦想法案》的斗争，这个运动将他的领导热情全部开发了出来。2010年《梦想法案》在国会最终没有获得通过，“纽”虽然失望至极，但并未就此罢休。他转而利用自己的领导力出席州议会大厦的听证会，并当场做证，继而促成了《梦想法案》在加利福尼亚州顺利通过。2011年加州正式立法保障无证移民的权力，并且允许无证移民学生使用政府机构和国家政策性资金。

展望“纽”的未来，他的志向是当一名医生。那是一个巨大而又有风险的转向。尽管不确定自己的无证移民身份是否会使他丧失申请资格，他还是申请了医学院。他告诉我们：“无证移民医学生就像独角兽。人们不停地告诉我，他们曾听说有这样的医生，但是又没有人能明确地说出一个类似医生的名字。我认为目前美国还没有这样的无证移民医生。”靠着他的坚持不懈，“纽”成为加州大学旧金山医学院第一个被录取的非正式美国籍学生。

他的成功变成了他的元领导力使命。他与两个同伴共同创立了名为“医学追梦人”（Pre-Health Dreamers）的国际化机构，以支持那些在医学和科学专业求学的无证移民学生，或以此为职业志向的无证移民学生。最初对独角兽的追求已转变为社区的建设运动。“医学追梦人”目前已经有1 000多名项目成员，提供同侪指导、人际网络、学习资源和宣传活动。就在本书创作期间，“纽”正式成为医学生，目前全美境内只有100名此类学生。

在成立“医学追梦人”机构的第六年，项目组成员准备开启自己的职业生涯，“纽”和他的联合创始人面临着“时间之弧”的困境。他们是应该继续保持机构运转，还是宣布初始任务已经胜利，然后顺其自然地终止项目呢？这是个人时间之弧与机构时间之弧面临的一个关键转折点。

“我很早就考虑过创始之后的转型期问题，”他说，“我知道，我想做的是培育他人的领导能力，接力棒交接则是实现这一目标的一种方式。”尽管“医学追梦人”的创始人仍在参与活动，但大部分工作已转移至新的团队。

“纽”的经历也是一个元领导力故事，讲述的是发生在他的时间弧过渡期的故事。他与其他人建立联系，用自己的经历为其他“追梦者”创造了机会，将个人故事照进了他的元领导使命。尽管过程中遇到了种种障碍，但“纽”还是表现出了强大的应变能力，他寻找了多个转折点，将他的热情和精力投入到不断发展的运动中。你可以在 TED（私有非营利机构）于 2018 年在伯克利举办的在线演讲中了解更多关于“纽”的故事。人类天生具有韧性。这是一种天生的应对技能和生存技能。但是，韧性的表现方式因人而异。为了使机构和团体更具韧性，领导能力至关重要。“纽”开辟了一条道路，然后将其向其他人开放。领导者在逆境中规划前进的方向。元领导力实践为实现这一目标提供了整体框架。

在危机、变革或者千钧一发之时，领导者的元领导力面临的挑战能超越个人的韧性，而在更大的社交圈中强化此种坚忍力。为了增强整个网络的恢复力，你可以联合众多深陷于思维洞穴的协作者。你可以营造平静的氛围，鼓励大家保持镇静，并且传播冷静情绪，确保灾难终将被克服，变革终将取得进展。在此期间，你聚集一些重要的成员组建一支具有韧性的团队。

元领导者总是希望在过程中遭遇一定程度的失败（当然这种失败是适度的，而不是灾难性的），因此失败也成为你的韧性养成过程的一部分。若是不想遭遇周期性的失败，那么你将放弃发现新想法和新举措，这些新的尝试可以让你收获非凡的创新与成功。从你的失败中汲取教训，重新振作起来。把失败转化为激发韧性的动力。温斯顿·丘吉尔认为："所谓成功，就是不停地经历失败，并且始终保持热情。"

带有韧性的元领导力价值绝对不仅限于确保生存。在时间弧线范围内，此种品质重新点燃了你的活动，指引你迈向更美好的未来。元领导力可以激发你和追随者们收获最终的平衡，并且在重重挑战中重塑获胜的信心。具有韧性的元领导者需要具有毅力、顽强、信任以及强大的个人力量。当你展现出不屈不挠的人类精神并且不断将其提高时，你也能向众人传递出希望、信心和承诺。

我们都生活在时间之弧中，都要历经"现在—过去—将来"的过程。作为一位元领导者，你可以积极主动地与他人一道把握行动的时间以及行动的方向。为此，你应该从多个角度认知自我，熟悉工作的情形，了解你的诸多追随者和你所追随之人，并且在这三个因素之中取得微妙的平衡。随着时间的推移，韧性即你的品质。

自我发问

- 写下一个关于自身韧性的短故事，可借用以下结构："一个有韧性的我曾经……"在省略号部分回忆一件事，尽量呈现具体细节。然后开展第二段叙述："一个有韧性的我将会是……"在省略号部分呈列你的证据。谁或者什么事能证明你的韧性？你将会选择帮助谁？你的叙述和现实之间是否存在差距？你将如何消除这种差距？然后与你的家人、团队以及你所在的机构一起尝试这种练习。
- 绘制你的时间弧线，描述你以及其他人在共同遭遇中经历的不同阶段。在这些阶段有哪些因素在发挥作用？
- 在生活中你如何平衡时间，平衡工作和家庭，平衡付出与收获，平衡倾听与表达？

14

你就是危机应对的大牛

YOU'RE IT

是时候发挥你的元领导力了。当你在实践中应用和把握元领导模式的各个维度时，你要先理解并领会它们之间在本质上是相互依存的。其中一个因素——一个人、一个情境、一种联通力——的变动会影响其他的因素，也会影响到更大的目标。

在元领导模式的整个系统中，人、事件和情感是联动的。它们相互作用，彼此关联。当你把这些元素视为更广阔、更全面的整体的一部分时，你就不太可能会忽视重要的活动和人。当你认识到这一点时，你也帮助他人认识到这一点。与他人相连，你所获得的力量将推动你将原则、实践和理想结合起来。

作为元领导者，鉴于你有更全面的视角，可以接触到更广泛的人员、问题、选项和资源，你的收获也会更多。用元领导模式来管理你的团队，团队成员更容易获得信息，更乐意提供专业知识，更慷慨地共享有形资产。因为你和你的下属对于成功的定义更多的是实现最大的、首要的目标，而非争夺势力范围，竞争性不再是主要的激励因素，应将目光集中于为实现你们共同的目标而创造动力。

◎◎◎

美国海岸警卫队司令萨德·艾伦谈到了“贵人”的重要性。这是指那些人际关系网，主要由那些你能向其寻求建议、思路和支持的人所构成。

不得不说，领导者是孤独的。有时候，你不能从你的老板或你信任的下属那里征得对问题的看法，得到他们的关心。你与公司里的同事关系可能太密切了，而你的配偶又可能太急于站在你这边。

找一个和你处境相似的人，他可以直言不讳地发表评论。你知道这个人是公正、诚实和值得信赖的。有类似经历的人更有可能看到你未察觉的方面，而且他们对于告知你这些没有顾虑。在你需要贵人的帮助之前，先去和他们建立联系。在高风险、高压力的情况下，这是一种无价资源。同时，这也是一份宝贵的礼物，你可以以此为其他正在经历危机的领导提供帮助。

◎◎◎

将元领导力模式的三个维度整合到无缝衔接的常规操作中，似乎是大势所趋。然而，随着经验的积累，人的大脑会凭直觉建立起模式，并筹划出解决复杂问题的办法，这些技能和视角会被植入大脑的工具箱。经过实践熟练了之后，你将会把元领导力模式的各个维度彻底融入领导他人的默认指南中。你往往会问自己：在这种情况下，元领导会怎么做？

虽然最终它会成为你的第二天性，但你需要在学习和实践这三个维度时保持专注。你做得越多，就越会自然而然地注意到自己的反应，并敏锐地观察到别人的反应。

2009 年 H1N1 病毒暴发期间，担任美国疾病控制与预防中心主任的理查德·贝瑟博士曾接受元领导力方面的培训，并就开展元领导力教学进行过训练。H1N1 暴发期间，随着美国感染人数不断增加，他很快就切换到危机元领导模式，这种模式影响他做出互动和决定。

“当我听说这种起因尚不明确的病毒及其潜在影响时，我立即开启元领导模式，”他告诉我们，“我没有陷入绝望——至少这种状态没有存在太久。我曾多次参与应对传染病的暴发。但我仍面临几个问题：情况怎么样？疾控中心的人告诉我他们是如何应对威胁的。我必须迅速开始向上领导，引起华盛顿方面的注意。因为卫生与公共服务部长尚无人员就任，于是我很快就直接进入白宫开展向上领导。还有很多跨越式领导和跨职权领导的工作要做。我不得不与教育部门沟通学校停课事宜，并与世界卫生组织以及州和地方卫生官员进行接触。”

他说：“实际上是对全局的把控和对集体内部的人际关系的关注帮助我走出了困境。尽管流感已超出我们的控制，但我相信自己已经竭尽所能，这一点让我更加有信心，更加从容淡定。我认为这种状态也影响了其他人，他们自己建立起了信心，相信我们可以找出这种病毒的源头，然后提前做好应对措施。”

理查德·贝瑟现在是罗伯特·伍德·约翰逊基金会的首席执

行官。身处这个职位，他并不是天天都在做危机管理领导。尽管如此，他与我们分享道："在目前的工作中，我一直在使用元领导框架。首先，当我陷入麻烦的时候，我试着去认清形势，不一定非得是国家紧急情况才会让你身处困境。我采取措施去认清状况，做出弥补。元领导模式让我严阵以待，和不同团队一起工作。作为基金会的首席执行官，我向上领导董事会，同时跨职权领导着慈善机构、政府机构、企业和社区。在建立必要的网际关系中，关键是如何发挥远远超出我们职权范围的影响力。"

贝瑟继续说："我们基金会的使命是推进创建一个所有人都能公平公正获得健康安乐的社会。为了实现目标，我们不能下命令和实施控制。对我来说，成功的很大一部分是培养良好的追随力。成为一个好的领导者，其中一部分就是看到别人朝着你想要的方向前进，并帮助他们实现努力的目标：我们能做些什么来帮助他们成功？我们并未拥有所有的最佳创意，可是当我们看到巨大的价值时，我们想要提供帮助。"

借由元领导力的影响，你可以对他人、他人的经历以及影响他人的事物有更广泛的感知和更深刻的认识。通过网际关系，这种认识让你找到行为、反应和应对的模式。周围发生的事情和它对人们的影响，这两者之间的交集变得越来越清晰。你在广阔的网际关系全景中实施和指导行动。

一生致力于领导力学习，培养你的热情和好奇心，从错误中学习。用知识武装自己，去发现和实现你的全部潜力，让它成为个人发展和组织文化的可持续要素。你的"元领导力"流传街头巷尾，这是建立在你的成就之上的。你要追求更大的愿景。

◎◎◎

我们全书的论述以抓人游戏为切入点。现在让我们转换游戏角色。你是“抓人者”，轮到你去“抓”人，去影响尽可能多、尽可能广泛的人，做一个力量倍增器，激发自己和他人的好奇心。你是一名体贴的老师，也是永远的学生。这就是元领导模式的生命力所在。

找到其他和你有相同激情与动力的人，加入他们的行列。建立起相互之间的联系，寻求并整合不同的视角，凝聚在一起。在人员和重要事项之间建立新的平衡。凝聚网络的力量来扩展元领导力的范围和影响力，使其向更远处延伸。

想象一下你期望生活和工作的世界、社区和组织。要清楚自己想要实现什么。跨越时间之弧，活在当下，心向长远目标。与他人一起，感知、定位、预测、凝聚并行动起来，以更强的适应力计划未来。元领导力指引你的使命和目标。找到元领导力，在它的影响下实现自己的发展。

认识并影响你自己和你所居住的社会。挑战你自己和你周围的人。记录你的进步和遇到的阻碍，也记录成就。把自己奉献给追随你的人和你追随的人。唤起感知，更多地去留心观察，得到更深刻的理解，而后建立联系，实现目标。

现在是你大放异彩的时刻了！

自我发问

- 这部分是一个阅读练习，而非写作练习。回顾和阅读你的问题清单，并反思你从这个思考的过程中学到了什么。这是属于你的元领导故事。思考它，庆贺你已经完成的事情和你正努力完成的事情，并对正在进行的元领导故事，以及许多尚未撰写的章节做出预测。

◎◎◎

想要从作者那里获得最新资料并成为“就是你了！”社区的一员，请访问 www.youreitbook.com。

致 谢

YOU'RE IT

伦纳德·马库斯："我要感谢杰里米·马库斯、尤娜·李、凯拉·马库斯和伊莱·马库斯，感谢他们一直以来的爱、启发、支持和鼓励。感谢温迪·卡普兰，感谢她在漫长的出书历程中给予的帮助和指点。感谢我们的国家应急领导力项目团队，感谢他们每天都在亲身诠释同心协力的威力。"

埃里克·麦克纳尔蒂："非常感谢我的妻子安妮，感谢她在整个出书过程中所给予的耐心和支持。也非常感谢我忠诚的宠物犬库珀，在我埋头写作和编辑的日子里，它都非常专注地坐在一边，默默地陪伴着我。感谢我那只酷爱键盘的宠物猫贝利。"

约瑟夫·亨德森："我要感谢我的妻子德布；感谢我的三个孩子克里斯蒂娜、尼古拉斯和斯特凡妮；感谢我的孙子杰克森，他总有一天会成为元领导者！我还要感谢美国疾病控制与预防中心，感谢它允许我在其中心检验我们的元领导力模式。"

巴里·多恩："我要感谢我的妻子简，还有感谢所有的第一响应者以及其他的专业人士，从他们身上我学到了很多。"

虽然撰写本书的是我们四个人，但它实际上是哈佛大学国家应急领导力项目团队众人合作的结晶。尤其要感谢彼得·奈芬格和理查德·塞里诺，感谢这两位行业佼佼者慷慨拿出时间来帮助我们。最近，他们也加入我们的教员队伍，继续为我们的研究工作提供他们宝贵的见解和故事内容。我们前前后后根据两人的经验撰写出多个教学案例。我们还要感谢格雷戈里·乔托内和叙泽·麦金尼，他们的才能和领导力让我们的研究获益良多。感谢不知疲倦的雷吉娜·容布卢特和安德鲁·施瓦茨给予支持，感谢他们帮助我们管理好复杂而忙碌的写作、差旅、教学和培训日程。感谢我们的两位得力研究助理丽莎·弗林和詹妮弗·格兰姆斯，感谢她们帮助我们将观察结果和数据提炼成为基于学术的有用案例。

没有学术同僚们的支持，就不会有你眼前的这本书。我们要感谢哈佛大学陈曾熙公共卫生学院的院长米歇尔·威廉姆斯、罗伯特·布伦登博士、南希·凯恩、南希·特恩布尔和阿诺德·爱泼斯坦博士。我们也很荣幸能够与哈佛大学肯尼迪政府学院的同僚共事，他们包括国家应急领导力项目创办负责人之一大卫·格根、退役将军达娜·博恩、罗恩·海费茨博士、阿诺德·豪伊特博士、朱丽叶·凯耶姆博士、芭芭拉·凯勒曼博士、赫尔曼·伦纳德博士、克里斯托弗·罗比肖博士、劳拉·韦尼等人。感谢哈佛商学院的马克斯·巴泽曼，感谢他为我们带来了宝贵的贡献。感谢哈佛医学院的斯里尼·皮拉伊博士和唐娜·沃皮塔博士，得益于两人的鼎力相助，我们才能较好地理解神经科学的原理。感谢麻省理工学院媒体实验室的安德鲁·海沃德以及他的同事们，感谢他们丰富了我们对不断进化的媒体的见识。

书中提到了一些人大方接受我们的采访，有些时候还允许我们跟随他们实地学习，观察他们在高压力、高风险的处境中的表现。要不是他们，我们的实地洞察就无从展开。我们要感谢他们，除了那些已经提及的以外，他们包括：杰里·阿格纽、退役海军上将萨德·艾伦、缪丽尔·巴尔涅尔、凯莉·本茨、理查德·贝瑟博士、薇洛·布勒、妮科尔·库克博士、约翰·克罗利、苏拉娅·达利勒博士、詹姆斯·邓恩、哈丽雅特·格林、伊登·赫布龙、吉姆·胡利、布拉德·基塞尔曼、穆赫塔尔·肯特、吉拉尤特·拉特希翁斯科恩、伊拉娜·莱尔曼、德西·马特尔－安德森、马克·马蒂厄、科比·皮莱格教授、加利特·索罗金、沃尔特·厄普顿以及伊桑·佐恩。

还要感谢很多人，从他们身上我们学到了很多关于领导者角色的内涵。感谢简·凯奇、达雷尔·达内尔、朱莉·格贝尔丁博士、爱丽丝·希尔、威廉·埃文斯、史蒂文·克瓦斯特将军、麦特·奥尔森、马萨诸塞州州长德瓦尔·帕特里克、朱莉·皮尔森、斯科特·莱斯将军、马克·苏利文，以及我们的国家应急领导力项目高阶危机领导力课程和研讨会的一众参与者。

我们要感谢各个组织机构，要不是它们允许我们进入其内部近距离观察它们的领导者，并检验我们的各种想法，元领导力还会停留在抽象概念的阶段。有的组织机构还为我们的研究工作提供了资助。我们要感谢的组织机构包括：美国航空公司、美国红十字会、波士顿体育协会、波士顿紧急医疗救援中心、波士顿警察局、美国疾病控制与预防中心、美国疾病控制与预防中心基金会、美国联邦调查局、爱德曼公司、美国联邦紧急事务管理署、马萨诸塞州紧急事务管理署、马萨诸塞州警察局、美国全国护理局联合委员会、美国国家反恐中心、美国国家情报局局长办公室、罗伯特·伍德·约翰逊基金会、施伦贝格尔公司、美国联邦运输安全管理局、美国空军、美国海岸警卫队、美国卫生与公共服务部防备和响应助理秘书办公室、美国国土安全部、美国人事管理局、美国特勤局、白宫国家安全理事会和凯洛格基金会。任何一本书的面世，都绝不只是作者的功劳，本书也不例外。

我们要感谢来自 Aevitas 创意管理代理公司的文稿代理人埃斯蒙德·哈姆斯沃斯，感谢他引领我们走完出版的整个历程，感谢他的从容优雅、幽默、耐心和毅力。我们要感谢摩纳哥协会的卡洛琳·摩纳哥，感谢她一丝不苟地指导我们一步一步地寻找受众。我们要感谢 PublicAffairs 出版社的科琳·劳里提供老练的编辑见解，感谢辛西娅·巴克提供精湛的编辑加工，感谢她们为本书增色不少。我们要感谢 PublicAffairs 的乔西·厄温和米格尔·塞万提斯，感谢他们为本书的宣传营销付出不懈的努力。我们还要感谢福捷公关公司的团队提供的专业见解和帮助。

最后，我们感谢你阅读本书，并将书中的概念和工具付诸实践。我们的研究、教学和写作，都是为了使领导者们更能胜任他们的角色，更能从容应对日益动荡复杂的时代。你肩负着巨大的责任。现在这个世界需要你的领导。就是你了！

元领导者的书架

YOU'RE IT

我们在本书中引用了许多人的研究。我们定期更新书籍、视频和其他相关的有用和有趣的资源的列表，具体请参见此网站：www.youreitbook.com。